FIFTYFIFTY

PATRIK BAAB

AUF BEIDEN SEITEN DER FRONT

Meine Reisen in die Ukraine

FIFTY FIFTY

Die Deutsche Nationalbibliothek verzeichnet diese Publikation in der Deutschen Nationalbibliografie; detaillierte bibliografische Daten sind im Internet über http://dnb.d-nb.de abrufbar.

MIX
Papier | Fördert gute Waldnutzung
FSC® C014889
FSC www.fsc.org

8. Auflage 2025
ISBN: 978-3-946778-41-7

Umschlaggestaltung: Buchgut, Berlin
Satz: Publikations Atelier, Weiterstadt
Druck und Bindung: Friedrich Pustet GmbH & Co. KG, Regensburg
Printed in Germany

All politicians are bores and liars and fakes. I talk to people.

Martha Gellhorn

* * *

Bei aller Künstlerschaft muss er die Wahrheit,
nichts als Wahrheit geben, denn der Anspruch auf wissenschaftliche,
überprüfbare Wahrheit ist es, was die Arbeit des Reporters so gefährlich
macht, gefährlich nicht nur für die Nutznießer der Welt,
sondern auch für ihn selbst, gefährlicher als die Arbeit des Dichters,
der keine Desavouierung und kein Dementi zu fürchten braucht.

Egon Erwin Kisch

Inhalt

1. Vorwort

»Was, feindliches Ausland?« Der Leutnant am Grenzposten Tschonhar betrachtet misstrauisch meinen deutschen Pass. Er spricht mit seinem Berkut-Kameraden, blickt uns an. »Der Pass ist eingezogen. Das Gepäck bleibt hier. Ihr folgt dem Wachhabenden. Dawai!« Mein Begleiter Sergey bekommt seinen russischen Pass zurück. Wir werden durch das Gebäude des Checkpoints geführt, über einen Hof, dann eingesperrt in den »Käfig«. Dort warten bereits weitere Männer aus der Ukraine, bis die Berkut-Miliz entscheidet, was mit ihnen geschehen wird. Der »Käfig«, das ist ein acht mal zehn Meter großer Verschlag aus Eisengittern. Beim Blick in den Himmel über der Krim sehen wir durch Metallstäbe. Wie die anderen Gefangenen müssen wir stehen, dürfen nicht reden. Es gibt kein Wasser, keine Gelegenheit, die Notdurft zu verrichten. Nur stehen und warten. Warten und den Mund halten. Warten auf das Verhör. Es ist der 28. September 2022 im Niemandsland zwischen der russisch besetzten Oblast Cherson in der Ukraine und den Sywasch-Sümpfen auf der Krim. Wir werden »filtriert«.

Ich weiß kaum, wie beginnen, wenn ich auch manchmal im Scherz meinem Freund Bernd-Rainer Barth die Schuld an allem in die Schuhe schiebe. Der Historiker hatte mir vor Jahren in London den Floh mit Sándor Radós »Führer durch die Sowjetunion« von 1928 ins Ohr gesetzt. Beim Blättern in der alten Schwarte kam mir die Idee, auf seinen Spuren durch die Ukraine zu reisen. Damals hätte ich mir nicht träumen lassen, im Herzen eines völkerrechtswidrigen Angriffskrieges und am Rand eines atomaren Desasters zu landen. Schon gar nicht fiel mir ein, dass die Fahrt zu einer Bildungsreise in den deutschen Journalismus geraten könnte. Zumindest das hätte ich besser wissen müssen. Denn es waren große Teile der Medien, die mit einer Mischung aus Hurra-Patriotismus und Halbwahrheiten jene Kriegshysterie herbeigeschrieben haben, die den nüchternen Blick auf den russischen Überfall auf die Ukraine und seine Ursachen vernebelt. Sachfremde Professoren denunzierten meine Reise in den Donbass als Versuch, »Scheinobjektivität« herzustellen. So, als ob interessengeleitete Kopfgeburten die Erfahrung zu prägen hätten und nicht umgekehrt. So, als ob mich der Kontakt zu Russen schon zu einer Art Vaterlandsverräter machte. Die Guten im Westen, die Bösen im Osten – dieses Denken besticht nicht nur durch die Primitivität der Weltsicht, sondern auch durch seinen unduldsamen Ausschließlichkeitsanspruch. Aber dies zeigt ja nur das Maß an Selbstgleichschaltung akademischer Eliten. Untrennbar greifen Byzantinismus, ideologische Manipulation und wirtschaftlicher Zwang beim Ringen um Anstellungen und Vertragsverlängerungen ineinander.[1] Der Akademiker erliegt dem Dämon der Macht und bringt dessen Gedanken unters Volk.[2]

»Der olivgrüne Hubschrauber Mi-8 berührt im Tiefflug fast die Baumkronen. So will er der feindlichen Luftaufklärung entgehen. Der Pfeil des Höhenmessers pendelt bei 1200 über dem Meer. Dichter, grüner Wald hinter uns, unter uns, vor uns bis zum Horizont, der ihn vom wolkenlosen Blau des Himmels trennt. Kein schöner Anblick und eine trügerische Idylle. Denn in dieser Gegend ist niemand vor dem Angriff feindlicher Patrouillen sicher. Hier sind sie ständig unterwegs, und niemand ist vor Überraschungen sicher. Können sie den Hubschrauber auch im Tiefflug vom Himmel holen? Das ohrenbetäubende Dröhnen der Rotoren kann uns verraten – in diesem Moment steigt auch schon pfeifend eine Signalrakete auf. Trocken rattern die Kalaschnikows.« So beginnt der Roman *Ein Augenblick der Freiheit* meines Freundes Denis Simonenko aus Simferopol.[3] Er beschreibt darin auch den Angriff auf die strategisch wichtige Schlangeninsel einen Tag nach dem russischen Überfall auf die Ukraine am 24. Februar 2022. Denis Simonenko hat das im Jahr 2004 geschrieben, 18 Jahre vor dem Angriff – Chronik einer angekündigten Katastrophe. Die US-amerikanische Denkfabrik Stratfor entwarf bereits 2015 ein Szenario des kommenden Krieges.[4]

Nichts von alldem kam überraschend, auch wenn sich die deutschen Intellektuellen aufgeführt haben wie Schlafwandler. Haben sie wirklich geglaubt, die neue neoliberale Ordnung auf dem alten Kontinent und die NATO-Osterweiterung würden auch von jenen hingenommen, die sich auf der Verliererseite sehen? Die Schöpfer der »herrschenden Fiktionen« erleben das »Fiasko der alten Werthaltungen«[5], wie es Hermann Broch ausgedrückt hat, umso mehr, je öfter von Werten die Rede ist, die eigene Interessen kaschieren, aber andere mit ihrem Blut verteidigen sollen. Denn gerade im Krieg bleibt von diesen Werten nicht viel. Gekämpft wird um Einflusszonen und Interessen, während die Toten in den Straßen liegen. Der mexikanische Präsident Andrés Manuel López Obrador resümiert scharfsinnig die Ukraine-Politik der NATO und der Europäischen Union: »Wir liefern die Waffen, ihr liefert die Leichen. Das ist unmoralisch.«[6]

Aber nicht das Leben und Sterben der Menschen prägen unseren Blick auf die Ukraine, sondern die herrschende Meinung. Einem alten Freund fiel zu meiner Reise in den Donbass ein: »Diktatoren schütteln – das geht gar nicht.« Vielleicht sollten jene einmal geschüttelt werden, die lieber ihren Vorurteilen als ihren Augen und Ohren trauen. Recherchieren hingegen ist für mich konkrete Erfahrungswissenschaft. Im Krieg in der Ukraine sehe ich das Versagen der Politik, auch der deutschen. Dieser Krieg ist noch lange nicht vorbei, und die Lage vor Ort stellt sich völlig anders dar, als es die überwiegende Mehrheit der Medien hierzulande berichtet. Was sie zeigen, orientiert sich an der Propaganda der Ukraine und des Werte-Westens.

Während meiner Recherchen zu diesem Buch wurde ich massiv angefeindet und diskreditiert. Die Staatsschutzabteilung im Bundesinnenministerium leitete Ermittlungen ein. Das Motiv liegt auf der Hand: Wenn die Wahrheit über diesen Krieg in die Wohnzimmer gelangt, droht ein Aufstand gegen die Kriegshetzer, die für die geopolitischen Interessen der USA und die Profite der Rüstungsindustrie die Drecksarbeit machen.

Dieses Buch zeigt die verborgene, die dreckige Seite dieses Krieges, wie sie auf den rotgoldenen Feldern der Ukraine sichtbar wird. Die Felder, auf denen Blut billig ist, wie Michail Bulgakow schrieb, und auf denen seit Generationen niemand dafür bezahlt.[7]

2. Ein alter Reiseführer

In einem Bücherschrank in meinem Arbeitszimmer steht hinter Glas Sándor Radós alter Reiseführer durch die Sowjetunion. Es ist ein Buch, das es – wäre es nach den Mächtigen in jenem Lande gegangen – gar nicht hätte geben dürfen und das mich in das »Grenzland« Ukraine und zugleich in die Dämmerung meiner Kindheit führt. Der rote Stoffeinband ist an den Kanten aufgeplatzt, der Buchrücken halb zerfleddert. Milchweiße Fäden streben widerborstig in die Höhe, aber auf dem Deckel ist die Imprimatur mit Hammer und Sichel noch gut erhalten. Dort steht: *Führer durch die Sowjetunion – Gesamtausgabe*. Die erste Auflage ist im Neuen Deutschen Verlag erschienen, der zum Medienimperium von Willi Münzenberg gehörte. Sie wurde herausgegeben von der Gesellschaft für Kulturverbindung der Sowjetunion mit dem Ausland und ist der erste Reiseführer nach dem *Roten Oktober* überhaupt.[8] Bearbeitet hat ihn der ungarische Kartograf Alexander (Sándor) Radó nach dem Vorbild des Baedeker.

Von Sándor Radó und seinem *Führer durch die Sowjetunion* habe ich 2018 in Chelsea erfahren, in einer Bar namens »The Hour Glass« nahe der Sloane Avenue in der Brompton Road, in die ich den illustren Rest eines Auditoriums entführte, das zuvor Paddy Ashdown gelauscht hatte, dem Mitgründer der Liberaldemokraten und ehemaligen MI6-Offizier, der in der Buchhandlung Hatchards am Piccadilly wenige Wochen vor seinem Tod aus seinem letzten Buch las. Es handelte von geheimdienstlichen Operationen und vergeblichem Widerstand gegen Hitler im Zweiten Weltkrieg.[9] Beim anschließenden Umtrunk gerieten Historiker aus England, der Schweiz und Deutschland so sehr ins Fachsimpeln über längst verstorbene Schattenkrieger, dass sie die Unterhaltung nachts bei einem Pint fortsetzen wollten. Mit im Taxi nach Chelsea saß auch der Berliner Historiker Bernd-Rainer Barth, ein Ungarist, der im »Hour Glass« fesselnd von seiner Zielperson zu erzählen wusste.

»Stalin hat Sándors Führer auch im Ausland einziehen und seinen Autor ins Lager stecken lassen. Beide entgingen ihrem Schicksal nur knapp.« »Warum das?« »Auf dem Höhepunkt der von Stalin angefachten Spionage-Furcht in der Sowjetunion musste der Verlag die weitere Verbreitung per Rückruf stoppen. GPU-Agenten schwärmten aus, um möglichst viele Exemplare aufzuspüren, aufzukaufen, zu beschlagnahmen und zu vernichten. Radós Reiseführer gilt deshalb heute als echte Rarität.« Stalin war klar, dass nach dem Frieden von Brest-Litowsk und dem Sieg der Bolschewiki im Russischen Bürgerkrieg ein neuer Weltkrieg heraufziehen würde, das Rot in einem Fünftel der Erde wieder auszuradieren. Noch lange nach der »Last Order« unterhielt Bernd-Rainer Barth die Runde mit Überraschendem und Entsetzlichem aus Radós Leben und von der Entstehung seines Reiseführers.

Sándor Radó ist zeitlebens ein überzeugter Kommunist gewesen, und beinah hätte die Revolution, der er anhing, auch ihn gefressen. Sein Leben und sein Buch führen uns ins Zentrum der politischen Katastrophen, die sich auf der schwarzen Erde der Ukraine seit mehr als hundert Jahren zutragen.

Als Sohn eines wohlhabenden jüdischen Kaufmanns schloss er sich 1919 den Kommunisten an. Nach dem Abitur 1917 war er eingezogen und zur Schule für Artillerie-Offiziere der österreichisch-ungarischen Armee in Hajmáskéren geschickt worden. Parallel dazu legte er an der juristischen Fakultät der Budapester Universität zwei Staatsexamen ab. Beim Militär kam er mit zwei Welten in Kontakt, die ihn prägen sollten: der marxistischen und der konspirativen. Radó wurde nach dem Offizierslehrgang in ein Artillerie-Regiment befohlen und musste sich im Büro des militärischen Nachrichtendienstes melden. Solche Dienststellen gab es damals in allen Einheiten, denn das Evidenzbüro in Wien fürchtete Zersetzung. In seinen Erinnerungen von 1973 schreibt er: »Als Verdächtige galten jene Soldaten, die in der Ukraine gekämpft und sich 1917 mit den Russen an der Front verbrüdert hatten. Auch die Kriegsgefangenen, die nach dem Vertrag von Brest-Litowsk aus Russland heimkehrten, zählten dazu. Für die

Beamten des Kriegsministeriums waren sie alle mit dem bolschewistischen Virus infiziert.«[10] Den entscheidenden Sinneswandel erlebte Radó ausgerechnet beim Militärgeheimdienst in Galizien. Dort hatte er Zugang zu streng vertraulichen Informationen und kam so in Kontakt zu marxistischen Ideen: »Seltsamerweise war der Mann, dem ich dies verdanke, mein unmittelbarer Vorgesetzter: Major Kunfi, der das Geheimdienstbüro unseres Regiments leitete, erwies sich als Bruder eines Führers der ungarischen Sozialdemokraten und teilte dessen Ansichten.«[11]

So schuf die Armee nicht nur den überzeugten Kommunisten, sondern auch den präzise arbeitenden Geheimdienstler Sándor Radó. Nach dem Sturz der kakanischen Monarchie und der Machtübernahme der Kommunisten in Ungarn im März 1919 wurde er zunächst Kartograf in einem Divisionsstab der Roten Armee, dann Kommissar der Artillerie. Radó nahm an den Kämpfen gegen tschechoslowakische Verbände und an der Niederschlagung antikommunistischer Aufstände in Budapest teil. Nach dem Sturz der kommunistischen Regierung am 1. September 1919 floh er nach Österreich. Er studierte Kartografie und Geschichte in Wien, dann in Jena und Leipzig. Im Herbst 1923 war er mit Generalstabsarbeit im Raum Sachsen beim geplanten kommunistischen Aufstand befasst, nach eigener Darstellung unter dem Decknamen Weser. Schlecht organisiert, mussten die Aufstände in letzter Minute abgesagt werden. Radó emigrierte Anfang 1924 auf Befehl der KPD wegen starker Gefährdung in die Sowjetunion. Ende 1926 kehrte er zurück und leitete unter anderem die Chiffrierabteilung im Büro der TASS. Gleichzeitig erfüllte er bei Reisen durch Westeuropa Sonderaufträge der Komintern. Nach der Machtübergabe an die Nazis 1933 floh er über Österreich nach Paris, wo er »Innres« gründete, eine antifaschistische Presseagentur. Bei einem Besuch in Moskau wurde er, vermutlich 1935, vom sowjetischen Militärgeheimdienst angeworben: Er erhielt den Auftrag, Informationen aus Nazideutschland zu beschaffen. Jedoch erhielt Radó für Belgien keine Aufenthaltserlaubnis. Deshalb ging er 1939 in die Schweiz und gründete eine weitere kartografische Agentur namens Geopress. Er etablierte ein Spionage-Netzwerk, das von Lausanne aus wichtige Informationen in die Sowjetunion funkte. Dabei benutzte er den Decknamen »Dora«. 1941 gab er den wichtigen Hinweis an Moskau, dass viele Divisionen der Wehrmacht in den Osten verlegt werden. Doch die Warnungen vor einem deutschen Angriff, wie sie auch von Richard Sorge und anderen sowjetischen Agenten kamen, wurden von Stalin nicht ernst genommen. 1942 gab Radó den Beginn der deutschen Sommeroffensive zur Eroberung der kaukasischen Ölfelder durch – der »Operation Blau«. Im April 1943 informierte er Stalin über die geplante deutsche Panzeroffensive bei Kursk. Doch inzwischen war es der militärischen Abwehr und der Gestapo gelungen, den Spionagering zu identifizieren und seinen Code zu knacken. In der zweiten Hälfte des Jahres brachten die Deutschen die Schweizer Behörden dazu, gegen das Netz vorzugehen. Radó tauchte unter, aber seine Agenten wurden verhaftet.

Was dann folgte, lässt Sándor Radó in seinen Memoiren unerwähnt. »Im September 1944«, so Bernd-Rainer Barth, »überquerte Radó mit seiner Frau Helen illegal die Grenze nach Frankreich und floh nach Paris, um seiner Verhaftung durch die Schweizer Polizei zuvorzukommen. Dort meldete er sich bei der Sowjetischen Gesandtschaft und erstattete einem Oberst Novikov Bericht von seiner Enttarnung. Er wurde sofort nach Moskau zurückbeordert, wo der Fall näher untersucht werden sollte. Radó war einverstanden und bestieg am 6. Januar 1945 mit falschen Papieren unter dem Namen Ignatz Koulicher ein russisches Flugzeug. An Bord kam er ins Gespräch mit seinen Mitreisenden Alexander Foote und Leopold Trepper. Als Ergebnis entschied Radó, beim Zwischenstopp in Kairo das Flugzeug zu verlassen. In einem Hotel wurde er aufgegriffen. Es gibt zahlreiche Hinweise, dass er sich an die britischen Behörden wandte und um Hilfe bat. Doch die Briten lieferten ihn den Sowjets aus.« »Ein Bauernopfer im großen Spiel?« »Danach sieht es aus.«[12]

In Moskau ging es Radó an den Kragen. 1946 wurde er von einem Sonderausschuss des NKWD ohne Verhandlung wegen Hochverrats zu zehn Jahren Haft verurteilt. Er war in vier verschiedenen Lagern inhaftiert. Zum Schluss errechnete er schließlich in einem geschlossenen Forschungsinstitut als Kartograf die optimalen Standorte sowjetischer Interkontinentalraketen. »Dort verhungerte er oder wurde erschossen?« »Alle dachten, er sei längst erschossen worden. Doch 1954 entließ man ihn er aus der Haft.« »Wie fand er zurück?« »Er hatte ein Netzwerk ehemaliger Häftlinge. Diese Leute halfen ihm. Doch vor seiner Rückkehr schlugen ihn Geheimdienstler zum Abschied zusammen und raubten ihn aus. So musste er sich ohne Geld und Papiere und nur mit dem, was er auf dem Leib trug, nach Budapest durchschlagen. Dort tauchte er 1955 wieder auf.«[13] So sahen damals Denkzettel aus.

In seinem Reiseführer sind die Eisenbahnlinien von 1928 verzeichnet. Allerdings hatten sich die Grenzen Europas nach dem Krieg verändert. Er fuhr mit dem Zug von Moskau über Kiew und von da aus nach Budapest, grob geschätzt mindestens 1500 Kilometer in einem weithin zerstörten Land. In seinen Erinnerungen singt Radó aber eine Lobeshymne auf den sowjetischen Sieg im Krieg und bedankt sich für die Anerkennung, die den Kundschaftern in der Schweiz zuteilgeworden ist.[14]

Radó war zweifellos von anderem Kaliber als die bürgerlichen Sofakrieger und Salon-Bellizisten, die heute Redaktionen bevölkern und andere gerne in die Frontlinie schicken, solange sie selbst nicht gehen müssen. Anders als sie wusste er, was Krieg heißt: dem Tod von der Schippe springen – oder eben nicht. In Radós Reiseführer lese ich, dass für die Menschen in der Ukraine der Krieg 1918 noch lange nicht vorbei war. Die eingelegten Karten zeigen deutlich, wie die Grenzen im weiten Raum der Steppe verrückt wurden. Im Osten begannen mit dem Zerfall Österreich-Ungarns neue Auseinandersetzungen; für die Menschen währten die Kämpfe bis 1920. Radó schildert nüchtern, wie nach der Russischen Revolution 1917 und dem Frieden von Brest-Litowsk im März 1918 die von der gestürzten bürgerlichen Klasse mithilfe Deutschlands und der Entente organisierten Interventionskriege folgten. Erneut wurde die Ukraine zum Aufmarschgebiet fremder Mächte: »Als Basis der ausländischen Intervention dienten die von den Bolschewiki als selbständige Staaten anerkannten baltischen Länder, Polen und die übrigen Randgebiete: Ukraine, Kaukasien, Sibirien, Nordrussland. Die russische Sowjetrepublik wehrte aber dank der ungeheuren Anstrengungen der unter der Führung der Kommunistischen Partei, wie sich die Bolschewiki seit 1918 nennen, mit grenzenlosem Opfermut kämpfenden Arbeiterschaft und durch die Schaffung der Roten Armee während des Krieges alle Angriffe ab ... Am Ende des Jahres (1920) wurde die Armee des letzten gegenrevolutionären Generals Wrangel in der Krim aufgerieben. Im Laufe der Kämpfe wurden Weißrussland, Teile der Ukraine, Aserbaidschan, Armenien, später auch Georgien Sowjetrepubliken.«[15]

Der Krieg, der da in Radós Sinnen aus dem Dunkel tritt, lässt den Blick für andere Kämpfe unscharf werden. Für einen Wimpernschlag der Geschichte entsteht auf preußischen und österreichisch-ungarischen Bajonetten der erste ukrainische Staat. Heute erinnert ein Denkmal vor dem Parlamentsgebäude in Kiew an Michael Hruschewskyj, den ersten Präsidenten der unabhängigen Volksrepublik Ukraine im Jahr 1917. Als Historiker war er der führende Kopf der ukrainischen Nationalbewegung und setzte der Idee eines einheitlichen ostslawischen Geschichtsstromes den Gedanken einer separierten Entwicklung von Russen und Ukrainern entgegen – eine Vorstellung, die der russische Präsident Wladimir Putin vehement bestreitet.[16] Beide Überlegungen werden heute zur politischen Legitimation instrumentalisiert.

Nach der Oktoberrevolution wurde die ukrainische Volksrepublik mit Beschluss des ukrainischen Zentralrats vom 20. November 1917 gegründet, als Teil einer föderativen russischen Republik. Anfang 1918 schloss die Volksrepublik einen Separatfrieden mit den Mittelmächten. Am 28. Februar marschierten deutsche und österreichisch-ungarische Truppen in die Ukraine ein und rückten vor bis auf die Krim und Rostow am Don. Die Zentralna Rada – das politische Entscheidungsorgan – lieferte jedoch weniger Weizen, als im Frieden von Brest-Litowsk zugesagt. Daraufhin unterstützten die Mittelmächte den Putsch des zaristischen Generals Pawlo Skoropadskyj. Er verfolgte eine nationalistische, rechtsgerichtete Politik und befand sich im Krieg mit der prosowjetischen Regierung in Charkow, die sich im Dezember 1917 gegründet hatte. Ein bolschewistischer Aufstand in Kiew im Januar 1918 mündete in den Sowjetisch-Ukrainischen Krieg. Nach dem Abzug der Mittelmächte nahmen die Bolschewiki Kiew ein und riefen am 14. Januar 1919 die Ukrainische Sowjetrepublik aus. Von diesem Kampf um Kiew erzählt Michail Bulgakow in seinem Roman *Die weiße Garde*. »Alles wird vorübergehen: Leiden, Qualen,

Hunger, Blut und Massensterben. Das Schwert wird verschwinden, aber die Sterne werden auch dann noch da sein, wenn von unseren Leibern und Taten auf Erden kein Schatten mehr übrig ist.«[17]

Ende 1922 wurde die Ukrainische Sowjetrepublik Gründungsmitglied der Sowjetunion. Da die Bolschewiki in diesem ländlichen Raum nur wenige Anhänger hatten, fügten sie russische Gebiete hinzu, um ihre Macht zu festigen – darunter die Regionen um Charkiw, Luhansk und Donezk. Es ging aber auch darum, eine wirtschaftlich tragfähige Sowjetrepublik zu schaffen – und die Ukraine mit der Wirtschaftskraft des Donbass zu industrialisieren. Deshalb wurde von 1927 bis 1931 unterhalb der Dnjepr-Stromschnellen nahe der ukrainischen Stadt Saporischschja das damals größte Kraftwerk Europas mit einer Leistung von 350 000 PS gebaut. Bereits Radós *Führer durch die Sowjetunion* wies auf das staatliche Wasserkraftwerk hin.[18] Die Energie des Flusses sollte später für Aluminium-, elektrometallurgische und elektrochemische Betriebe genutzt werden, der Dnjepr wurde zu einer durchgehenden Wasserstraße. Zur Planwirtschaft gehörte auch die Industrialisierung des Grenzlandes. Nach dem Ende der Sowjetunion wurde in der Ukraine kein einziges Kraftwerk komplett neu gebaut. Im Donbass hatte es 1918/19 schon die Donezker-Kriworoger Sowjetrepublik gegeben. An diese Tradition knüpften die Separatisten 2014 an.[19] Es sind teilweise die Gebiete, die aus russischer Sicht Ende 2022 wieder in die Russische Föderation integriert wurden.

Im Schatten des Russischen Bürgerkrieges wird ein weiterer Krieg in westlichen und in russischen Geschichtswerken zur Fußnote, obwohl er den Gang der Weltgeschichte geändert hat: der Polnisch-Sowjetische Krieg. Der Versailler Vertrag vom 28. Juni 1919 zeichnete die politische Landkarte Europas neu. Dazu gehörte auch die Neugründung eines polnischen Staates. Für ein paar Wochen im Sommer 1920 hing das Schicksal Europas an einem Autodidakten in der Rolle des polnischen Oberbefehlshabers und einem russischen Nihilisten an der Spitze einer zerlumpten und zugleich bedrohlichen Meute namens Rote Armee: Józef Piłsudski gegen Michail Tuchatschewski. »Der Zwist hatte seine Ursprünge in der langen Geschichte jahrhundertealter Kämpfe zwischen Russland und Polen«, schreibt der Historiker Adam Zamoyski, »um die Kontrolle über die riesigen Weiten von Weißrussland und der Ukraine, die zwischen ihnen lagen. Es ging nicht so sehr um Geländegewinne als vielmehr um Russlands Bedürfnis, einen Anschluss an Europa zu erzwingen, und Polens Ziel, genau das zu verhindern«.[20]

Dieser Krieg war den Russen von Piłsudski aufgezwungen worden und er begann als klassischer Eroberungsfeldzug. Am 8. Mai 1920 rückten polnische Truppen in Kiew ein. Ziel war, ein Großpolen von der Ostsee bis zum Schwarzen Meer militärisch durchzusetzen.[21] Der Westen, insbesondere Frankreich, unterstützte Piłsudski. Umgekehrt war in Moskau die Idee der Weltrevolution die treibende Vorstellung der Bolschewiki.[22] Wieder wurden die Kämpfe hauptsächlich in der Ukraine ausgefochten, und wieder ging es um mehr: Die Bolschewiki strebten danach, aus der Isolation ihres Landes auszubrechen und eine Verbindung zwischen deutscher Technik und russischen Bodenschätzen zum gegenseitigen Nutzen herzustellen. Genau das, was neben Polen auch Großbritannien und die Vereinigten Staaten bis heute verhindern wollen. Umgekehrt ist die Ukraine eine riesige Fläche flachen Landes, über die erst das Napoleonische Frankreich, dann das Deutsche Kaiserreich und schließlich Nazideutschland ihre Angriffe auf Russland und die Sowjetunion geführt haben. So wird sie zu einem Pufferstaat mit enormer strategischer Bedeutung für den Westen und für Moskau.[23] Der in Odessa geborene Isaak Babel wird als Reporter der Reiterarmee von General Budjonny zugeteilt. Er beschreibt die »Ukraine in Flammen«: »... ein Feld des Schreckens, übersät mit zerstückelten Gefallenen, unmenschliche Grausamkeit, unvorstellbare Wunden, eingeschlagene Schädel, junge weiße nackte Körper blinken in der Sonne, verlorene Notizbücher verstreut, einzelne Blätter, Soldbücher, Evangelien, Menschenleiber im Korn ... Ich bin auf einer großen, nicht enden wollenden Totenmesse.«[24]

Der Polnisch-Sowjetische Krieg endete nach einer katastrophalen Niederlage der Roten Armee vor Warschau mit dem Frieden von Riga vom 18. März 1921. Dieser Kompromiss hatte erhebliche Auswirkungen auf die Ukraine: Polen erhielt ganz Galizien, die polnisch-sowjetische Grenze verlief nun von Nord nach Süd bei Riwne. Warschau ließ die ukrainische Nationalbewegung fallen, die östliche Ukraine wurde Sowjetrepublik. Das Ende dieses Krieges bedeutete auch, dass die Doktrin der Weltrevolution genauso gescheitert war wie die großpolnischen Träume von Marschall Piłsudski. Sein Herz ist auf dem Friedhof Rasos in Vilnius begraben – eine bleibende Reminiszenz an die Idee eines Großpolens.

Als studierter Kartograf weist Radó ganz sachlich auf die wirtschaftliche Bedeutung der Ukraine hin: die Kohlevorräte des Donezk-Beckens, die Magnet- und Brauneisenvorräte in Krywyj Rih, die fruchtbare schwarze Erde im Süden: »Der Boden des Südens, die humusreiche Schwarzerde und das dem Weizenanbau günstige Klima schufen hier eine der größten Kornkammern der Erde.«[25] Für die gesamte Sowjetunion bilanziert er nüchtern: »Die ungeheuren Naturschätze des Landes bieten einen unbeschränkten Spielraum für die Entwicklung einer industriellen Tätigkeit.«[26] Auch darum geht es bis heute: die Ukraine dem kapitalistischen Verwertungskreislauf von Russland endgültig zu entreißen und ihre Ressourcen dem westlichen neoliberalen Kapitalismus zugänglich zu machen.

Nach wie vor ist die Ukraine für Moskau genauso wie für die EU und die USA wirtschaftlich und militärisch von größtem Interesse. Sie ist heute nach Russland der zweitgrößte Flächenstaat Europas. Dort lebten vor dem Krieg 46 Millionen Menschen, davon waren 78 Prozent Ukrainer und 17 Prozent Russen. Der überwiegend von Ukrainern bewohnte Westen ist die Kornkammer des Landes, während der von Russen dominierte Osten das industrielle Zentrum bildet. Bergwerke und Schwerindustrie produzieren dort den Reichtum der Ukraine. Von jeher war der Osten die Einflusssphäre Moskaus. Auf der Krim liegen die Schiffe der russischen Schwarzmeerflotte vor Anker. Umgekehrt versucht die Europäische Union, die Ukraine mit einem Freihandelsabkommen an sich zu binden, um ihre Absatzmärkte zu erweitern und leichteren Zugang zu den Bodenschätzen in der Ukraine zu gewinnen. Die Vereinigten Staaten streben eine Aufnahme des Landes in die NATO an. Sie wollen sich gegen die EU die Option auf die Schwarzerdeböden sichern und die Chance erhalten, in der Ukraine Mittelstreckenraketen zu stationieren, die Moskau direkt bedrohen können.

Die Ukraine – das ist ein Übergangsgebiet am Rande Europas und liegt doch mittendrin.[27] Lwiw in der Westukraine war einmal ukrainisch, ungarisch, polnisch, österreichisch, russisch, deutsch, sowjetisch und schließlich wieder ukrainisch. Joseph Roth nennt sie 1924 eine Stadt der »verwischten Grenzen«, Galizien bezeichnet er als »das große Schlachtfeld des großen Krieges«.[28] Zu Beginn des 19. Jahrhunderts heißt Lwiw Lemberg und zählt etwa 160 000 Einwohner. Die Hälfte davon besteht aus Polen, an die 40 000 sind Juden, etwa 30 000 Ukrainer, rund 7 000 deutschsprachige Menschen. Daneben gibt es kleinere Bevölkerungsgruppen wie Griechen, Ungarn, Bulgaren, Rumänen, Italiener und Armenier. Die Stadt ist multikonfessionell und verständigt sich in vielen Sprachen, insbesondere Polnisch, Jiddisch, Ukrainisch und Deutsch. Die Kultur ist vielsprachig und kosmopolitisch.[29] Hier leuchtet ein, so Joseph Roth, dass es »gewiss nicht der Sinn der Welt ist, aus ›Nationen‹ zu bestehen und aus Vaterländern, die, selbst wenn sie wirklich nur ihre kulturelle Eigenart bewahren wollten, noch immer nicht das Recht hätten, auch nur ein einziges Menschenleben zu opfern«. Doch es kommt anders. Das damals multikulturelle Lemberg ist heute eine von Flüchtlingen belagerte Fata Morgana.

Der »dreißigjährige Krieg, der 1914 begann und 1945 zu Ende ging«, so der Historiker Karl Schlögel, machte »aus der Stadt eines zivilen Nebeneinanders« einen »Ort der Ausrottungspolitik«.[30] Nach dem Zusammenbruch Österreich-Ungarns wird Lemberg für einige Monate Hauptstadt der Westukrainischen Volksrepublik. Im Sommer 1919 wird sie polnisch und bleibt bis 1939 Sitz einer Woiwodschaft. Die Rückkehr zum polnischen Staat wird begleitet von einem Pogrom gegen das jüdische Lemberg. Auf dem Höhepunkt der Weltwirtschaftskrise ist mehr als ein Drittel der Stadtbevölkerung ohne Arbeit und Auskommen. 1936 wird auf demonstrierende Arbeitslose geschossen. Die Spannungen zwischen den Volksgruppen nehmen zu, antibourgeoise Ressentiments vermischen sich mit Antisemitismus. Lemberg, jetzt polnisch Lwów, wird von Entscheidungen zerrieben, die in Berlin und Moskau fallen. Drei Wochen nach dem deutschen Überfall auf Polen rückt die Rote Armee gemäß dem Molotow-Ribbentrop-Pakt in die Stadt ein, und das ehemals polnische Gebiet wird der UdSSR einverleibt. Die Galiziendeutschen werden ins Reich umgesiedelt, und 7 000 Lemberg-Deutsche verlassen die Stadt. Sie ist voller

Flüchtlinge, die sich aus dem besetzten Polen gerettet haben; voller Menschen, die in den Augen Hitlers und Stalins verdächtig sind. Zu den Opfern zählen Polen und Ukrainer, die als Nationalisten verhaftet werden, sowie »Juden«, die als »bürgerliche Elemente« in Verdacht geraten, Hitlers fünfte Kolonne zu sein.

Am 22. Juni 1941 überfallen deutsche Truppen die Sowjetunion. Tausende Menschen werden in letzter Minute vom NKWD liquidiert. Bereits am 30. Juni wird Lemberg von deutschen Truppen besetzt und zur Hauptstadt eines »Distriktes Galizien«. In der Stadt gibt es genügend Leute, die sich der Illusion hingeben, nun schlage die Stunde einer unabhängigen Ukraine. Wieder werden Juden zu Opfern, nun werden sie beschuldigt, »bolschewistische Agenten« zu sein. Mehr als 7 000 Lemberger Juden fallen einem von ukrainischen Nationalisten und SS inszenierten Pogrom zum Opfer. Innerhalb von zwei Jahren werden Zehntausende umgebracht. Im August 1941 sind beim Judenrat der Stadt etwa 119 000 Juden registriert. Im Frühjahr 1942 werden sie in einem Ghetto konzentriert und zur Zwangsarbeit verpflichtet. Gleichzeitig beginnen die Deportationen nach Treblinka, Sobibor, Belzec und Auschwitz. Im Juni 1943 wird das Lemberger Ghetto geräumt. Das jüdische Galizien, mit den angrenzenden Gebieten Podolien und Wolhynien einst das größte und älteste Judenghetto Europas, hat damit aufgehört zu existieren. Deutsche Einsatzgruppen ermorden etwa drei Millionen Juden in der Ukraine.[31] Im benachbarten Polen werden 2,7 Millionen Juden umgebracht.[32]

Die Vernichtung der galizischen Juden hatte eine besondere Qualität, aber sie bleibt nicht die einzige ethnische Mordwelle. 1930 beginnt die »Organisation Ukrainischer Nationalisten« (Orhanizatsiya Ukrainskykh Nationalistiv – OUN), 1929 in Wien gegründet und von Deutschland finanziert, eine Terror- und Sabotage-Kampagne. Ihr fallen Ukrainer zum Opfer, die in Polen Schutz gefunden hatten, und Polen, die sich mit der Ukraine solidarisierten. Die polnische Regierung reagiert darauf mit aller Härte. Als der polnische Innenminister Bronisław Pieracki 1934 von einem OUN-Aktivisten in Warschau ermordet wird, errichtet sie in Bereza Kartuska bei Brzesc ein Isolationslager für subversive und unerwünschte Personen. Ein Abkommen zwischen der Regierung in Warschau und der »Ukrainischen Nationaldemokratischen Allianz« (Ukraińskie Zjednoczenie Narodowo-Demokratyczne – UNDO), deren Polenhass durch die stalinistischen Morde im sowjetischen Teil der Ukraine gedämpft wurde, kann die Extremisten unterminieren. Aber 1939 wittern die ukrainischen Nationalisten wieder ihre Chance – als fünfte Kolonne der Deutschen.[33] Bis 1942 löst die »Organisation Ukrainischer Nationalisten« die leichter steuerbare UNDO ab und schafft die »Ukrainische Aufständische Armee« (Ukrajinska Powstanska Armija – UPA), die sich eine ethnische Säuberung zum Ziel setzt und in den Polen den Hauptfeind sieht. In den Jahren 1943 bis 1945 tötet die UPA in Wolhynien und Ostgalizien zwischen 60 000 und 100 000 Polen auf bestialische Weise.[34]

Am 27. Juli 1944 erobern die Armeen des sowjetischen Generals Iwan Konew Lemberg erneut. Stalin sieht die Zukunft in ethnisch getrennten Staatsgebilden, und der bevorzugte Weg dahin sind Massendeportationen. Noch einmal gibt es einen Aderlass, als der größte Teil der polnischen Bevölkerung nach Polen ausgesiedelt und die ukrainische Bevölkerung in den sowjetischen Teil des Landes verfrachtet wird. »Faktisch die gesamte Bevölkerung von Lwow«, so Adam Zamoyski, »wurde in die Ruinen des früher deutschen Breslau (jetzt Wroclaw) umgesiedelt.«[35] Zehntausende werden des Nationalismus verdächtigt und nach Osten deportiert, insbesondere Polen und Ukrainer. In das im Krieg entvölkerte Lwow, wie die Stadt jetzt auf Russisch heißt, ziehen andere Menschen ein. Polen wird nach Westen verschoben und verliert die Westukraine. Noch bis in die 1950er-Jahre dauern die Scharmützel mit den Untergrundkämpfern der Ukrainischen Nationalarmee an. Heute ist Lwiw eine ukrainische Stadt und als Ergebnis der ethnischen Segregation Zentrum eines verstärkten ukrainischen Nationalismus.[36]

Im Osten der Ukraine, dem seit 1918 sowjetischen Teil, sah Radó 1928 die Konflikte zwischen den Volksgruppen gelöst: »Die Autonomie der einzelnen Völker«, schreibt er in seinem Reiseführer, »ihr freiwilliger Zusammenschluss in einem Bund ist die Form, die das Nationalitätenproblem in der Sowjetunion löste. Die Sicherung der Macht der herrschenden proletarischen Klasse der vereinigten Nationalitäten wird durch das Rätesystem gewährleistet.«[37] Tatsächlich versuchen die Bolschewiki, ein Aufflackern des Nationalitätenstreits zu verhindern, und machen Zugeständnisse. So wird die ukrainische Sprache in den Schulen erst gefördert und dann erzwungen. Doch nach seiner Machtübernahme schränkt Stalin den Prozess der Korenisazija – der sowjetischen Nationalitätenpolitik – wieder ein. Ab 1929 sorgt eine zunehmend brutale Politik für ein Ende der kulturellen Autonomie. Schriftsteller wie Walerjan Pidmohylnyj verschwinden im Straflager und werden ermordet.[38] In der später als Holodomor bezeichneten Hungerkatastrophe ab 1931 sterben Millionen Menschen in der Ukraine, aber auch in anderen Regionen, und die ukrainische Nationalbewegung stirbt vielerorts gleich mit.[39] Bis heute dauert der Streit an, ob es sich um einen gezielten Völkermord an den Ukrainern, einen Genozid, gehandelt hat oder eine Folge der Zwangskollektivierung in allen Getreideanbaugebieten.[40]

Radós Optimismus gerät in den Knochenmühlen des 20. Jahrhunderts zur Illusion. Statt kultureller und politischer Autonomie erhält die Ukrainische Sowjetrepublik mehr Land: Zwischen 1939 und 1954 werden ihr ehemals polnische, slowakische, rumänische und russische Gebiete zugeschlagen. Ironie der Geschichte: Die Ukraine in den Grenzen nach ihrer Unabhängigkeit 1991 ist eine Erfindung von Josef Stalin. Stalins Nachfolger Chruschtschow übergibt schließlich im Jahr 1954 die Krim an die Ukraine. Die Abtretung der Halbinsel an Kiew wird allerdings von den Parlamenten der UdSSR, Russlands und der Ukraine in der kommunistischen Epoche nie bestätigt. Im Prozess der Auflösung der Sowjetunion stimmen mehr als 90 Prozent der Krim-Bevölkerung im Januar 1991 dafür, sich der Autorität Moskaus zu unterstellen und nicht der Hoheit Kiews: Sie votieren für den Verbleib in der Russischen Föderation als Autonome Republik. Im Dezember desselben Jahres stimmt eine Mehrheit der Ukrainer für die Unabhängigkeit. Die Krim gehört fortan als autonome Republik zur Ukraine. Doch schon damals wandten sich viele Krim-Bewohner gegen die Zugehörigkeit zum neuen Staat.

Im Grenzland bleibt durch die Jahrhunderte hinweg das Nationalitätenproblem ungelöst. Bis heute kreuzen sich in der Ukraine die Linien der nationalen und sozialen Konflikte, was sich auch in der Literatur widerspiegelt. Rose Ausländer und Paul Celan kommen aus Czernowitz. Der große ukrainische Dichter Iwan Franko war in vielen

Sprachen zuhause: Russisch, Polnisch, Ukrainisch, Deutsch, Bulgarisch und Tschechisch. Für ihn war Sprache nicht Identität, sondern eine Brücke, über die er andere erreichen konnte. Das Miteinander der Kulturen war ihm wichtig – ein ukrainischer Nationaldichter und doch kein Nationalist. Franko war sich bewusst, dass die multikulturellen Überlagerungen außergewöhnliche Leistungen hervorbringen, wenn Menschen in friedlicher Konfrontation aus ihrer Differenz zu lernen vermögen. Doch in diesem multiethnischen Raum die Volksgruppen gegeneinander in Stellung zu bringen, gleicht dem Anzünden einer Zigarette in einer Halle voller Benzindämpfe.

Wer auch immer sich im Gebiet der heutigen Ukraine auf dem schwankenden Grund von Krieg, Bürgerkrieg und politischem Terror wieder ein Leben aufbauen musste, war von dem Gefühl vollständiger Machtlosigkeit traumatisiert. Auf diesem Gefühl der Ohnmacht gedeihen Ressentiments und Hass gegen alles Fremde und Andere, verbunden mit dem Wunsch nach Rache für all das erlittene Unrecht und Leid – bis heute.[41] In der Westukraine, in Galizien, so schreibt Karl Schlögel, »ist der Nationalismus schon eine tödliche Gefahr, während er anderswo gerade modern wird«.[42]

Mit dem Zerfall der Sowjetunion bekam auch der ukrainische Nationalismus neue Nahrung. Der Westen verschloss davor die Augen und ließ die Ultranationalisten gewähren. Im Grunde folgte er der Strategie, die in Jugoslawien bereits funktioniert hatte: Nationalitätenkonflikte fördern, um dann bei gewalttätigen Auseinandersetzungen unter dem Vorwand des Selbstbestimmungsrechts der Völker politisch und militärisch zu intervenieren und so neue Regionen in die eigene wirtschaftliche und politische Einflusszone hineinzuziehen. Die vielbeschworene Selbstbestimmung lässt man für die Menschen im Donbass oder auf der Krim aber nicht gelten; dort spricht man dann von »Annexion«.

Mit den Nachfolgekriegen im ehemaligen Jugoslawien und der völkerrechtswidrigen Intervention der NATO gegen Serbien wurde klar, dass die neue neoliberale Weltordnung den Krieg – ob als Stellvertreterkrieg, Regimewechsel-Operation oder Wirtschaftskrieg – als »Fortsetzung der Politik mit anderen Mitteln« wieder rehabilitiert hatte.[43] Der preußische General Carl von Clausewitz, von dem diese

Formulierung stammt, wusste, dass jeder Krieg eine Vorgeschichte auf der politischen Bühne hat und keinesfalls einfach vom Himmel fällt. Doch seit dem Ende der Systemkonfrontation sind die Spannungen zwischen Russland, den USA und dem von Deutschland dominierten Europa noch nie so dramatisch eskaliert wie 2021. Noch nie war die Gefahr eines Nuklearkrieges so hoch. Hier kulminieren Entwicklungen, die vor drei Jahrzehnten begonnen haben und nun in einer historischen Kollision zu enden drohen.

Die Europäische Union befand sich seit 1990 im Aufschwung. 2002 wurde die gemeinsame Währung Euro eingeführt. Bereits in den 1990er-Jahren ging die EU über zu einer gemeinsamen Außenpolitik, beschloss im Jahr 2000, innerhalb eines Jahrzehnts zum weltweit dynamischsten Hightech-Raum zu werden, und strebte eine gemeinsame Militärpolitik an. Anschließend beschloss sie, sich eine gemeinsame Verfassung zu geben. Nach der Erweiterung um Österreich sowie Finnland und Schweden nahm sie die Osterweiterung in den Blick. Sie wurde in zwei Runden vollzogen, 2004 und 2007. Damit schloss die EU die wirtschaftliche Ostexpansion seit 1990 ab. Damals hatten vor allem deutsche Unternehmen jene Länder, die sich weg von Russland und nach Westen orientierten, wirtschaftlich intensiv durchdrungen. Die Bundesrepublik war meist größter Handelspartner und bedeutendster Investor geworden.[44]

In den 2000er-Jahren nahm die deutsche Wirtschaft nicht nur Russland in den Blick, sondern auch jene Länder, die zwischen der nach Osteuropa erweiterten EU und Russland lagen: Belarus, die Ukraine und Moldawien sowie die Staaten des Südkaukasus Georgien, Armenien und Aserbaidschan. Bereits in den 1990er-Jahren hatte sie die Länder erschlossen, die zuvor der Moskauer Hegemonialsphäre angehörten. Jetzt zielte sie mit Belarus und der Ukraine auf jene Länder, die einst der Sowjetunion selbst angehört hatten. »Mit dem Versuch, sie der EU zu assoziieren«, so Jörg Kronauer, »drangen Berlin und Brüssel in hohem Maß getrieben von den Interessen der deutschen Wirtschaft in Russlands engstes Einflussgebiet vor.«[45] Doch inzwischen war der Aufschwung der EU ins Stocken geraten. 2005 scheiterten die Referenden über die EU-Verfassung in Frankreich und den Niederlanden. Mit der globalen Finanzkrise und der darauffolgenden Eurokrise geriet das Finanzsystem der EU-Länder in schwieriges Fahrwasser. Mit den Ansätzen zu einer gemeinsamen Militärpolitik in Syrien, Libyen und in Mali scheiterten auch Versuche, prowestliche und proeuropäische Regierungen zu installieren. 2016 trat Großbritannien als erster Mitgliedsstaat aus der EU aus.

Dagegen hatte Russland seine schlimmste Zeit in den 1990er-Jahren längst hinter sich. Mit dem Zusammenbruch der Sowjetunion war auch die Wirtschaft kollabiert. Die Armut grassierte, wenige Oligarchen rissen sich ehemaliges Volksvermögen unter den Nagel und kämpften mit Mafiamethoden bis hin zum Mord um die Macht. Im Inneren drohte weiterer Zerfall, vor allem die Abspaltung Tschetscheniens. Viele Versuche der Präsidenten Jelzin und Putin, eine Annäherung an den Westen zu erreichen, wurden abgeblockt. Stattdessen rückte die NATO mit ihrer Osterweiterung in zwei Wellen immer weiter an die russische Grenze vor.[46] Auf dem NATO-Gipfel in Bukarest im April 2008 wollten die US-Amerikaner die Weichen für einen Beitritt von Georgien und der Ukraine stellen. Aber in der Erkenntnis, schreibt Jörg Kronauer, »dass die NATO-Mitgliedschaft die Ukraine nicht – wie gewünscht – deutscher, sondern US-Hegemonie unterwerfen würde, stellte sich Berlin quer«.[47]

Seit dem Amtsantritt von Präsident Wladimir Putin ist Russland wieder langsam auf die Beine gekommen. Trotz der Finanzkrise 2008 zog das Wachstum an, die Armut ging zurück, und der Regierung gelang es, die Oligarchen einigermaßen unter Kontrolle zu bringen. Der Export von Öl und Gas spülte Einkünfte in den Staatshaushalt und ermöglichte dessen Konsolidierung. Die Streitkräfte wurden reorganisiert. Als im August 2008 Georgien mit dem Beschuss der abtrünnigen Republik Südossetien, wo russische Truppen mit der Kontrolle des Waffenstillstandes betraut waren, herausforderte, holte Moskau zum Gegenschlag aus. Russische Truppen vertrieben die georgischen Streitkräfte aus der völkerrechtlich zu Georgien gehörenden Republik Südossetien. Der Konflikt mit dem Westen begann von Neuem.

2013/14 versuchten Berlin und die EU mit allen Mitteln, die Assoziierung der Ukraine durchzusetzen. Währenddessen arbeitete Washington weiter darauf hin, das Land in die NATO aufzunehmen. Beide forcierten die Proteste auf dem Maidan, die sich ursprünglich gegen die endemische Korruption der Regierung von Präsident Wiktor Janukowytsch richteten.[48] Das Ziel war, eine prowestliche Regierung ans Ruder zu bringen. Im »Kampf um Kiew« (Jörg Kronauer)[49] waren sich die westlichen Mächte nicht einig, sondern konkurrierten darum, wer künftig in der Ukraine den Ton angeben wird. Der beste Beweis dafür ist der Wutausbruch der damaligen Europabeauftragten im US-Außenministerium, Victoria Nuland, die sagte, man habe ja schon fünf Milliarden Dollar in den Regimewechsel in der Ukraine gesteckt, und rief: »Fuck the EU!« Moskau musste hilflos zuschauen, wie es dem Westen gelang, die Regierung zu stürzen und Janukowytsch aus dem Amt zu jagen. Allerdings reagierte Russland mit einem zweiten harten Gegenschlag: Es sicherte das Referendum auf der Krim militärisch ab und nahm die Halbinsel in die Russische Föderation auf. Washington und die EU wiederum waren nicht gewillt nachzugeben und erhöhten den Druck, indem sie Sanktionen verhängten und aufrüsteten.

Der Zusammenprall 2013/14 prägt die machtpolitische Konstellation bis heute: Ein zweiter Kalter Krieg hatte begonnen. Dabei kämpft der Westen Seite an Seite, aber nicht geschlossen. Berlin versuchte weiterhin, Sonderinteressen durchsetzen, und hielt bis Ende 2021 an der Erdgaspipeline Nord Stream 2 fest. Diese sollte der deutschen Industrie weiter einen Wettbewerbsvorteil durch günstiges Gas verschaffen und das Land zu einer Erdgasdrehscheibe im Westen der Union machen. Doch die Pipeline wurde nicht nur von Washington, sondern auch innerhalb der EU immer heftiger bekämpft, von US-orientierten Staaten wie Polen, den baltischen Ländern und Frankreich, die die deutsche Dominanz in der EU schwächen wollten. Das Aus kam aber erst, als mit den Grünen übereifrige Transatlantiker in Regierungsämter aufrückten, die von »Partnership in Leadership« (Annalena Baerbock) und »dienender Führung« (Robert Habeck) an der Seite Washingtons fantasierten. Die Anschläge auf Nord Stream 1 und Nord Stream 2 wurden von dem Investigativjournalisten Seymour Hersh und dem US-Ökonom Jeffrey Sachs klar Washington zugeordnet.[50]

Geschlossen waren die politischen Eliten Deutschlands in der Frage, wer in der Ukraine das Heft in der Hand haben sollte. Diese Führungsrolle wollte sich die Bundesrepublik 2014 mit dem sogenannten Normandie-Format sichern, an dem die USA nicht beteiligt waren. Aber was den Bürgerkrieg im Donbass ab 2014 betraf, wurden keine echten Fortschritte erzielt. Unterstützt von den US-Amerikanern, weigerte sich die Regierung in Kiew, das Minsker Abkommen mit einem Waffenstillstand und einer relativen Autonomie der Gebiete Donezk und Luhansk umzusetzen. Stattdessen ließ sie die russischsprachige Zivilbevölkerung beschießen.

Nach sieben erfolglosen Jahren scherte Russland 2021 aus und verhandelte direkt mit den US-Amerikanern. Nun erhöhte Moskau den Druck, weil die NATO die Ukraine auch ohne förmliche Mitgliedschaft immer enger einband und das Land systematisch aufrüstete. Doch mit einer perspektivisch möglichen Stationierung von NATO-Mittelstreckenraketen, gegen die Russland keinen wirksamen Verteidigungsschirm hätte, war für Moskau eine rote Linie überschritten. Mit dem Ausscheren Russlands aus dem Normandie-Format verlor Berlin auch seine Führungsrolle. Der Einflussverlust von Deutschland und der EU wiegt umso schwerer, da Russland seine Stellung in Ländern am Rande des EU-Aktionsraums wie Syrien, Libyen und Mali festigen konnte. Moskau vermochte seinen Einfluss zu konsolidieren, während Washington die einzige Weltmacht bleiben will, und für die Europäer läuft es nicht wirklich rund. Das ist die Ausgangslage.

Das große Spiel um die Dominanz in Eurasien hat erneut begonnen. Washington eskaliert den Konflikt mit Russland, aber auch jenen mit China. Deutschland und die EU, außenpolitisch weitgehend erfolglos und nicht in der Lage, russische und chinesische Einflussgewinne in ihrer unmittelbaren Umgebung zu verhindern, lehnen sich wieder stärker an Washington an. Russland und China werden so von den Westmächten aneinandergedrängt. Beide haben auch Differenzen: Moskau fürchtet die wirtschaftliche Überlegenheit Chinas, während Peking Russlands militärische Aktivitäten für allzu provokativ ansieht. Doch von den USA und dem von Deutschland dominierten Europa in die Enge getrieben, nähern sie sich an, bereiten die Abwehr drohender Finanzsanktionen vor und halten gemeinsame Manöver ab. All diese Konfliktlinien kulminieren im Krieg in der Ukraine.

Die Karten in Radós Reiseführer zeigen die Ergebnisse dreier Kriege: des Ersten Weltkrieges, des Russischen Bürgerkrieges und des

Polnisch-Sowjetischen Krieges. Darauf sind die Grenzen der Ukraine nach dem Frieden von Riga 1921 zu sehen. Sie schneiden das Land in einen großen sowjetischen und einen deutlich kleineren polnischen Teil. In den Waffengängen des 20. Jahrhunderts wurden diese Grenzen nach Westen verschoben. Radós Karten zeigen: Im Krieg geht es um Geländegewinne und Einflusszonen, also um Geografie. Und Geografie wird dargestellt auf Karten. Die Kartografie von Sándor Radó zeigt vor allem reale Machtverhältnisse – Machtverhältnisse, die heute wieder in Bewegung geraten sind.

Staatliche und mediale Propaganda bereiten derweil die Menschen, vor allem in Deutschland, auf einen Waffengang vor und polemisieren gegen angebliche Kriegsmüdigkeit. Das 21. Jahrhundert fängt da an, wo das lange 19. Jahrhundert endete: in der Kriegshysterie. Nur steht diesmal die Menschheit am nuklearen Abgrund. In der Ukraine tobt ein Krieg, der mit der Denkweise des 19. Jahrhunderts, aber mit den Waffen des 21. Jahrhunderts geführt wird. Es ist ein Tanz auf dem Vulkan.

Beim Blättern in Radós *Führer durch die Sowjetunion* wird deutlich: In der Ukraine bündeln sich die Konflikte der europäischen Geschichte wie unter einem Brennglas. Dabei zeigt sich: Kein einziges der Probleme, die aus dem Zerfall der Sowjetunion entstanden sind, wurde gelöst. Geschrieben nach einem fürchterlichen Krieg, ist Radós Reiseführer getragen von der Hoffnung, nun könne alles besser werden. Die Hoffnung ist zerstoben, die Kriege nicht. Mit diesen Gedanken breche ich auf – zu Reisen in ein zerrissenes Land, in dem jeder seine eigene Wahrheit kennt. Sie führen ins Auge eines politischen Orkans, aus dem ich wiederkehre als ein anderer.

3. Ostwärts: Nach dem Angriff

3.1. Moskau: Auf eigene Faust

Wir erreichen die Grenze nach Einbruch der Nacht. Vor dem Krieg gab es hier kilometerlange Staus; jetzt kaum ein Auto. Fast leere Alleen, von doppelten Baumreihen gesäumt, führen durch die endlosen Wälder Masurens, in denen der Herbst die Blätter von hellgrün zu gelb verfärbt. An der Grenze zwischen Polen und dem Oblast Kaliningrad warten 20 Fahrzeuge. Eine Füchsin klappert die Autos ab, in der Hoffnung, von den Wurstbroten der Reisenden zu profitieren. Es ist der 17. September 2022, Tag elf der ukrainischen Gegenoffensive. Für die Russen läuft es nicht gut. Sieben Monate nach ihrem Überfall auf das Nachbarland werden ihre Truppen in weiten Teilen der Front zum Rückzug gezwungen; nur so entgehen sie der Einkesselung. Im Soundsystem singt Sergei Schnurow: »Ich habe meiner Frau ein blaues Auge geschlagen, und wenn sie sich bei der Polizei beschwert, dann werde ich denen sagen: Moment mal, sie wollte in die NATO! Das war keine Dresche, das war eine Spezialoperation!«[51] Der Sänger aus Sankt Petersburg ist nicht bekannt für zarte Töne; doch in Russland lässt man ihn singen.

Nach fast drei Stunden sind wir an der Reihe. Pässe her, alle raus, alle Türen auf! Misstrauisch betrachten die russischen Zöllner unsere deutschen Pässe. Ein Grenzer schnauzt uns an: »Was hängt ihr da rum? Auseinanderstehen, Gesicht zu mir!« Es dauert, der Pass wird eingelesen, ebenso das Touristenvisum. Wir reisen auf eigene Faust, niemand hat uns geschickt, niemand hat uns gebeten. »Warum doppelte Einreise nach Russland?« »Wir wollen von Rostow weiter nach Donezk!« »Aha, die Herren sind vergnügungssüchtig!«

Das zweifelhafte Vergnügen war lange geplant. Im September 2021 besuchte ich den Westen der Ukraine, Lemberg, Chust, am Rande der Karpaten. Auf langen Wanderungen, beim Durchwaten reißender Flüsse, beim Blick auf holprige Schlaglochpisten kam mir die Idee, das zu tun, was ich am besten kann: darüber schreiben. Weitere Reisen im Jahr darauf sollten dem Buch Form und Richtung geben. Doch dann kam der russische Einmarsch. Von Westen her war kein Durchkommen mehr in den Donbass, dazwischen lag die Front. Zunächst wollte ich abkürzen – über Kiew nach Dnipro und dann nach Odessa. Doch meine Freunde hatten keine Zeit, da war ein Haus zu bauen, das vor dem Winter fertig werden musste. Wer, wenn nicht sie, könnte mich begleiten? Es gibt Reisen, die sollte man besser nicht allein antreten.

Wer solche Touren macht, braucht nicht nur starke Nerven. Im Vorteil ist, wer Russland schon ein wenig kennt, die Sprache spricht, nicht gleich als Ausländer auffällt, ein paar Kontakte und über Freunde und Verwandte Zugang zu russischen Konten hat. Denn die westlichen Sanktionen sorgen dafür, dass Geldautomaten bei deutschen Kreditkarten korrekt melden: »Ihre Bank antwortet nicht!« 5000 Dollar im Bauchgurt – das Geld reichte vielleicht nur bis zum Checkpoint irgendeiner Miliz im Donbass, wo sich die Summe in Lösegeld verwandeln könnte.

Bei Freunden in Frankfurt lernte ich Sergey kennen. Er zeigte die gelassene Entschlossenheit, die gebraucht wird auf einer solchen Reise. Sergey ist ein Experte für Kaffeemaschinen und kann genau erklären, wie heiß die Brühe sein muss und wie der Schaum auf einem guten Kaffee aussehen sollte. Bekannten in Kaliningrad hat er gebrauchte Kaffeemaschinen verkauft. Handeln kann man mit allem, und das Durchwursteln wird auch zum Prinzip unserer Reise: Alle Direktflüge nach Russland sind gestrichen; wir müssen die Sanktionen umgehen. Deshalb fahren wir mit dem Wagen nach Kaliningrad, lassen das Auto bei Freunden, nehmen die Aeroflot-Maschine nach Moskau und buchen dort ein Zweier-Coupé für die 25-stündige Zugfahrt nach Rostow am Don. Wie es dann weitergeht – keine Ahnung. Eines wissen wir aber: In einem Krieg mit Tausenden von Toten kommt es auf zwei Leichen mehr oder weniger auch nicht an. Sollte uns etwas zustoßen, wird kein Hahn danach krähen. Deshalb beschließen wir, eine Art Video-Tagebuch zu machen. So wissen wenigstens Freunde und Bekannte, dass wir noch am Leben sind.

Zum damaligen Zeitpunkt zählte das UNHCR mehr als 7,5 Millionen Kriegsflüchtlinge aus der Ukraine in ganz Europa, davon fast 2,9 Millionen in Russland.[52] Männer zwischen 18 und 60 Jahren dürfen nicht ausreisen, sie müssen kämpfen. Asyl für ukrainische Kriegsdienstverweigerer gibt es nur in Russland. Überall Familien, die durch den Krieg zerbrechen. Wir lassen die Grenze hinter uns und fahren Richtung Kaliningrad. Sergei Schnurow singt: »Wie gut haben wir gelebt, ach wie gut haben wir gelebt, wie gut haben wir damals schlecht gelebt« – vor dem Krieg.[53] Das Hotel Baltika ist ein alter, aber sauberer sowjetischer Schuppen direkt am Tschistyi Prud, dem früheren Lauther Mühlenteich. Die Türen sind neoklassisch aus Holz, das Bad hat Röhren statt Heizkörper. Beim Frühstück überfällt uns im Speisesaal eine Schülergruppe auf Klassenfahrt. Sie kommen aus Gwardeisk – »Gardestadt« – an der Pregel, etwa 35 Kilometer weiter östlich. Hier in Kaliningrad sollen sie Kulturgeschichte kennenlernen, besuchen den Dom, das Kant-Museum und sammeln Bernstein. Sie tragen das gelbe Halstuch ihrer Schule und frühstücken in zwei Schichten unter alten Wandteppichen mit deutschen Bauernmotiven: Fässer, Pferde, Kutscher. An den runden Tischen geht es bei Eiern, Krautsalat, Kartoffeln und Tee ruhig und diszipliniert zu. Die Busreise, hören wir, wird vom Staat bezahlt. Einen Eigenbeitrag gibt es nicht. Im Fahrstuhl freut sich die Putzfrau, dass ich Deutscher bin; Deutsch, das hat sie mal in der Schule gelernt. Der Krieg findet hier nur in den Fernsehnachrichten statt.

Wir wollen russische SIM-Karten kaufen. Deshalb fahren wir in die City von Kaliningrad – und finden uns in Königsberg wieder. Hinter sowjetischen Plattenbauten in schlechtem Zustand präsentiert sich die Metropole der russischen Exklave als moderne Großstadt. Die Bauruine des »Hauses der Sowjets« gilt heute als Symbol für das Scheitern der Sowjetunion, ein Teil der Kaliningrader Schizophrenie. Im Einkaufszentrum Plaza sind die Läden voll und gut besucht. Was im Stadtkern ein halbes Jahr totalen Krieges völlig zerstört hat, ist nun wieder aufgebaut und orientiert sich an den alten hanseatischen Gebäuden. Man versucht, das feine Gewebe der Bürgerhäuser, Kontore, Cafés und Buchhandlungen nachzuahmen, das durch die Luftangriffe im August 1944 und sowjetische Planungswut plattgemacht wurde.[54] Eine Stadt an einer historischen Bruchstelle, die wieder nach Westen geblickt hat, wird nun durch die Sanktionen gegen Russland wieder vom Westen abgeschnitten und zur Frontstadt an der NATO-Außengrenze. In Kaliningrad hat man darauf gewartet, nach dem Ende des ersten Kalten Krieges wieder zur Brücke zwischen den Völkern zu werden; man hat vergeblich gewartet.

Für die berühmteste Tochter der Stadt, Hannah Arendt, gibt es hier kein Denkmal. Als Enkelin aus dem Russischen Reich nach Preußen eingewanderter Juden wurde sie 1906 geboren. Vielleicht muss man vom östlichen Rande des Deutschen Reiches und aus einer wohlhabenden Stadt der Kaufleute auf die Krise der bürgerlichen Welt blicken, um die Vernichtungsenergie übersehen zu können, die der Zerfall bürgerlicher Klassenstrukturen und der europäischen Staatenwelt freisetzen konnte: »Die erste Explosion war wie der Starter einer Kettenreaktion, die bis heute nicht zum Halten gebracht werden konnte ... Nichts, was seit dem Ersten Weltkrieg sich wirklich ereignete, konnte wieder repariert werden, und kein Unheil, nicht einmal der Ausbruch des Zweiten Weltkrieges, konnte verhindert werden. Jedes Ereignis hatte die Qualität einer Katastrophe, und jede Katastrophe war endgültig.«[55] Heute, am Rande einer neuen Katastrophe, erscheinen mir diese Sätze ganz aktuell: Die Epoche der Weltenbrände ist längst nicht vorbei.

In Kaliningrad führt nun ein trotziger Behauptungswille Regie: Wir haben schon einmal einen totalen Krieg überstanden, das hier werden wir auch überstehen. Den berühmtesten Sohn der Stadt, Immanuel Kant, zeigt man stolz chinesischen Touristengruppen. Fast alle, die heute nach der Zeit der Vertreibungen und Umsiedlungen hier leben, haben ihre familiären Wurzeln anderswo. Irgendwie scheint der Philosoph zu einer Art verbindendem Element, zum Fluchtpunkt regionaler Identität zu werden. Sein Denkmal steht in einem Park vor der Universität, die seit 2005 seinen Namen trägt, umbenannt zum 750. Jahrestag der Stadtgründung in Anwesenheit von Präsident Wladimir Putin und dem damaligen Bundeskanzler Gerhard Schröder.

Vor dem Denkmal stehend denke ich an Kants Galgenhumor, mit dem er seine Schrift »Zum ewigen Frieden« einleitet. Er verweist auf ein holländisches Gasthaus, das diesen Namen führt und dessen

Schild einen Friedhof zeigt.[56] Dahin haben wir es wieder gebracht: Ein weiteres Mal müssen wir uns entscheiden, ob wir Frieden halten oder auf dem Friedhof enden wollen. Im Geist höre ich den Alten von Ferne lachen. Seine sechs Präliminarartikel sind bis heute ein schöner Traum: »Es soll kein Friedensschluss für einen solchen gelten, der mit dem geheimen Vorbehalt des Stoffs zu einem künftigen Kriege gemacht worden.«[57] Im ersten der sechs Artikel geht es Kant um den Unterschied zwischen echtem und unechtem Frieden. Ein Friedensschluss, der die Kriegsgründe nicht beseitigt, kann nicht halten. Ich denke an die Minsker Verhandlungen um einen Frieden im Donbass, während US-Amerikaner und Briten die Ukraine hochgerüstet und schrittweise an NATO-Standards herangeführt haben. »Kein Staat soll sich in die Verfassung und Regierung eines anderen Staats gewalttätig einmischen.« Der fünfte Artikel formuliert das Prinzip der Nichteinmischung. Für eine Intervention kann es, so Kant, keine Rechtsgrundlage geben, solange der betroffene Staat nicht die Rechte eines anderen verletzt. Innere Unruhen wie der Bürgerkrieg im Donbass seit 2014 oder unrechtmäßige Zustände stellen keinen Grund für ein militärisches Eingreifen dar. Putins Angriffskrieg steht mir vor Augen. Immanuel Kant gehörte einst der Akademie der Wissenschaften in Sankt Petersburg an. Das Zeitalter der Aufklärung endete in Kriegen. Heute hält Königsberg Ost und West wieder den Spiegel der Aufklärung vor die Nase, doch keiner will hinsehen.

Danach im Restaurant »ХМЕЛЬ« (Hopfen) in der Innenstadt von Kaliningrad Borschtsch mit Speck und Roggenbrot, dazu zwei Gläser kalter Meerrettich-Schnaps. Vielleicht war das der Anfang vom Ende. Lautes Trommeln an der Tür reißt mich am nächsten Morgen aus dem Schlaf. Völlig derangiert raffe ich mich auf. Sergey steht in der Tür: »Sieh zu, dass du in die Gänge kommst, die Maschine nach Moskau wartet nicht!« Am Vorabend hatten wir den Wagen bei Freunden abgestellt. Die Frau von Maxim ließ es sich nicht nehmen, uns gleich noch zu bekochen. Gäste aus Deutschland sind selten geworden, es gibt viel zu erzählen von diesseits und jenseits der Grenze. Ich bastele mit den Kindern Papierflieger zwischen den Wodkarunden. Bei der dritten Flasche – Filmriss vor der Garderobe. Am nächsten Morgen tickert Maxim: »Hitler kaputt!«

Der Fahrer des Taxis legt vom Flughafen Scheremetjewo Richtung Innenstadt im Moskauer Stoßverkehr bei strömendem Regen ein solches Rennen hin, dass ich nicht weiß, ob meine Schweißausbrüche vom Restalkohol oder von der Todesangst kommen. Im Hotel in der Kadaschewskaja lege ich mich erst mal aufs Bett und atme tief durch. Am Abend treffen wir unseren Freund Andrej, schießen schnell ein Erinnerungsfoto auf der Rolltreppe der U-Bahn und fahren zu einem kasachischen Restaurant, Tschaichania Nr. 1, am Puschkinskaja-Platz. Wir bestellen Lammsuppe und anschließend einen Spieß. An diesem Abend gibt es keinen Schnaps, sondern zwei Karaffen Mors, ein Fruchtsaft, der aus Waldbeeren gewonnen wird. Andrej ist Mitte 30 und hat sich nun »endlich«, wie er sagt, verlobt. Er hat gerade eine neue, größere Wohnung etwas außerhalb des Rings bezogen. Er arbeitet als IT-Spezialist und für einen Onlineshop. »Hier schütteln wir über die Deutschen den Kopf. Ihr habt euch selbst den Gashahn abgedreht und gebt Putin die Schuld. Geht's noch?« Von den Sanktionen hält er wenig: »Das kommt hier nicht an. Auch im IT-Bereich gibt es alles zu kaufen. Wir erhalten die Sachen aus China, die Europäer sind aus dem Markt, das ist alles.« Das deckt sich nicht nur mit unseren Beobachtungen; auch US-Studien sehen das so.[58] Im zentralen Kaufhaus GUM, in das wir uns am Nachmittag vor Regenschauern und eiskaltem Wind auf dem Roten Platz gerettet haben, sind nach wie vor Schweizer Uhren, Porzellan aus dem saarländischen Merzig, Luxusklamotten aus Italien, Waschmaschinen, die in Polen gefertigt werden, oder koreanische Flachbildschirme und chinesische Computer erhältlich. Mangel herrscht nicht. Im Pkw-Bereich steigern infolge der Sanktionen chinesische Fabrikate ihre Marktanteile. Westliche Luxuskarossen gelangen über Kasachstan oder China nach wie vor nach Russland. Die Lieferanten schlagen die Kosten der längeren Transportwege einfach auf den Preis.[59] Die meisten Länder des globalen Südens – China, Indonesien, Brasilien, Indien, Südafrika – schlossen sich den Sanktionen der NATO-Länder nicht an. Die Türkei verdoppelte ihre Ölimporte gegenüber 2021. Der russische Anteil an Indiens Ölimporten stieg im gleichen Zeitraum von 1 Prozent auf 21 Prozent. Das Monatsvolumen von Chinas Russlandhandel erhöhte sich um zwei Drittel, jenes der Türkei verdoppelte sich, Indien verdreifachte seinen Handel mit Russland und die russischen Exporte nach Brasilien verdoppelten sich.[60] Der russische Außenhandel wuchs um 8,1 Prozent.[61] Aber die russische Energiewirtschaft ist abhängig von westlichem Anlagenbau. Präsident Putin kündigte deshalb an, dass bis zum Jahr 2025 80 Prozent der Ausrüstungen im Öl- und Gasbereich in Russland hergestellt werden sollen.[62]

Russland ist es auch bisher nicht gelungen, eine eigene Digitalindustrie aufzubauen. Das Land ist von westlichen Technologien abhängig und hat keine eigene Halbleiter-Industrie. Anders als Andrej haben mehrere Tausend IT-Spezialisten Russland verlassen. Berichte, dass die russische IT-Branche in Schwierigkeiten kommt, weil die Zulieferung westlicher Halbleiter-Chips ausfällt, kann Andrej aber derzeit nicht bestätigen. Nur die Preise seien leicht gestiegen. Stattdessen weist er daraufhin, dass in der globalisierten Welt Abhängigkeiten in beide Richtungen wirken. Die Halbleiter-Branche im Westen ist abhängig von Neon-Gas aus Russland. Denn Chip-Laser brauchen diese Materialien etwa bei der Belichtung der Halbleiter, und hier drohen eben Lieferengpässe.[63] Wir stimmen mit Andrej überein, dass sich der Wirtschaftskrieg im Westen stärker auswirkt als in Russland, einem energieautarken Land, das nun an den gestiegenen Öl- und Gaspreisen auf dem Weltmarkt sogar noch kräftig verdient, während Wirtschaftsvertreter in Deutschland vor einer Deindustrialisierung warnen, weil das deutsche Geschäftsmodell eben zum Teil auf billiger Energie aus Russland beruht. Der Präsident des Deutschen Industrie- und Handelskammertages, Peter Adrian, wird wenig später sagen: »Wenn die Energiepreise nicht deutlich sinken, gehen spätestens in sechs Monaten bei Zehntausenden Betrieben hierzulande die Lichter aus.« Damit drohe ein Wohlstandsverlust unbegreiflichen Ausmaßes.[64] Der geopolitische Experte Jacques Baud geht davon aus, dass sich der Westen verschätzt habe und eine schwere Rezession drohe, deren Ursachen zwar vor dem Krieg liegen, die aber durch die Sanktionen verschärft werde.[65] Der Bundesregierung lagen im November 2022 keine Erkenntnisse zur Wirkung ihrer Russland-Sanktionen vor.[66] Das deckt sich auch mit den Ergebnissen der Ökonomen: Die russische Wirtschaft bricht kaum ein, die Ukraine verarmt rapide und der Westen droht den Wirtschaftskrieg zu verlieren.[67] Auf dem Nachhauseweg blödeln wir herum, Andrej lacht: »Hier in Putins Totalitarismus können wir an der Bushaltestelle das Handy aufladen und haben sogar WLAN!« Ja, in Moskau geht das, denke ich. Aber im sibirischen Krasnojarsk, wo Sergey herkommt? Zum Abschied umarmen wir uns: auf Wiedersehen in Moskau – wenn wir im nächsten Jahr noch leben.

Vor meinen Füßen steht ein Bild von Darja Dugina. Es zeigt eine junge Frau von 29 Jahren mit dunklen Haaren und Seitenscheitel, über deren linkem Auge ein dunkler Schatten liegt. Die Journalistin starb am 20. August 2022 bei einem Autobombenanschlag. Der Anschlag galt offenbar ihrem Vater, dem rechtsnationalistischen Philosophen Alexander Dugin, in dessen Wagen sie nach Hause fahren wollte. Beide hatten ein patriotisches Festival besucht. Darja Dugina rechtfertigte immer wieder öffentlich den Militäreinsatz in der Ukraine: »Was jetzt dort passiert, ist ein Versuch der Russen, die Zivilisten vor dem Tod zu schützen.«[68] US-Geheimdienste vermuten die Ukraine hinter dem Mord. Welche Rolle spielten sie?

Vor dem schwarzgerahmten Foto von Darja Dugina liegen Blumen, daneben eine niedergebrannte Kerze. Das Foto ist an den Sockel einer drei Meter hohen Bronzeplastik gelehnt, die sich im kleinen baumbestandenen Skwer Mstislaw Rostropowitsch zwischen Bolschaja Nikitskaja und Twerskaja vor dem Trubel der schlaflosen Metropole versteckt. Der Bildhauer Alexander Liugin zeigt einen wilden Löwen mit mächtiger Mähne, die Augen aufgerissen wie erstarrt, gebändigt von einem Engel, der rittlings auf ihm sitzt. Die Flügel weit ausgebreitet, blickt dieser Engel seitwärts dem Besucher entgegen, schützend beide Hände erhoben: Weltliche und geistliche Macht begegnen sich. Ich sehe in dieser Plastik den Engel, der den Propheten Daniel in der Löwengrube rettet, in die ihn Babylons König Darius hat werfen lassen. Daniel war wegen seines Glaubens von Neidern denunziert worden, weil er in der Gunst des Königs stand.[69]

Das Buch Daniel erzählt von Macht und Größenwahn, Intrigen und Treue, Aufstieg und Untergang von Weltreichen. Es ist ein spannendes, politisches Buch der Bibel. Es führt in die Vorstellungswelt jener Leute, die wir gleich in der Nähe des Parks treffen werden. Dass hier, in diesem Park, vor dieser Bronze, das Bild von Darja Dugina steht, ist kein Zufall. Russland, eingekreist von den wilden Löwen des Westens und der NATO, das im Vertrauen auf Gott und seine eigene Kraft den Rachen der Bestien zudrücken kann, müsse seinen militärisch-industriellen Komplex ausbauen, müsse im Kampf gegen die Gier geopolitischer Feinde nach Rohstoffen und gegen westliche Dekadenz seine Wirtschaft und seine Elite neu ausrichten, müsse sich auf neue Kriege vorbereiten. Wir werden in ein Verwaltungsgebäude geführt, besteigen den Fahrstuhl und erreichen in der achten Etage einen Besprechungsraum. Unter der Fahne der Separatistenrepublik Donezk treffen wir Mitglieder des Isborsk-Klubs. In der russischen Presse wird er als Kreml-naher Thinktank beschrieben, der Zar Peter den Großen und Josef Stalins Industrialisierung zu den Leitbildern seines Mobilisierungsprojekts zählt.[70] Der Klub ist im Donbass gut vernetzt, und deshalb sind wir hier.

Eine Art Komitee empfängt uns an einem langen Tisch. Wir werden gebeten, auf einer Couch Platz zu nehmen, auf der wir etwas tiefer sitzen als die Gesprächspartner auf ihren Stühlen. So schaue ich auf zu einem Herrn mit langem grauem Bart, der zu meiner Rechten sitzt und mich mit warmen, klugen Augen durchdringend ansieht. Neben ihm hat eine schmächtige, blonde Frau Platz genommen, die gleichermaßen intelligent und sensibel wirkt. Mehrere jüngere Männer assistieren. Wir werden gebeten, uns vorzustellen und unser Vorhaben zu beschreiben. Die Nachfragen sind präzise und gut informiert gestellt. Ich werde gebeten, Auskunft über die Auflagenzahlen meiner Bücher zu geben: »Halten Sie es für möglich, den Menschen in Deutschland zu erklären, dass Russland kein Feind ist?« – »Meine Bücher bewirken nur wenig«, antworte ich, »aber es wäre wünschenswert, etwas klarer über die Kriegsursachen nachzudenken, als man das derzeit in Deutschland tut.«

Meine ruhige, abgewogene Art gefällt. »Sie erhalten Nachricht«, sagt der Grauhaarige, »wir werden sehen, ob wir Ihre Reise flankieren können.« Dann sehe ich sie. Ganz links am Tisch steht eine dunkelhaarige Frau, vielleicht Anfang vierzig, gekleidet in Militärhosen mit Seitentaschen. Sie ist schlank und durchtrainiert, mit dem leicht federnden Gang von Elitesoldaten, die daran gewöhnt sind, unter Ausrüstung zu marschieren. Als ich ihr in die Augen blicke, überkommt mich ein Frösteln. Da ist etwas Kaltes, Abweisendes. Ich tauche ein in das Schwarze ihrer Augen und sehe, dass in ihrem Inneren etwas zerbrochen ist, das nicht mehr repariert werden kann. Da weiß ich: Diese Frau war im Krieg, sie hat Blut gesehen; auch sie hatte den Finger am Abzug. Seitdem hat sich etwas in ihr verändert, das nie wieder zurückkehren wird; sie hat gelernt, an einer Stelle nichts mehr zu fühlen. Am Grunde ihrer Seele, so scheint es mir, ist es kahl und leer wie auf der Schattenseite des Mondes.

»Natürlich ist das ein Angriffskrieg! Was denn sonst?« Wir treffen Denis in der Kofemanija Nowaja Ploschtschad auf der Saqdownitscheskaja. »Aber er wurde uns aufgezwungen. Wir haben doch bis zuletzt verhandelt! Alles andere ist Propaganda!« Denis ist Ende 30 und gehört zum Moskauer Regierungsapparat, einer jener Referats- oder Abteilungsleiter, die den Laden am Laufen halten. Das zweite Kind ist unterwegs, seine Frau und er haben in Deutschland studiert. Wir unterhalten uns auf Russisch und Deutsch, einer Sprache, die er akzentfrei spricht. »Deutsch«, sagt Denis, »ist in Russland eine sehr populäre Fremdsprache!« Bei einem Frühstück mit Eiern und Speck in diesem Kaffeehaus mit schweren runden Kronleuchtern und Holzvertäfelungen von gediegenem, luxuriösem Charme reden wir offen – so offen, wie es einem Mann des Apparats möglich ist. Aber das Wenige, was Denis erzählt, ist aufschlussreich und sagt viel über die »Vertikale der Macht« in Moskau. Hier ist nicht mehr von »Spezialoperation« die Rede.

»Was hätten wir denn tun sollen? Die Ukrainer haben sich strikt geweigert, das Minsker Abkommen umzusetzen. Im ukrainischen Verteidigungsministerium in Kiew gibt es eine abgeriegelte Etage, in der nur US-Amerikaner und Briten sitzen. Dort werden die Daten von 70 militärischen und 200 zivilen Nachrichtensatelliten zu Zielkoordinaten der ukrainischen Raketenbatterien aufbereitet. Diese Waffen liefert der Westen. Faktisch befinden wir uns in einem Krieg mit der NATO!«

Ganz von der Hand zu weisen ist das nicht. Schon im Juni 2022 berichtete die *New York Times*, dass die CIA verdeckt in der Ukraine operiert und Mitarbeiter hauptsächlich in Kiew stationiert hat, die den Informationsfluss der USA an die ukrainische Armee koordinieren. So stellt der US-Geheimdienst den kämpfenden ukrainischen Truppen über Tablets Bilder der Satellitenaufklärung zur Zielerfassung zur Verfügung.[71] Das Unternehmen Maxar Technologies produziert und betreibt Satelliten zur Erdbeobachtung und zählt das National Reconnaissance Office (NRO), einen der CIA unterstellten US-Militärgeheimdienst, zu seinen Stammkunden. Das NRO ist für die Bildaufklärung verantwortlich und zahlt jährlich 300 Millionen Dollar an Maxar für den Erstzugriff auf Bilder und für das Recht mitzuentscheiden, welche Regionen die vier hochauflösenden Kamera-Satelliten in den Blick nehmen. Dazu kommen weitere Anbieter wie Black Sky, Planet oder Capella Space sowie eigene geheimdienstliche Möglichkeiten.[72] In der US-amerikanischen Armeezeitung *Stars and Stripes* findet sich eine Reportage über das Nervenzentrum der Waffenlieferungen in Richtung Donbass, das sich in den Patch Barracks in Stuttgart-Vaihingen befindet.[73] Die ukrainische Armee nutzt auch das Starlink-Satellitennetzwerk von Elon Musk.[74]

Was Denis erzählt, ist nicht neu; auch US-amerikanische Außenpolitik-Experten teilen seine Einschätzungen. Der Politologe John J. Mearsheimer von der Universität Chicago schrieb bereits 2014 in *Foreign Affairs* über die Ukraine: »Die Vereinigten Staaten und ihre europäischen Verbündeten tragen einen großen Anteil an der Krise. Die zentrale Wurzel des Konflikts ist die NATO-Osterweiterung, das Kernstück einer umfassenderen Strategie mit dem Ziel, die Ukraine aus Russlands Einflusszone herauszuziehen und in den Westen zu integrieren. Gleichzeitig waren die EU-Osterweiterung und die westliche Unterstützung der prodemokratischen Bewegung in der Ukraine – angefangen mit der Orangenen Revolution 2004 – ebenfalls entscheidende Elemente ... Für Putin war der illegale Sturz des demokratisch gewählten und prorussischen Präsidenten – den er richtigerweise als Staatsstreich bezeichnete – der Tropfen, der das Fass zum Überlaufen brachte.«[75]

Mit Denis diskutieren wir, wie es zu dieser verfahrenen Lage kam – der Krieg vor dem eigentlichen Krieg: der völkerrechtswidrige Bombenangriff gegen Russlands Verbündeten Serbien im Jahr 1999; die NATO-Osterweiterung von 16 auf 28 Mitglieder, entgegen allen Zusagen an Russland; der Überfall auf den Irak 2003; die Orangene Revolution 2004 in Kiew, inszeniert nach dem Drehbuch der US-Organisation Freedom House und der Konrad-Adenauer-Stiftung, um einen russlandfreundlichen Präsidenten zu stürzen, der allerdings bei den nächsten Wahlen erneut gewann; der NATO-Gipfel in Bukarest 2008, bei dem der Ukraine und Georgien der Beitritt zur Allianz in Aussicht gestellt wurde; der Maidan-Putsch im Jahr 2014, der erneut zum Sturz des Präsidenten führte; die Aufnahme des NATO-Beitritts als Ziel in die ukrainische Verfassung im Jahr 2019, obwohl die Mehrheit der Ukrainer dagegen war; NATO-Manöver auf ukrainischem Boden; die dauerhafte NATO-Präsenz im Baltikum; die einseitige Kündigung von Abrüstungskontrollverträgen; die vom Westen geduldete Nichteinhaltung des Minsk-2-Abkommens durch die Ukraine; die Forderung von Präsident Selenskyj auf der Münchner Sicherheitskonferenz nach einem klaren Zeitfenster für den NATO-Beitritt und die Drohung, wieder eigene Atomwaffen aufzustellen.[76]

Gestützt werden Denis' Überlegungen auch von Nina Chruschtschowa, Politologin an der New School in New York und Urenkelin des sowjetischen Staatschefs Nikita Chruschtschow: »Amerika will immer einen Krieg haben. Irgendwo. Schreiben Sie das auf, ich bin Amerikanerin! Die USA sind ein waffenvernarrtes Land. Durch jeden Krieg, den die USA führen, beweisen sie, dass sie die führende Nation der Welt sind ... Der Krieg in der Ukraine ist ein perfekter Krieg für die USA, weil ein weißes Land gegen ein anderes weißes Land kämpft. Der Bösewicht kämpft gegen eine Demokratie. Und diese Demokratie hat mit Wolodymyr Selenskyj einen Hauptdarsteller, der seine Rolle wunderschön spielt.« – »Sie behaupten also, dass die USA diesen Krieg provoziert haben.« – »Absolut. Aber es ist eine freie Welt, und Putin wählte seine Rolle als Bösewicht selbst und griff die Ukraine an. Dafür sind nicht die USA verantwortlich, Putin trägt zu 100 Prozent die Schuld.« Eine Falle, vom Westen provoziert, »und dieser Idiot tappte hinein«.[77]

Wie Nina Chruschtschowa kennt Denis Wladimir Putin persönlich; nicht näher, eher so, wie ein aufstrebender Mitarbeiter den Chef eben kennt. »Putin ist ein enttäuschter Deutschland-Liebhaber. Er spricht die Sprache, hat unzählige Angebote zur Zusammenarbeit gemacht. Historisch gesehen waren die Zeiten am besten, in denen Deutschland und Russland gut zusammengearbeitet haben. Man sollte auf das hören, was den Interessen der Menschen in Deutschland dient.«

Ein gebildeter Russe wie Denis denkt dabei an die Zeit der preußisch-russischen Allianz ab 1762; die Konvention von Tauroggen als Auftakt eines Bündnisses gegen Napoleon im Jahr 1812; an den Vertrag von Rapallo von 1922 zur Wiederaufnahme diplomatischer Beziehungen; an das Pjatakov-Abkommen von 1931, das die Sowjetunion zum größten Exportmarkt für deutsche Maschinen und Ausrüstungen machte; an das Erdgas-Röhren-Geschäft ab 1970, durch das sich die Bundesrepublik von der einseitigen Energieabhängigkeit von arabischen Autokratien befreite; an die neue Ostpolitik von Bundeskanzler Willy Brandt, die auf einen Ausgleich mit der Sowjetunion abzielte.

»Aber Putin hat eigentlich keine Hoffnung mehr auf eine stärker eigenständige deutsche Außenpolitik, die sich nicht nur als Vasallenstaat der USA versteht, wie damals bei Willy Brandt und Hans-Dietrich Genscher.« »Siehst du überhaupt noch Ansatzpunkte für eine friedliche Lösung in der Ukraine?«

»Das ist innerhalb des Apparats umstritten«, berichtet Denis. »Die meisten hier sagen: Diese deutsche Regierung muss weg, denn sie ist lediglich ein Werkzeug der US-Amerikaner. Wie Oskar Lafontaine halten diese Leute die Politiker der Ampel-Koalition – Scholz, Baerbock, Habeck und Lindner – für treue US-Vasallen und Deutschland für ein Land ohne Souveränität.«[78] Ich antworte dann: »Was ist die Alternative? Bundeskanzler Olaf Scholz ist der Einzige in der deutschen Spitzenpolitik, der bei Waffenlieferungen etwas auf der Bremse steht. Die Grünen sind gefährliche Kriegstreiber, schlimmer noch als die CDU. Anders als in der Kuba-Krise sind die Gesprächskanäle fast komplett dicht. Scholz ist der Einzige, mit dem Putin noch reden kann.« »Ich sehe auch nicht, wie sich die Dinge verbessern könnten, wenn die Grünen eine Koalition mit der CDU bilden.« »Aber das Problem liegt tiefer. Eigentlich wissen wir nicht mehr, wem wir im Westen noch trauen können. Seit unserem Ja zur deutschen Einheit wurden alle Zusagen, die wir damals erhalten haben, gebrochen. Die NATO ist – entgegen allen Versprechen – bis vor unsere Haustür vorgedrungen. Der Westen hält sich nur an Abkommen, wenn es ihm nützt. Viele halten ihn für ›nedagaworaspasobnij‹ – das heißt nicht vertragstreu.«[79] In Moskau ist man so altmodisch daran zu glauben, dass Politik auf Interessen und Vereinbarungen beruht, um Konflikte zu vermeiden, nicht um russophobes Gerede und feministische Außenpolitik, um dann mit dem Kopf-ab-Regime in Saudi-Arabien gemeinsame Sache zu machen – oder mit Katar, das die Rechte von Frauen stark einschränkt. Das ist die Logik von Putins Apparat, der die Oligarchen zumindest teilweise politisch gebändigt hat. Nach dieser Logik kann man sich nicht einmal vorstellen, dass die Politik abgedankt haben könnte und der Profitgier von Finanzinvestoren freien Lauf lässt. Man denkt in Moskau so europäisch, dass man an politische Vernunft glaubt, obwohl im Europa der Postmoderne längst die Zerstörung der Vernunft Einzug gehalten hat.

Natürlich ist Putin ein komplexer, äußerst machtorientierter Charakter. Die zahlreichen Angebote zur Zusammenarbeit, die er während seiner ersten Amtszeit gemacht hat, blieben jedoch alle unbeantwortet vom Westen. Das musste zu dauerhaftem Frust führen. Anders als Denis nimmt Nina Chruschtschowa bei ihrer Einschätzung von Putin stärker die Einschränkung der Freiheitsrechte in Russland in den Blick: Die Nichtregierungsorganisation Memorial wurde verboten, das Gesetz über »ausländische Akteure« wird genutzt zur Unterdrückung von Dissens, und es gibt kaum eine echte Opposition in der Duma. Die Gewaltenteilung existiert praktisch nicht, und die Rolle von mächtigen Oligarchen ist undurchsichtig: »Er hat eine psychotische Vision einer russischen Welt. Er ist gefangen in einer egogetriebenen Obsession von der Wiederherstellung eines russischen Großmachtstatus mit eigenen, klar definierten Einflusssphären. Putin lebt längst in einer eigenen Realität. Er ist nicht willens, selbst offensichtliche Fehler zu korrigieren. Stattdessen reagiert er mit noch mehr Repression. Und im Krieg gegen die Ukraine eskaliert er nun weiter.« Dagegen lokalisiert der Schweizer Militärhistoriker Jacques Baud, unbestritten ein renommierter Experte für die »Operation Z«, das Problem auf der anderen Seite: »Putin ist sicherlich beunruhigt über die Reaktionen westlicher Führer, die infolge der katastrophalen ökonomischen und sozialen Lage, die sie durch ihre eigene Inkompetenz geschaffen haben, in zunehmend größere Schwierigkeiten geraten. Der Druck, der auf ihnen lastet, könnte sie den Konflikt weiter eskalieren lassen, um ihr Gesicht zu wahren.«[80] Mit anderen Worten: Putin hätte nicht gedacht, dass westliche Politiker so dumm sind, ihre eigenen Länder in den wirtschaftlichen Ruin zu treiben. Länder im Zerfall werden zu unberechenbaren Bestien, und überforderte Politiker neigen zu Affekthandlungen.[81] So weit hat es kommen müssen: Im Kreml macht man sich offenbar Sorgen um den Geisteszustand westlicher Politiker.

Eher beiläufig sagt Denis bei einem Schluck Kaffee: »Am kommenden Freitag werden wir die Referenden durchführen. In den vier Bezirken Donezk, Luhansk, Cherson und Saporischschja werden die Wähler zu den Urnen gerufen.« Wir werfen uns einen Blick zu. Wurde dieser Schritt nicht vor ein paar Tagen bis zum Jahresende verschoben? Haben die Ukrainer nicht gerade Gelände gutgemacht? Das ist die nächste Eskalationsstufe: Nach einem Anschluss dieser vier Bezirke an die Russische Föderation wären Kampfhandlungen auf ihrem Territorium für den Kreml ein Angriff auf Russland – was einen Atomschlag rechtfertigen könnte. Eines wird dadurch auch deutlich: Was im Donbass geschieht, wird in Moskau entschieden.

Was Denis und Nina Chruschtschowa über Putin sagen, lässt mich wieder an die Plastik im Skwer Mstislaw Rostropowitsch denken: Daniel in der Löwengrube, allein auf sich gestellt, umzingelt von Bestien. Doch der rettende Engel fehlt.

3.2. Rostow: Blaue Briefe in der Provinz

Am Kasaner Bahnhof steigen wir um 23 Uhr in den Nachtzug nach Rostow. 25 Stunden im Zweier-Coupé liegen vor uns. Ein alter sowjetischer Zug, in jedem Wagen gibt es eine Zugbegleiterin und vor ihrem Abteil einen Samowar für frischen Tee, im Speisewagen Borschtsch und Bier und bald die ersten Schnapsnasen. Durch die Toilette sehe ich die Gleise vorbeirauschen. In einem Wagen der dritten Klasse reist eine Schulklasse aus dem 5 000 Kilometer entfernten Altai-Gebirge in Sibirien, nahe der Grenze zu Kasachstan und zur Mongolei. Fast eine Woche sind sie mit dem Zug unterwegs, um auf Staatskosten am Schwarzen Meer noch einmal Sonne zu tanken, während zu Hause bereits der erste Schnee gefallen ist.

Am nächsten Morgen macht der Zug Halt in Rossosch. Die Fahrgäste steigen aus und vertreten sich die Beine. Babuschkas mit Körben verkaufen Fresspakete, Saft und belegte Brötchen. An den Bahnknotenpunkten stehen Güterzüge mit Hunderten fabrikneuen Panzern T-72, aber auch Schützenpanzer RMP und Kamas-Lkw. In Kamensk-Schachtinski weiter südlich sehen wir T-62-Panzer auf den Zügen, offensichtlich für Truppen aus Abchasien, die in ihren Streitkräften noch alte Panzer haben. Dies zeigt, dass Russland noch lange nicht am Ende ist. Tatsächlich stellt sich Moskau auf einen langen, verlustreichen Abnutzungskrieg ein; das Land hat sich jahrelang auf diesen Krieg vorbereitet.[82] Als wir die Grenze zu Luhansk passieren, melden russische Radiosender: Teilmobilmachung. Was passiert hier gerade? Wir rätseln.

Gegen 22:30 Uhr erreichen wir völlig erschöpft Rostow am Don, nach mehr als einem Tag und etwa tausend Kilometern Zugfahrt. Doch nach dem kalten Regen in Moskau freuen wir uns über die südliche Wärme. Bereits in der Antike befand sich hier in der Nähe die griechische Kolonie Tanais. Im 18. Jahrhundert wurden die Osmanen von den Russen vertrieben. Kohle aus dem Donbass und Eisenerz aus Krywyj Rih in der Ukraine befeuerten eine frühe Industrialisierung. Bereits 1846 entstand eine Eisengießerei, und ab 1859 wurden Dampfkessel und -pumpen hergestellt. Heute kreuzen sich hier Schienenstränge und Handelswege von Norden über den Don zum Asowschen Meer oder über die E 50 nach Wladikawkas und Tiflis. Noch immer ist die Region eng mit dem Donbass verbunden, noch immer ist sie das kommerzielle Zentrum im Süden Russlands. Mehr als eine Million Menschen leben hier; eine moderne russische Großstadt. Wir nehmen ein Taxi zum Hotel Benamar etwas außerhalb des Zentrums. Der Fahrer ist Mitte 30. Unterwegs erzählt er, dass die russischen Behörden bereits vor zwei Monaten die Wehrtauglichkeit der Reservisten überprüft hätten. Privatpersonen und Unternehmen wurden telefonisch nach Informationen über Ausbildung, Familienstand, Arbeitsplatz und Aufenthaltsort gefragt. Schon gestern, einen Tag vor der Verkündung der Teilmobilmachung, seien die Anrufe der Armee oder die blauen Briefe mit den Einberufungsbescheiden gekommen. Wenn das stimmt, dann war seit zwei Monaten klar, was da kommt. Die Teilmobilmachung von 300 000 Reservisten war von langer Hand vorbereitet. Die Einberufung war also keine Reaktion auf die jüngsten ukrainischen Geländegewinne im September. Es scheint vielmehr, dass die ukrainische Offensive ein Versuch war, diesem Schritt zuvorzukommen und schnell noch Gelände zu gewinnen. Aber was hat dann die Teilmobilmachung ausgelöst?

Das ist für uns keine banale Frage. Wenn die Ukrainer durchbrechen, könnten wir im Donbass in Kampfhandlungen verwickelt werden. Ohnedies gelangen wir in den Einzugsbereich der HIMARS-Raketenwerfer und der 777-Haubitzen. Umgekehrt wird die russische Allianz aus Russischer Föderation sowie den Volksrepubliken Luhansk und Doniezk alles versuchen, an der nunmehr verkürzten Frontlinie die Ukrainer in einen Abnutzungskampf wie in Bachmut hineinzuziehen oder im Donbass eine neue Offensive zu starten.[83] Wer die Gefahr kennt, kann ihr ausweichen. Wir können das nicht.

Der Fahrer lenkt den Wagen über die Bolschaja Sadowaja am Gorki-Park vorbei, wo Birken die Blumenbeete mit Skulpturen säumen und das Denkmal der Oktoberrevolution umgeben. Ein weißer Betonbogen überwölbt das gelb-blaue Kassenhäuschen, dahinter befinden sich Spielgeräte für Kinder wie auf einem Jahrmarkt. Auf den ersten Blick scheint es, als würde Moskau mit der Teilmobilmachung auf die militärischen Erfolge der Ukrainer im Raum Charkiw reagieren. Dort konnten sie beträchtliche Geländegewinne erzielen. Doch die russische Koalition wollte sich nicht auf einen Häuserkampf einlassen und zog schon vor der ukrainischen Offensive ihre Truppen ab. Stattdessen konzentrierten sie ihre Einsatzkräfte im Donbass, ihrem eigentlichen Operationsziel. Offensichtlich war damals schon klar, dass in Luhansk, Donezk, Saporischschja und Cherson Referenden organisiert werden sollen.

Militär-Analysten sind sich einig: Die ukrainische Offensive endete mit einem Pyrrhussieg. Sie schätzen die Verluste der Ukrainer allein in der Region Charkiw auf 4000 bis 5000 Mann, was etwa zwei Brigaden entspricht. Beim Angriff auf Cherson sollen nach Darstellung der russischen Seite in den ersten drei Septemberwochen etwa 7000 Soldaten getötet worden sein. Eine Bestätigung dafür gibt es nicht, aber es ist klar, dass die Verluste hoch waren. Politisch gesehen handelt es sich dennoch um einen strategischen Sieg der Ukrainer, denn sie konnten die größten Geländegewinne seit 2014 erzielen, die vermeintliche Niederlage der Russen als Erfolg ausschlachten und der

Hoffnung auf einen Sieg in der politischen Öffentlichkeit des Westens neuen Auftrieb geben. Aus militärischer Sicht konnte die russische Koalition jedoch ihre Verteidigungslinie verkürzen und insbesondere im nördlichen Donbass festigen. Ihr Ziel ist es, die Bedrohung für den Donbass durch »Entmilitarisierung« zu beenden. Mit anderen Worten: Die Ukrainer wollen Boden gutmachen, die Russen militärische Fähigkeiten zerschlagen. Gelände kann man sich zurückholen – tote Soldaten nicht.[84]

Russland hat mit etwa 200 000 Soldaten die Ukraine überfallen. Mitgezählt sind dabei auch die Donbass-Milizen, die den größten Teil der Kampfhandlungen ausführen. Diese Zahl ist deutlich geringer als das, was Militärs für eine erfolgreiche Offensive als notwendig erachten – sie schätzen den Bedarf auf eine dreifache Überlegenheit. Offenbar hat sich die russische Koalition auf ihr taktisches Können verlassen und tauscht ihre Truppen schneller aus. Die Referenden und der Anschluss der vier Oblaste an die Russische Föderation haben die Staatsgrenze aber um etwa 1 000 Kilometer erweitert. Dies erfordert ein robusteres Verteidigungssystem, mehr militärische Einrichtungen, eine komplexere Logistik und eine größere Anzahl an Soldaten, als Russland derzeit an Berufssoldaten hat. Im September 2022 hatte Russland etwa 300 000 Grundwehrdienstleistende, 220 000 dauerhaft verpflichtete Offiziere und 400 000 Zeitsoldaten unter Waffen. Vor allem Letztere waren bislang in der Ukraine im Einsatz. Militärexperten sind sich einig, dass die Teilmobilisierung dazu dient, zusätzliche Kräfte für die Absicherung und Kontrolle der neuen Gebiete zu rekrutieren. Das Ziel ist es, die Eroberungen als russisches Gebiet gegen jeden Angriff zu verteidigen – ein Übergang von der Offensive zur Defensive.[85]

All dies bedeutet: Spätestens Anfang Juli 2022 muss die Entscheidung für die Referenden gefallen sein. Hatte es Putin nicht immer abgelehnt, Teile der Ukraine der Russischen Föderation anzugliedern? Was hat diesen Sinneswandel verursacht? Ich denke zurück: Ende Februar gab es einen Vorstoß des ukrainischen Präsidenten für Verhandlungen, dem Moskau zustimmte. Nicht so die Europäische Union – sie lieferte eine erste Tranche Waffen im Wert von 450 Millionen Euro. Im März bietet Wolodymyr Selenskyj erneut Gespräche an, wieder zeigten sich die Russen bereit, und wieder verhinderte dies die EU mit einer zweiten Tranche im Wert von 500 Millionen Euro. Dennoch waren Ende März die Unterhändler in Istanbul bereits fast zu einer Einigung gekommen. Danach hätte die Ukraine im Wesentlichen ihr Territorium vor Beginn der Invasion im Februar wieder zurückerhalten. Doch am 2. April forderte der britische Premier Boris Johnson Selenskyj telefonisch auf, seine Vorschläge zurückzuziehen, andernfalls werde der Westen seine Hilfe einstellen. Diese Position unterstrich er bei seinem Besuch in Kiew am 9. April. Der Westen hat also Verhandlungen mit Russland verhindert. Dies kehrt die Frage der Kriegsschuld um – zu Lasten des Westens.[86] Als Reaktion hat Moskau entschieden, den Status quo einzufrieren und seine Eroberungen einzugliedern, um sie so irreversibel zu machen. Der Hebel waren die Referenden – und die Teilmobilmachung. Wenn man die Zeitleiste im Blick hat, dann erscheint die ukrainische Offensive im September eher als der Versuch, die Referenden im Kanonendonner zu ersticken.[87]

Der Taxifahrer erzählt erleichtert, er selbst werde sicher nicht eingezogen, er sei gar nicht beim Militär gewesen, aus gesundheitlichen Gründen, darüber sei er jetzt ganz froh. Mir wird klar: Der Krieg kommt in den Familien an, die Stimmung bei den Betroffenen schlägt um. Auch Sergey berichtet von Bekannten, die darüber nachdenken, wie sie einer möglichen Einberufung entgehen können. Plötzlich scheinen viele Russen, für die der Krieg gestern noch ganz fern war, zu erkennen: Das ist keine Spezialoperation – das ist blutiger Ernst. Auf eine diffuse Art, so ist mein Eindruck, stehen die Menschen loyal zu Putin. Aber den Kopf hinhalten will man dafür nicht. Der Widerstand gegen die Zwangsrekrutierung von 300 000 Männern ist massiv. Es gab zahlreiche Proteste, die sofort unterdrückt wurden. Mehr als 2 000 Demonstranten wurden festgenommen.

Die Aushebungen verlaufen teilweise chaotisch. In Burjatien verteilten Beamte nachts Musterungsbescheide. In manchen Regionen gibt es Reiseverbote für Reservisten. Teilweise werden Rekrutierte ohne zusätzliche Ausbildung an die Front geschickt. Zeitsoldaten, die wegen des Krieges gekündigt hatten, werden nun als kampferfahrene Reservisten wieder verpflichtet. Vielerorts wird Schmiergeld bezahlt, um der Einberufung zu entgehen. Die exilrussische Onlinezeitung Medusa listete Ende September 17 Brandanschläge auf Rekrutierungsstellen auf, darunter bei Kaliningrad, Sankt Petersburg und in Mordowien in Zentralrussland. Mitte Oktober kam es nach einem Bericht der *Jungen Welt* auf einem Truppenübungsplatz im frontnahen Bezirk Belgorod zu einer Meuterei muslimischer Soldaten aus Zentralasien. Sie hatten dem Ausbildungsleiter erklärt, dies sei nicht ihr Krieg. Der beschimpfte dann Allah als Gott der Feiglinge. Daraufhin eröffneten die muslimischen Rekruten das Feuer. Das Ergebnis: 13 Tote und mehrere Dutzend Verletzte.[88] Die Flucht ins Ausland scheint vielen die einzige Rettung: Seit Beginn der Mobilisierung sind mindestens 53 000 Russen nach Georgien ausgereist, mehr als 200 000 nach Kasachstan, 66 000 allein in der letzten Septemberwoche in die EU und mindestens 3 800 in die Mongolei.[89] In den ersten Wochen nach Beginn der Teilmobilmachung haben mehrere Hunderttausend Menschen Russland verlassen. Dies führt zu einem Mangel an Arbeitskräften im produktivsten Alter. Ökonomen prognostizierten daher einen Rückgang des Bruttosozialprodukts um 0,25 Prozent auf insgesamt 3,75 Prozent.[90] Doch sie lagen falsch: Die russische Wirtschaft verzeichnet ein leichtes Wachstum.[91]

Die Fluchtbewegungen ähneln denen aus der Ukraine, wo ebenfalls viele Menschen dem Kriegseinsatz entkommen möchten. Dort gibt es Ausreiseverbote für Männer, und Soldaten meutern. Wer Geld hat, kauft sich frei. Junge Männer verlassen das Land in verschiedene Richtungen – nicht nur in Richtung Westen, sondern auch nach Russland oder auf die Krim.

Doch warum sehe ich dann überall in Rostow Autos mit dem »Z« auf Rückspiegel oder Heckscheibe? An den Türen vieler Pkw sehe ich die Worte »Me Nje Padwedjem Naschi« – Wir lassen unsere Leute nicht im Stich.[92] Man meint damit jene im Donbass. Donezk ist 200 Kilometer weit weg, und viele Menschen in Rostow haben dort Verwandte, die Verbindungen sind eng. Dass die Ukrainer Donezk seit 2014 beschießen, weiß hier jeder. Die russische Presse schlachtet das aus, denn man weiß, dass die faschistischen Asow-Regimenter mitmischen. Bei den Menschen hier fällt das auf fruchtbaren Boden. Sie haben Erfahrungen mit faschistischen Überfällen. Die Stadt wurde im November 1941 von der Hitlerwehrmacht eingenommen, aber die Rote Armee warf die Deutschen bereits acht Tage später wieder raus.

Doch im Juli 1942 wurde Rostow erneut besetzt, diesmal von Teilen der SS-Panzerdivision »Wiking«. Mitte August trieb die deutsche Einsatzgruppe D 27 000 Menschen aus Rostow, hauptsächlich Juden, in die Schlangenschlucht und ermordete sie dort. Nach heftigen Kämpfen wurde die Stadt im Februar 1943 erneut zurückerobert. Dass die Sowjetunion mit 27 Millionen Kriegstoten den höchsten Blutzoll bei der Niederwerfung der Hitlerdiktatur zahlte – hier in Rostow ist das nicht vergessen.

Wie damals schließt man im Krieg die Reihen. Vielleicht bleiben auch deshalb größere Proteste in Russland aus. Oft werden wir gefragt: »Können Sie den Deutschen mal erklären, dass wir hier die Dinge anders sehen?« Ein Frührentner Mitte 50 erzählt: »In den 1990er-Jahren liefen die Regionalfürsten besoffen mit der Kalaschnikow herum wie die Despoten. Das gibt es heute nicht mehr. Heute steht das Volk mehr hinter der Regierung als in der Sowjetzeit. Damals waren die Behörden viel überheblicher.« Wer einmal erlebt hat, wie die Menschen in der Ära des Zerfalls schutzlos der Willkür von Desperados ausgeliefert waren, hat gute Gründe, Putin zu unterstützen.

Der US-Militäranalyst Scott Ritter ist der Ansicht, dass Wladimir Putin fest im Sattel sitzt und die Westpresse gefangen ist in ihrer eigenen Propaganda: »Der Zweck dieser Propaganda ist, die Welt gegen Russland aufzuhetzen und die Russen zu Hause zu demoralisieren. Russland ist heute geeinter als je zuvor. Die Unterstützung für Putin ist stärker als je zuvor. Wenn Sie sich den Rest der Welt ansehen, dann haben die Menschen genug von diesem Konflikt. Sie fangen an, Fragen zu stellen, die schon am ersten Tag hätten gestellt werden müssen … Europa wird immer mehr fantastische Geschichten brauchen, um die Welt gegen Russland aufzuhetzen. Aber es gibt keine Fakten, um sie zu untermauern.«[93]

Glaubt man Jacques Baud, dann geht es dem Westen gar nicht um die Ukraine. Es geht darum, Russland zu schwächen und so einen Regimewechsel oder eine Zerschlagung des riesigen Staats herbeizuführen.[94]

Bisher ist die Strategie der US-Amerikaner, Russland in der Ukraine ausbluten zu lassen und so einen Regimewechsel in Moskau zu provozieren, gescheitert. Diese Strategie beruht auf der Fehleinschätzung, dass die Mehrheit der Russen sich Putin widersetzen wird und dass ein Regen von Sanktionen die russische Wirtschaft ruiniert, was letztlich zu einer politischen Veränderung führt. Als Auslöser sollte Russland in einen Konflikt in der Ukraine verwickelt und die internationale Gemeinschaft dazu gebracht werden, Sanktionen zu verhängen.[95] Jedoch erweist sich die russische Wirtschaft als erstaunlich robust, und die Lage an der Front zeigt in diesen Tagen Geländegewinne für die Ukraine, aber auch hohe Verluste für die ukrainischen Truppen.

Dass der Krieg sich hinzieht, drückt auf die Stimmung, genauso wie die Teilmobilisierung. Im Februar und März ist der Blitzkrieg zur Einnahme Kiews gescheitert. Auch die zweite Phase, die Offensive, blieb stecken und endete mit Rückzug und Frontbegradigung. In der dritten Phase des Krieges sieht die Propaganda die Heimat Russland bedroht, und der Staat zieht Hunderttausende von Menschen ein. Dies sorgt für Unruhe und stellt alte Gewissheiten infrage. Vor der Mobilmachung ergab eine Umfrage des Meinungsforschungsinstituts Lewada (als ausländischer Agent eingestuft), dass 70 bis 75 Prozent den Krieg unterstützen. Doch dieser Eindruck täuscht. Denn wer sich öffentlich gegen den Krieg ausspricht, kann strafrechtlich verfolgt werden. Die regierungsunabhängige Russian Field Group sieht in einem Drittel der Bevölkerung Unterstützer des Krieges, dazu 15 Prozent Unterstützer mit Vorbehalten. Weitere 20 Prozent unterstützen den Krieg, hätten aber eine friedliche Lösung vorgezogen.[96] Ein Teil der Unterstützer will sich einfach nicht mit der Regierung anlegen. Eine weitere Gruppe sagt, Russland müsse die Russen im Donbass schützen. Aber nicht nur hier in Rostow betrachten viele Menschen – wie der in Moskau im Exil lebende ukrainische Sozialist Dmitrij Wasilez – diesen Krieg »als eine Frage des Überlebens für Russland, als ein Kampf um seine Souveränität. Ökonomisch betrachtet wurde Russland nach dem Zusammenbruch der Sowjetunion wirtschaftlich versklavt und in eine Schuldknechtschaft gegenüber dem Westen gedrängt. Nun hat Russland genug Stärke zurückgewonnen, um sich seine Souveränität zurückzuholen.«[97] Die Regierung versucht jetzt, einen Keil zwischen Kriegsunterstützer und Kriegsgegner zu treiben. Man lässt die Gegner ausreisen und hofft, dass sie eine stärker geschlossene Nation hinter sich lassen. Aber das Chaos bei der Einberufung lässt das Vertrauen in die Staatsorgane schwinden: Statt Kompetenz erleben viele Schlendrian und Korruption. Paradoxerweise halten immer mehr Russen die Spezialoperation für keine gute Idee – dennoch wird zur gleichen Zeit der Rückhalt für den Kurs des Kremls stärker. Das heißt: Die Mehrheit der Russen will auf keinen Fall verlieren.[98] Die Rechnung des Westens, einen Sturz Putins zu erzwingen, ist jedenfalls derzeit reines Wunschdenken. Aber Putin braucht Erfolge, bevor die Stimmung kippt. Referendum und Teilmobilmachung sollen sie bringen.

Das Hotel Benamar hat für uns riesige Zimmer reserviert, in denen man tanzen könnte. Das Dekor bewegt sich irgendwo zwischen Pop-Art und Orient. Die Bettüberwürfe tragen schwarz-weiße Rauten, und von den Türen des Kleiderschranks schaut mich eine leicht bekleidete stilisierte Blonde mit Maske an. Ein Schreibtisch und eine Sitzecke mit Polstersesseln gehören zur Ausstattung. In der Lobby stehen mächtige rote Plüschsofarunden, überall Säulen und Marmor. Sergey sagt grinsend: »Der letzte Luxus vor dem Krieg.«

Am nächsten Morgen erkunden wir den Nachitschewan-Markt am Platz Basarny. Nachitschewan ist ein Stadtteil von Rostow und eigentlich eine armenische Gründung. Benannt ist sie nach einer autonomen Republik Aserbaidschans zwischen Armenien und Iran. Beim Zusammenbruch der Sowjetunion sagte sich die Region bereits im Januar 1990 von der UdSSR los, nicht aber von Aserbaidschan. Damit war sie die erste unabhängige Republik noch vor Litauen. Vorangegangen waren militärische Auseinandersetzungen zwischen Armenien und Aserbaidschan. Noch nach der Jahrtausendwende wurden in Nachitschewan armenische Kirchen, Klöster und Friedhöfe zerstört – nahezu das gesamte armenische kulturelle Erbe. Viele Armenier flohen, einige von ihnen nach Rostow, wo heute mehr als 40 000 Armenier leben. Dadurch ist der Nachitschewan-Markt fest in armenischer Hand ist. Auch die Marktwächter sind Armenier. Sie haben uns sofort im Auge, weil wir mit der Kamera arbeiten. Wir erklären ihnen, dass wir für ein Buch über den Krieg in der Ukraine recherchieren. Sie bitten uns zu erwähnen, dass hier friedliebende Menschen leben, die nichts gegen Deutschland haben und keinen Krieg mehr wollen. Ein armenisches Ehepaar, das einen Imbiss mit Grill betreibt, lädt uns auf einen Lammspieß ein. Beim Wenden der

Spieße fragt der Mann: »Denken die Menschen in Deutschland wirklich so schlecht von uns, wie eure Politiker reden? Wollt ihr wirklich Russland ruinieren? Das kann ich nicht glauben!« Ich kratze mich am Kopf: Ich hätte nie gedacht, dass ich mich einmal an einem Grillstand auf einem armenischen Markt in Südrussland für den selbstverliebten Größenwahn der deutschen Außenministerin rechtfertigen müsste. Den Menschen hier ist nicht entgangen, dass der Westen die Ukraine seit Jahren hochrüstet, und sie denken sofort an die Vernichtungskriege, die von deutschem Boden ausgegangen sind.

Unser neuer Bekannter erzählt uns, dass Stalin die Armenier in Aserbaidschan an Baku verschenkt hat. Trotzdem bleibt er dabei: »Die beste Zeit – das waren die Jahre in der Sowjetunion. Damals lebten die Volksgruppen friedlich zusammen und gingen nicht mit Gewehren aufeinander los!« Seine Frau stimmt zu und bringt armenischen Kaffee, der in einem kleinen Mokkakännchen ungefiltert serviert wird. Die beiden mussten ebenfalls fliehen und erzählen uns, dass sie keine Kriege mehr wollen, auch nicht die des Westens und der US-Amerikaner.

Durch Siedlungen mit einstöckigen Arbeiterhäusern suchen wir den Weg zum Fluss und überqueren ihn auf einer kleinen Brücke, die gerade repariert wird. Die Bauarbeiter kommen wie so oft in Russland aus dem Kaukasus und aus Asien. Am Fuße der Brücke liegt ein Rudel streunender Hunde im Dreck. Am Ufer der »Grünen Insel« beobachten wir die Angler. Vom Dach eines alten Bunkers aus dem Zweiten Weltkrieg aus schauen wir über den Don auf die Stadt am Ufer gegenüber: Vier Frachtkähne liegen auf Reede. Im Hafen werden kaum noch Ladungen gelöscht. Bagger und Kräne an den Kohle-Terminals stehen still. Hin und wieder passiert uns ein kleineres Motorboot. Anders als auf dem armenischen Markt, wo es Obst, Gemüse, Kartoffeln, Brot, Fleisch, Stoffe, Kurzwaren, Elektroartikel und Werkzeuge aller Art zu kaufen gibt, machen sich hier auf dem Don Krieg und Sanktionen unmittelbar bemerkbar. Die Schiffstransporte über den Fluss und über das Schwarze Meer liegen lahm, ebenso wie die Transporte von russischem Getreide und Düngemittel. Russland und Belarus stellen die Hälfte der weltweiten Düngemittel her. Gemäß dem Getreideabkommen sollte nicht nur die Ukraine ihr Getreide, sondern auch Russland seine Düngemittel wieder verschiffen können. Doch der Westen erlaubte nur Exporte in die EU und die USA, Ausfuhren nach Asien und Afrika blieben verboten. Hier in Rostow wird deutlich: Das Abkommen war eine Farce. Russland kann kaum exportieren, da die dringend benötigten Schiffsversicherer mit westlichen Sanktionen belegt sind.[99]

Auf der Rückfahrt nehmen wir ein Taxi, das von einer superschlanken, 40-jährigen, von oben bis unten tätowierten Punk-Lady namens Marija gesteuert wird. Sie macht auf cool und fährt mit offenem Fenster hart am Gas – begleitet von lauter Musik: »Es passt nix zueinander / Es läuft echt nichts zusamm' / Wem könnte man noch trau'n / Was könnte man noch hoffen / Wenn Vögel sich verflechten / zu dunkelschwarzer Schlang' / Mit ärgerlichem Schall / Auf angepisster Erde.« Es ist eine Freude, ihr zuzusehen, nur Notizen kann ich bei dem Tempo keine machen. Seit vielen Jahren hat Rostow eine ausgeprägte Punk-Szene. Die laute Musik im Taxi stammt von der Band »Utro« um Wladislaw Parshin, minimalistische Beats, die für eine dunkle, mystische Atmosphäre sorgen. »Herzen treiben / Einen gift'gen Westwind / Auf Langzeittour / Hintern Horizont, ins Meer / Ein erstickter Sonnenzwerg /Versteckt sich angefickt / Ein schmerzverzerrter Mond / Flimmert ins Unglück / Und grinst in die Scheiße.« Punk statt Putin – auch das ist ein Weg, denen in Moskau und ihrem »Scheiß-Krieg« den Stinkfinger zu zeigen. Zwanzig Jahre lang konnten Russinnen wie Marija Gefallen finden an der Konsumgesellschaft – einkaufen, reisen, sich selbstständig machen. Jetzt ist alles anders, der Krieg bringt ihr Leben durcheinander: Wie wird das Abschlachten in mein Leben eingreifen? Wann trifft es mich? Am Hotel bedanken wir uns. »Paka.« Marija lächelt zum Refrain: »Lieber Engel, führe mich / Hintern Horizont, ins Meer / Auf einen langen Weg / Mein lieber Engel, führe mich / Hintern Horizont, ins Meer / Auf den langen Weg.«[100] Vielleicht ist dort das Morgengrauen still.

Dann die schlechte Nachricht. Freunde rufen an und warnen: »Kein Weg führt nach Luhansk. Wenn sie eure deutschen Pässe sehen, werdet ihr wahrscheinlich an der Grenze abgewiesen. Die lassen niemanden rein. Vermutlich werdet ihr festgenommen, stundenlang verhört und dann bei Nacht und Nebel im Niemandsland zurückgeschickt!«

Sergey und ich schauen uns an. Unsere Akkreditierung liegt in Donezk. Aber wie dort hinkommen? Wir sitzen fest.

3.3. Iswaryne: Zeitreise in die Gegenwart

Wir stehen an der Raststätte an der M-4 bei Schachty und warten auf den Bus. In dem Bemühen, den Behörden von Luhansk ein Schnippchen zu schlagen und trotz erwarteter Widrigkeiten einreisen zu können, hat uns eine gewagte Rochade hierhergeführt. Ein Anruf bei Denis in Moskau: »Kannst du unseren Grenzübertritt erleichtern?« Die Antwort: »Zum Auftakt des Referendums schicken wir ein Team von Wahlbeobachtern rein. Ich denke, da ist noch Platz im Bus!« Also planten wir, per Anhalter nach Luhansk zu gelangen. Zunächst schien es ein guter Deal zu sein. Dumm nur, dass wir später auch als Wahlbeobachter verkauft wurden, von Leuten, die den Donbass kaum mit dem Finger auf der Landkarte finden würden, aber irgendwie in Redaktionen und Universitäten gelandet sind.

An der Raststätte stehen Dutzende Lastwagen, die auf dem Weg vom Kaukasus Richtung Moskau hier eine Pause einlegen. Der Parkplatz ist von Ersatzteil-Märkten gesäumt, auf denen es alles rund um Zugmaschinen und Aufleger, von Zündkerzen über Autolampen bis hin zu Reifen und Auspuffteile, zu kaufen gibt. Davor befinden sich kleine Werkbänke mit Schraubstock, an denen die Fahrer kleinere Reparaturen selbst durchführen können. Über einem Schnellrestaurant steht: »Häusliche Küche«.

Die Autobahn nach Kamensk-Schachtinski im Norden führt schnurgerade durch verblühte Sonnenblumenfelder, schwarze Trauerköpfe neigen sich zum Boden. Dann umgepflügte Kornäcker und schwarze Erde bis zum Horizont. Kolkraben fressen im Straßengraben. Die Felder, die einst dem Volk gehörten, sind jetzt in privater Hand. Verkrüppelte Birken schauen im Sprühregen zu uns herüber. Auf der Gegenseite ist trotz der Sanktionen eine Shell-Tankstelle in Betrieb. Entlang der Autobahn gibt es Stände mit Kartoffeln und Kohl. Der Fahrer eines Sattelschleppers liegt beim Überholen überm Lenkrad und liest die Strecke im Handy ab. Die M-4 ist neu ausgebaut, mancherorts sind schon wieder Erweiterungsarbeiten im Gange. Es gibt neue Eigenheimsiedlungen, frisch erschlossenes Bauland und Gewerbezentren. Hunderte Windräder befinden sich an der Grenze zu Luhansk. Hier erkenne ich, dass Putin das Land wirtschaftlich stabilisiert hat und trotz des Krieges auf Wachstumskurs hält.[101] Nach den elenden 1990er-Jahren, in denen Banditen sich die Unternehmen unter den Nagel gerissen haben, Löhne nicht ausbezahlt wurden und die Menschen Hunger litten, wird nun wieder investiert. Es entstehen Arbeitsplätze, Wohnungen werden gebaut. Politisch zahlen die Russen dafür einen Preis: Es ist die Vertikale der Macht – die autokratische Führung der Silowiki, der ehemaligen Militärs und Geheimdienstler um Putin.[102] Sie wird nur begrenzt durch eine föderale Struktur im Staatsaufbau und persönliche Netzwerke: »Moskau ist nicht Russland«, heißt es überall, und gemeint ist: Hier biegen wir uns das schon so hin, wie wir es brauchen. Über Luhansk schreibt Sándor Radó 1928 in seinem »Führer Sowjetunion«: »Mittelpunkt eines Bezirks mit reichen Steinkohlen- und Anthrazitvorräten ... Die Stadt Lugansk ist eines der größten Industrie- und Kulturzentren des Donezbeckens ... Von den 45 000 Einwohnern der Stadt sind die meisten Arbeiter, vorherrschend Russen. Lugansk wurde in der zweiten Hälfte des 18. Jahrhunderts gegründet. Im Jahr 1797 wurden hier Eisengießereien erbaut, welche die Bedürfnisse der Schwarzmeerflotte und der südlichen Befestigungen befriedigen sollten. Von dem 1896 erfolgten Bau der Lokomotivbau-Werke an nahm die Stadt einen schnellen Aufschwung. Für die heroische Teilnahme der Lugansker Arbeiterschaft am Bürgerkrieg wurde die Stadt mit dem Orden der Roten Fahne belohnt.«[103] Was ist hundert Jahre später daraus geworden?

Sergey erzählt: »In der Sowjetunion fuhren die Leute nach Luhansk, um Wurst zu kaufen, denn als Grenzregion war die Ukraine staatlich immer besser versorgt als das Kernland. Heute ist es umgekehrt! Bis heute ist Gas in der Ukraine billiger als in Russland.« Für ukrainische Oligarchen ist das ein tolles Geschäftsmodell: Über Zwischenhändler haben sie dem eigenen Staatskonzern Naftogaz billiges russisches Gas gegen Aufschlag verkauft. Die Provisionen haben sie reich gemacht.[104] Heute fahren die Leute aus Luhansk nach Rostow zum Einkaufen. Das sehen wir an der Grenze: Familien mit Kindern in bunten Jogginganzügen schleppen in Rollkoffern, Karren und Tragetaschen alles zwischen den wartenden Lkw mit Panzersperren aus Beton oder Raketen hindurch, was es drüben nicht gibt. Sie kommen mit dem Bus zur Grenze, laufen zum Warteplatz, ihre Pässe werden eingesammelt und zum Zollhäuschen gebracht, dann winken Soldaten mit Kalaschnikow und ohne Hoheitsabzeichen die Reisenden in Kleingruppen durch. Wir warten drei Stunden. Dann beginnt die Reise ins Herz des Krieges, der hier im Donbass begann. Es ist zugleich eine Zeitreise.

Über eine Schlaglochpiste geht es im Kleinbus mit Polizeieskorte weiter. Je maroder die Straße, desto mehr Schilder passieren wir: »Danke, Russland!« – »Unsere Wahl ist unsere Zukunft!« – »Russland für immer!« Am Wegesrand ein zerschossener russischer Panzer, überhäuft mit Blumen. Militärtransporter mit dem Buchstaben »Z« auf dem Kühler kommen uns entgegen. Wir umfahren Wasserlöcher im Beton und sehen Äcker, die nicht mehr bewirtschaftet werden. An einer Straßenecke sind Strohbesen zusammengestellt. Die Soldaten am Checkpoint vor der Stadt Luhansk sind vermummt. Wir schlängeln uns um Panzersperren und an Bunkern aus Betonklötzen vorbei. Dahinter alte Oberleitungsmasten aus der Sowjetzeit, zum Teil ohne Kabel, kein Trolleybus fährt hier mehr. Vorbei an geschlossenen Betrieben mit zerborstenen Scheiben und schiefhängenden Metallzäunen. Frostschäden haben die Straßen aufgerissen. Unrenovierte Wohnblocks mit teilweise abgebrochenen Balkonen, um die herum Schlammwege führen. Grasbewachsene Straßenbahnschienen, auf denen keine Tram mehr fährt.

Luhansk war einst ein Industriegebiet von strategischer Bedeutung. Zusammen mit Donezk bildete es das industrielle Zentrum der Ukraine und zuvor eine zentrale Wirtschaftsregion der UdSSR. Das Gebiet liegt nördlich des Bezirks Donezk, der im Süden ans Asowsche Meer und im Osten an die russische Region Rostow grenzt. Hier sprechen die Menschen russisch, nicht ukrainisch. Während der Zeit der Industrialisierung kamen Menschen aus Ost und West hierher, wo sie schwere, aber einträgliche Arbeit erwartete: in den Bergwerken und im Stahlbau. Luhansk scheint in der Zeit des Zusammenbruchs nach dem Ende der Sowjetunion steckengeblieben zu sein. Seitdem wurde hier kaum noch renoviert, wenig investiert und selten gewartet. Trotz der Kredite des Internationalen Währungsfonds und der EU an die Ukraine befindet sich die Region im Niedergang. Gleichzeitig war es jedoch auch jene Region, in der die Oligarchen aufstiegen.

»Das ist doch eure verfluchte Marktwirtschaft. Wo sind denn die Subventionen der EU? Bei uns hier ist nichts angekommen.« Unser Fahrer wird später erzählen: »In den 1990er-Jahren haben wir hier gehungert. Mein Vater war Bergmann, meine Mutter Hausfrau, wir waren drei Geschwister. Monatelang wurden keine Löhne ausbezahlt. Das war der Kapitalismus, den uns der Westen gebracht hat. Niemand wusste, wann es wieder Geld gab, wann wir etwas zu essen kaufen konnten. Das wurde erst nach dem Jahr 2000 herum besser.« So haben die Menschen im Donbass die Segnungen des freien Westens und der Marktwirtschaft erlebt: Jahre des Hungers, unrenovierte Wohnungen und leere Lohntüten. Biznesmeny rissen sich Volkseigentum unter den Nagel. Töchter gingen auf den Strich, Söhne wanderten aus. Viele Kohleminen im Donbass wurden geschlossen, Bergarbeiter verloren ihre Arbeit. Viele machten die Regierung in Kiew dafür verantwortlich. In den 1990er-Jahren streikten die Berg- und Stahlarbeiter für höhere Löhne – aber nicht nur. Sie riefen »Weg mit Regierung und Parlament« und forderten mehr regionale Autonomie. Alles Bedrohliche kam aus dem Westen. Wieder einmal.

Als Bergarbeiter im ostukrainischen Antratsyt im Juni 2020 einen Streik beschlossen, weil ihre Löhne nicht mehr ausbezahlt wurden, griffen die Behörden der selbsternannten Volksrepublik Luhansk hart durch: Sie verhängten eine Quarantäne wegen eines angeblichen Covid-19-Ausbruchs und sperrten das Internet. Der Streik dauerte mehrere Tage an, und einige Bergleute traten sogar in den Hungerstreik. Schließlich wurden die Löhne doch ausbezahlt, aber Dutzende Streikende wurden festgenommen, von denen manche Monate in Haft saßen. Arbeiterrechte werden mit Füßen getreten, und Umweltschäden spielen keine Rolle – dies sind die Ergebnisse jahrzehntelanger Vernachlässigung einstmals blühender Betriebe. 148 Bergwerke gab es vor dem Krieg in der Ukraine, 95 davon in den Separatistengebieten. Von den 35 staatlichen Bergwerken, die von der Regierung in Kiew kontrolliert werden, befanden sich 19 in Abwicklung. Während Städte und Gemeinden verarmen, Straßen und Stromnetze herunterkommen, fehlen weitgehend Ansätze für einen wirtschaftlichen Strukturwandel.

Luhansk und Donezk sind die ältesten Bergbauregionen der Sowjetunion. Die Arbeiter gehörten dank guter Löhne und Sozialleistungen zur Elite des Proletariats. Zwischen 1920 und 1940 wurde die Industrieproduktion um das 19-Fache gesteigert.[105] Heute schreiben fast alle Betriebe rote Zahlen und verschlingen Subventionen. Die Förderanlagen sind veraltet, die Arbeitsbedingungen ineffizient und lebensgefährlich. Als im Osten 2014 der Bürgerkrieg begann, gerieten einige Minen in den beiden Volksrepubliken unter Beschuss. Wasser brach ein, giftige Abfälle gelangten in die Umwelt, auch weitab der Front. Bergwerke mussten stillgelegt werden, weil es an Ausrüstung fehlte, die Wassermassen wieder aus den Stollen herauszupumpen. Dass Löhne nicht ausbezahlt werden, das kennen die Arbeiter auf beiden Seiten der Kontaktlinie seit Jahren nur zu gut. Auf V-Kontakte, dem russischen sozialen Netzwerk, ist das in Chatgruppen immer ein großes Thema. Manchmal wird im Januar darüber debattiert, wie man an die Löhne aus dem vergangenen November herankommen kann. Immer wieder kommt es zu Streiks wegen nicht ausbezahlter Löhne.

In Pokrowsk, einer von der Regierung in Kiew kontrollierten Stadt, errichteten Bergleute Straßensperren und protestierten mehr als ein Jahr lang. Ende 2014 wurden die meisten Minen von prorussischen Rebellen beschlagnahmt. Die Folge waren Stromausfälle, weil Kraftwerken die Kohle ausgingen und sie erst auf Gas und Öl umgerüstet werden mussten. Im Jahr 2017 wurden die Bergbauregionen zusätzlich von der wirtschaftlichen Talfahrt und der Covid-19-Pandemie getroffen, gepaart mit einem milden Winter. Der Absatz von Kohle brach ein, da der Markt für billigere russische Importe geöffnet war. Wegen der ukrainischen Handelssperre gegen die Volksrepubliken konnten die heimischen Minen immer weniger Kohle verkaufen. Aber ohne Gewinne fehlt das Geld, um die einsturzgefährdeten Stollen abzusichern. 2020 drohten dann Stromsperren, weil die Abnehmer gelieferte Kohle nicht zahlten und dann das Geld für die Stromrechnung fehlte. Wenn die elektrischen Ventilatoren ausfallen, sammelt sich explosives Methan in den Stollen, was zu Schlagwetter führt. Wenn die

Pumpen stillstehen, laufen die Stollen voll Wasser und können nicht mehr leergepumpt werden.

Lange waren die Städte Perwomajsk und Solote in Luhansk durch die Kontaktlinie getrennt, aber unterirdisch waren sie durch die Stollen miteinander verbunden. Als die beiden Gruben in Perwomajsk von den Separatisten 2018 geflutet wurden, lief auch die Mine in Solote mit Wasser voll. Die Folge waren Grubensenkungen, Schlammlawinen und vergiftete Gewässer. Der Fluss Siwerskyj Donez, das wichtigste Wasserreservoir in der Region, wurde schwer verseucht. Im Jahr 2020 wurden Bemühungen zur Reorganisation der Bergwerke eingeleitet. Die Regierung in Kiew präsentierte einen eigenen Reformplan, der die Stilllegung mehrerer unrentabler Minen vorsah. Gleichzeitig ist die Ukraine dem Pariser Klimaabkommen beigetreten, das die Reduzierung des CO_2-Ausstoßes fordert. Es ist jedoch unklar, wie dies im Donbass umgesetzt werden soll, da ein solcher Strukturwandel den Verlust von Arbeitsplätzen mit sich bringt, für die es keine entsprechenden Ersatzmöglichkeiten gibt. Stillgelegte Fördertürme und geschlossene Fabriken gibt es schon genug. Der Krieg macht es unmöglich, auch nur eines dieser Probleme zu lösen. Der Niedergang einer Industrienation, der bereits 1991 begonnen hat, beschleunigt sich weiter.[106]

Ein Sattelschlepper kommt uns entgegen und umfährt die Schlaglöcher, eine Staubwolke zieht hinter ihm her. Am Straßenrand steht ein toter Baum, gespalten von einer Granate. Auf einer Bank vor einem heruntergekommenen Wohnblock küssen sich Verliebte. »Die Stromnetze gehören Achmetow«, sagt Sergey, »er hat sie vergammeln lassen.« Es war die Zeit der Oligarchen. Rinat Achmetow besitzt auch das Kohlekraftwerk Luhansk mit seinen sechs Blöcken. Er hält es über die Donbass-Treibstoff-Energie-Gesellschaft, eine in den Niederlanden eingetragene Holding, die Teil seiner SCM ist. DTEK gehört fast die Hälfte der ukrainischen Kohleförderung, fast ein Drittel der Stromerzeugung und 40 Prozent des Stromtransports. Sie betreibt das Stromverteilnetz in den Oblasten Kiew, Dnipropetrowsk und Donezk sowie auf der Krim. Zu Achmetows Firmen gehört die Mine Komsomolez Donbassa. Im Vorbeifahren sehen wir die hoch aufragenden Betonklötze mit Schießscharten am Eingang des Ortes. Die Fördertürme ragen in den Himmel.

Rinat Leonidowitisch Achmetow war viele Jahre der Herrscher über den Donbass. Kaum jemand hatte nach der Jahrtausendwende so viel Macht in der Ukraine wie er. Mit einem Vermögen von geschätzten 4,2 Milliarden Dollar war er im Jahr 2022 der reichste Mensch des Landes und wohl auch der einflussreichste Oligarch.[107] Im Jahr 2014 wurde sein Vermögen noch auf etwa 11,6 Milliarden Dollar geschätzt, was ihm den 101. Platz unter den reichsten Menschen weltweit einbrachte.[108] Geboren wurde er 1966 in Donezk als Kind eines Bergmanns und einer Verkäuferin. Er ist tatarischer Abstammung, war zunächst russlandtreu und wendete sich dann Kiew zu. Der ehemalige Profiboxer ist Fußballfan und besitzt den Fußballclub Schachtar Donezk. Doch rein zufällig war er nicht im Stadion, als der berüchtigte Mafiaboss Alik Grek dort 1995 während eines Bandenkriegs in die Luft gesprengt wurde. Als Mitbegründer der Dongor-Bank stieg er in kürzester Zeit an die Spitze der drei größten Finanz-Clans der Ukraine auf. Heute umfasst seine SCM-Gruppe etwa 100 Unternehmen und beschäftigt etwa 300 000 Menschen. Bergbau, Stahl, Immobilien, Banken und Energie gehören zu seinen Geschäftsfeldern. Das Geld, das der Milliardär Achmetow verdient, legt er in London, am Genfer See oder in anderen westlichen Steueroasen an.

Jahrelang ermittelte die Anti-Korruptions-Behörde der Ukraine gegen Achmetow wegen Korruptionsvorwürfen. Seine Donbass-Treibstoff-Energie-Gesellschaft (DTEK) hatte in einer illegalen Absprache mit staatlichen Regulatoren eine Formel zum Kohlehandel vereinbart, die den ukrainischen Verbraucher um umgerechnet 1,4 Milliarden Dollar geschädigt haben soll. Obwohl die DTEK alle Vorwürfe bestritt, belasteten interne Dokumente Achmetow schwer. Die Ermittlungen wurden im April 2020 eingestellt. Serhij Leschtschenko, Mitglied des Aufsichtsrats der ukrainischen Eisenbahnen, beschrieb, wie Firmen von Achmetow für den Transport von Eisenerz Sonderpreise gewährt wurden, die zweieinhalb Mal niedriger waren als im benachbarten Polen und viereinhalb Mal niedriger als in der Slowakei. So verursachte jeder Eisenerz-Transport der Bahn einen satten Verlust. Dies alles zeigt nur, dass die ukrainischen Oligarchen dem Zugriff der Justiz entzogen sind. Neben Achmetow zählen zu ihnen Ihor Kolomojskyj, Wiktor Pintschuk, Dmitro Firtasch, Serhij Lewotschkin und Ex-Präsident Petro Poroschenko. Sie kontrollieren große Teile der Wirtschaft und besitzen eigene Fernsehsender, die etwa 70 Prozent des Fernsehmarktes abdecken und ihnen Einfluss auf die öffentliche Meinung sichern. Rund 100 Abgeordnete im Parlament vertreten die Interessen von Achmetow, während etwa sieben Abgeordnete im Sinne von Kolomoiskij abstimmen. Auch ein Präsident Selenskyj zeigt keine Ambitionen, das korrupte System aufzubrechen – es reicht ihm aus, politische Konkurrenten auszuschalten.[109] Alle Versuche, dieses System der Korruption aufzulösen, werden von den Oligarchen verhindert.

Angesichts einer ukrainischen Gesellschaft, die auf Über- und Unterordnung beruht und historisch wenig Erfahrung mit Demokratie gemacht hat, besaß Achmetow auch große politische Macht. Allerdings hat er immer auch taktiert: Nach der Orangenen Revolution 2004 sorgte Ministerpräsidentin Julija Tymoschenko dafür, dass die Privatisierung von Kryworischstal annulliert wurde. Das größte Stahlwerk der Ukraine, das sich im Besitz von Achmetow und Wiktor Pintschuk befand, wurde 2004 in einer Auktion an die Mittal Steel Company für 4,8 Milliarden Dollar verkauft, das Sechsfache des ursprünglichen Verkaufspreises. 2005 wartete Achmetow in Monaco ab, bis er sich mit den neuen Machthabern arrangiert hatte. Ab 2006 war er Rada-Abgeordneter der von Wiktor Janukowytsch geführten »Partei der Regionen« und finanzierte weiter dessen Wahlkämpfe.[110] Über die Jahre hat er den 2014 gestürzten Ex-Präsidenten unterstützt und sich so landesweit Einfluss verschafft. Während des Euro-Maidan wechselte Achmetow jedoch die Seiten und arrangierte sich bald mit den neuen Machthabern in Kiew. Beim Ausbruch der gefährlichen Unruhen 2014 im Zuge des Euro-Maidan in Luhansk und Donezk sprach er sich gegen die Separatisten aus und bezeichnete sie als »Banditen und Marodeure«. Er rief zu einem Warnstreik auf.[111] Nach dem Überfall Russlands erklärte Achmetow am 9. März 2022: »Ich hoffe aufrichtig auf den Sieg der Ukraine. Putin hat jene Länder im Blick, in denen es Freiheit gibt, Demokratie und die unabhängig sind. Alle freien Länder der Welt sind potenzielle Ziele. Wenn ihn die Ukraine nicht aufhält, weiß keiner, wer der Nächste sein wird.«[112] Mit Freiheit meinte er auch seine eigene; die seines Geldes.

Achmetow unterstützt finanziell die ukrainischen Streitkräfte.[113] Das Mediengeschäft gab er 2022 wegen der drohenden Aufnahme in das Oligarchen-Register der Regierung in Kiew auf. Er kündigte an, dass seine Media Group Ukraine alle TV- und Print-Lizenzen dem Staat übertragen werde und die Internetmedien eingestellt würden. Dazu gehören elf Fernsehsender, die Nachrichtenseite Segodnya.ua und der Online-TV-Service OLL.TV. »Ich habe eine unfreiwillige Entscheidung getroffen«, so Achmetow, »als größter privater Investor in die ukrainische Wirtschaft habe ich wiederholt erklärt, dass ich nie ein Oligarch war und auch nie einer sein werde.«[114] Das wirkt wie eine Schutzbehauptung, um Vorwürfen zu entgehen, er plane zusammen mit Moskau einen Putsch. Es scheint, als ob Achmetow niemals »alle Eier in einen Korb legen« will. Vor allem aber hat er ein feines Gespür dafür, woher der Wind weht und was ihm nützt. Da er sein Geld im Westen angelegt hat, kann er es sich nicht leisten, mit Sanktionen belegt zu werden.

Nach der Unabhängigkeit der Ukraine im Jahr 1991 sah es für die Luhansker Diesellokomotivenfabrik nicht gut aus. Das Unternehmen hatte einst 15 000 Beschäftigte und produzierte für die gesamte Sowjetunion. Nun waren die bisherigen Hauptabnehmer im Ausland. Im Oktober 1995 wurde das Werk unter dem Namen Luhanskteplowos (Лугансктепловоз) von Kiew verstaatlicht. 2007 wurden 76 Prozent der Aktien des stark defizitären Unternehmens in einer Auktion von der Maschinenfabrik Brjansk ersteigert, die zur russischen Transmaschholding gehört. Analysten zufolge wurde nur ein geringer Teil des Marktwerts bezahlt. Gegen den Verkauf klagten vergeblich zahlreiche Mitbewerber. Zu dieser Zeit war Wiktor Janukowytsch Ministerpräsident. Er stammte aus Donezk und leitete nach seinem Amtsantritt 2002 viel Geld in den Donbass. Die Lohnabhängigen konnten kurz aufatmen: Sie mussten nicht mehr monatelang auf die Löhne warten. Doch die Luhansker Lokomotivfabrik ging an der Privatisierung zugrunde. Janukowytsch und seine Partei der Regionen, die das Parlament in Kiew dominierte und ein Klientelclub ostukrainischer Oligarchen war, wollten diesen Geschäftsleuten einen Gefallen tun: Sie drängten darauf, billiges Gas von Russland zu bekommen. Die Gegenleistung dafür war wohl der Verkauf von Luganskteplowos an russische

Anteilseigner unter Wert.[115] Doch der Deal half dem Werk nicht auf die Beine. Die Produktion war stark rückläufig, es wurde kaum investiert und Stellen wurden gestrichen. Der Bürgerkrieg im Donbass ab 2014 besiegelte dann das Schicksal der Lokomotivfabrik. Viele Maschinen wurden geplündert, und was blieb, sind ein paar hundert Beschäftigte, die Reparaturen erledigen. Der anhaltende Artilleriebeschuss machte die Fertigung unmöglich. Am Ende hatten die Arbeiter das Nachsehen. Viele gingen zur Nnarodnoje Opoltschenije (народное ополчение), zur Volksmiliz. Da wurden Leute gesucht und es gab Sold.

Der Vorgang verdeutlicht: Der angeblich moskauhörige Janukowytsch hatte seine eigenen Interessen im Sinn – und die von befreundeten Oligarchen im Donbass. Er zeigt auch, welche Wirkung die zunehmende Westorientierung der Ukraine und das seit 2014 vorläufig und ab 2016 regulär angewandte Freihandelsabkommen mit der Europäischen Union hat: Die höher entwickelten Teile der ukrainischen Industrie, die vor allem nach Russland exportierten, werden zerstört. Insgesamt schrumpfte die Wirtschaft durch das Wegbrechen des russischen Absatzmarktes erheblich. Die Menschen im Osten wussten, was ihnen blüht: Sie verlieren ihre Arbeitsplätze. Was sie loyal zu Russland stehen lässt, ist auch der eigene Überlebensdrang. Denn erst kommt das Fressen, und dann kommt die Ukraine.

Die einhundert reichsten Personen in der Ukraine sollen 2013 über ein Vermögen von 53 Milliarden Dollar verfügt haben, was einem Drittel des ukrainischen Bruttoinlandsprodukts entspricht. Diese Personen konzentrieren wirtschaftliche und politische Macht in ihren Händen. Ihr Aufstieg begann mit dem Zerfall der Sowjetunion. Ihre ersten Profitquellen waren Geschäfte mit Gütern oder Rohstoffen, die zu einem staatlich festgesetzten Preis in der Ukraine gekauft und mit erheblichem Gewinn auf dem Weltmarkt verkauft werden konnten. Der Handel mit Erdgas bot ebenfalls die Möglichkeit, sich zu bereichern und überschuldete Unternehmen günstig aufzukaufen. Finanzspekulationen warfen in der Zeit der Hyperinflation in der Ukraine von 1991 bis 1994 teils enorme Gewinne ab. Die Gründung privater Banken bot die Möglichkeit, günstige staatliche Kredite aufzunehmen und zu höheren Zinsen an die Kunden weiterzugeben. Jedoch erforderten diese Geschäfte ein hohes Maß an administrativer Flankierung und Korruption. Nur so war es möglich, an Import- und Exportlizenzen heranzukommen oder günstige Zentralbankkredite zu erhalten. Im Gegensatz zu Russland begann die Privatisierung großer Staatsbetriebe erst Mitte der 1990er-Jahre und schied deshalb zunächst als Profitquelle aus.[116]

Während der Präsidentschaft von Leonid Kutschma von 1994 bis 2005 änderte sich die Situation. Kutschma festigte seine Macht, indem er informelle regionale Netzwerke bediente. Unter dem Motto »Teile und herrsche« änderte er ständig seine politischen Positionen zugunsten bestimmter Gruppen: Wirtschaftliche Vorteile wurden im Gegenzug für politische Unterstützung gewährt. Dabei bildeten die Oligarchen die zentrale Säule seiner Macht. Mit ihrem Reichtum konnten sie Einfluss auf die Parteien nehmen und nach den Parlamentswahlen 1998 in der Werchowna Rada eine Mehrheit für Kutschma sichern. Durch Investitionen in die Massenmedien gelang es ihnen, die öffentliche Meinung zugunsten von Kutschmas Wiederwahl 1999 zu beeinflussen. Der Vorteil für die Oligarchen: Sie konnten jene Kräfte entmachten, die sich einer Privatisierung strategisch wichtiger Großbetriebe widersetzten. Zu dieser Zeit profitierten die sogenannten »Roten Direktoren«, die Leiter staatlicher Großbetriebe, immer noch von hohen öffentlichen Subventionen und hatten durch die Kommunistische Partei eine Mehrheit im Parlament. Die Oligarchen konnten nun die Blockade der Privatisierung durchbrechen und sicherstellen, dass die Preise bei dem Verkauf der Unternehmen sehr niedrig blieben, wodurch sie gegenüber ausländischen Konkurrenten bevorzugt wurden.[117]

Die Orangene Revolution und das Ausscheiden Kutschmas im Jahr 2004 waren anfangs von einer gesellschaftlichen Stimmung geprägt, die mit einem Machtwechsel auch die Hoffnung auf eine Entmachtung der »Banditen« verband. Der Reichtum der Oligarchen war mittlerweile offensichtlich geworden, was zu neuen Herausforderungen für die wohlhabenden Industriellen führte. Sie mussten sich an eine Situation anpassen, in der kein klares Machtmonopol mehr existierte. Nun versuchten die Oligarchen, auf konkurrierende politische Kräfte gleichzeitig Einfluss zu nehmen. Obwohl größere Reprivatisierungsvorhaben, die Unrecht aus der Vergangenheit ausgleichen sollten, breite Zustimmung in der Bevölkerung fanden, wurden sie letztendlich nicht umgesetzt, da Präsident Wiktor Juschtschenko und Ministerpräsidentin Julija Tymoschenko unterschiedliche Pläne verfolgten. Mit der Präsidentschaft von Wiktor Janukowytsch setzte wieder eine Konzentration der Macht beim Präsidenten ein. Seine im Donbass verankerte »Partei der Regionen« entwickelte sich zu einem landesweiten Machtzentrum, und seine Gefolgsleute besetzten alle Institutionen. Janukowytsch versuchte, durch die Stärkung und Bereicherung seines eigenen Clans seine Macht zu festigen. Doch die Oligarchen blieben Profiteure des Systems und erfreuten sich wachsender Gewinne.[118] Während der Maidan-Proteste unterstützten die Oligarchen zunächst Janukowytsch beim Versuch, die Proteste zu unterdrücken. Im Gegenzug verabschiedete das von ihnen kontrollierte Parlament einen neuen Haushalt, der eine großzügigere Verteilung öffentlicher Gelder durch neue Kredite aus Moskau vorsah. Erst im Februar 2014, als sich der Sturz des Präsidenten abzeichnete, gingen die Oligarchen auf Distanz zu Janukowytsch. Im Gegensatz zu damals scheinen die Oligarchen heute geschlossen hinter der kriegführenden Regierung zu stehen – um ihren eigenen Besitz und ihr im Westen geparktes Geld zu schützen.[119]

Der Korruptionsindex von Transparency International 2021 stuft die Ukraine als das zweitkorrupteste Land in Europa ein, direkt hinter Russland. Im Jahr 2017 führte die Ukraine die Liste sogar an.[120] Der endemische Missbrauch politischer Macht für private Zwecke entzieht dem Staat Ressourcen und bedroht demokratische Ansätze. Steuerhinterziehung richtet den Staat finanziell zugrunde. Staatsbedienstete erhalten niedrige Löhne und sind zum Überleben auf Bestechungsgelder angewiesen. Deshalb müssen die Menschen bezahlen, damit normale staatliche Leistungen erbracht werden, weswegen sie sich wieder mit Steuervermeidung schadlos halten – ein Teufelskreis, der den Status quo zementiert. Dies allerdings gilt sowohl für die Regierungsgebiete als auch für die von Russland besetzten Territorien.[121]

Neben den Abraumhalden wird Kohle im Tagebau abgebaut, ein Kohlelager verbirgt sich hinter verrosteten Wellblechzäunen. Straßenhunde schließen sich in Rudeln zusammen. In der Nähe eines Wohnblocks sehe ich eine verlassene Schule. Wo mögen die Kinder sein?

Leben sie noch? Sind sie geflohen? Trotz der Kredite, die die Ukraine in den letzten Jahren von der Europäischen Union erhalten hat, sind die Straßen schlechter als in Russland. Vorbei an einem weiß gekalkten, zerfallenen Rinderstall, daneben eingerostete landwirtschaftliche Maschinen. Vor einem längst geschlossenen Betrieb hängt ein Plakat mit der Aufschrift: »Russland für immer.« Noch im Juli war das Kohlekraftwerk Wuglegirska in der Nähe des Dorfes Nowoluhanske heftig umkämpft. Dort waren Wagner-Söldner im Einsatz. Das Kraftwerk gehört der staatlichen Aktiengesellschaft Centrenergo. Alle ihre Kraftwerke wurden in den 1960er- und 1970er-Jahren errichtet. Das Wärmekraftwerk Luhansk hat wegen der schweren Kämpfe den Betrieb eingestellt. Wieder schlängeln wir uns an den Panzersperren vor einem Checkpoint vorbei, warten vor einem Schützenpanzer, über dem die Flagge der Luhansker Volksrepublik (LVR) weht, blicken in Sturmgewehre, werden durchgewinkt. Wir reisen durch ein Land, das vom Krieg gezeichnet und schon zuvor wirtschaftlich gescheitert ist.

In einem Vorort von Luhansk, wo die Häuser niedriger werden und keine Wohnblocks mehr wie im Stadtzentrum stehen, sehen wir einen Herrn namens Wladimir Jewgenijewitsch Tulow. Er hat wellige, mittellange graue Haare und trägt eine braune Lederjacke. Ein Lehrer, der mal Klartext reden will: »Alles muss sich ändern. Die wirtschaftliche, politische, soziale und humanitäre Lage. Das Wichtigste ist, dass die Menschen wieder Hoffnung schöpfen können. Denn wir haben in einem Zirkus-Staat gelebt, der von Clowns geführt wurde. In einer Bananenrepublik, in der diese ach so ehrenwerten Leute von staatlicher Souveränität redeten, die sie gleichzeitig abgeschafft haben. Wir haben in einem Banditen-Staat gelebt. Es ist immer noch zu 100 Prozent ein faschistischer Staat. Ich meine natürlich die Ukraine, was denn sonst?«

Wladimir Jewgenijewitsch beklagt, was auch Beobachter im Westen wissen: In der Ukraine sind es die Oligarchen, die den Staat im Griff haben, während es in Russland der Staat ist, der die Oligarchen im Griff hat.[122] »1991 lebten wir noch in einem Land, in dem die Völker friedlich zusammenlebten, das Land hieß Sowjetunion. Menschen im ganzen Land konnten reisen, es gab viele gemischte Ehen, wir waren ein Volk – das sowjetische Volk. Wenn Sie heute die Menschen fragen, werden Sie hören: Ja, wir bereuen es, dass es die Sowjetunion nicht mehr gibt.« Phantomschmerz – das ist geblieben vom Untergang eines Staates, befeuert durch die Erfahrung, dass seither wenig besser, aber vieles schlechter geworden ist. Die Menschen werden zu Überlebenskünstlern in einem gescheiterten Staat. Ist es verwunderlich, dass sie ihr Heil bei Russland suchen?

»Ich wollte mit Waffen nie etwas zu tun haben«, erzählt uns Tage später ein Offizier der DNR. »Ich wäre nie Soldat geworden, wenn es diesen Krieg nicht gegeben hätte. Ein Freund von mir ist in Makejewka gestorben, weit hinter der Front. Es schlugen Raketen ein. Meine Frau und meine beiden Kinder habe ich nach Russland gebracht, nach Rostow, dort haben wir Verwandte.« 2014 schloss er sich einer Freiwilligenmiliz der Volksrepublik Donezk (DVR) an. »Früher hatte ich eine Familie. Das ist jetzt auch vorbei.« Was der Zerfall nicht geschafft hat, erledigt der Krieg. Hier hat er nicht im Februar 2022 begonnen, sondern schon acht Jahre zuvor, 2014. Die Erfahrung, dem Beschuss der ukrainischen Armee ausgeliefert und Opfer eines ukrainischen Raubtierkapitalismus zu sein, prägt das Leben der Menschen und beeinflusst ihre Entscheidung beim Referendum über den Anschluss an Russland. Auch dies ist ein Teil des Gesamtbildes, das die Medien im Westen nicht zeigen und viele in Deutschland nicht sehen wollen.

3.4. Luhansk: Kampfansage Referendum

Der Weg zur Mittelschule Nummer sechs in der Molodögnij 3a im Watutina-Distrikt von Luhansk führt über einen Feldweg mitten in der Stadt. Der Wagen schaukelt sich durch Pfützen zu einem kleinen Parkplatz. Die Schule ist untergebracht in einem Backsteinbau, am Eingang stehen zwei Milizposten, die sich nicht weiter um uns kümmern. Links vom Eingang führt ein Weg zur Turnhalle. Vor uns sehen wir die Wahlkommission, und an der schmalen Seite rechts befinden sich drei Wahlkabinen. An diesem frühen Nachmittag tröpfeln die Stimmberechtigten nur langsam ein. Es ist der zweite Tag des Referendums, das in Deutschland nur als »Scheinreferendum« bezeichnet werden darf. Das ist die offizielle Sprachregelung des Weißen Hauses, des deutschen Bundeskanzlers und der Europäischen Union. »Wir werden niemals den Versuch Russlands anerkennen, seine illegale und brutale Besetzung ukrainischer Gebiete zu legitimieren«, erklärt EU-Kommissionspräsidentin Ursula von der Leyen. Die Organisation für Sicherheit und Zusammenarbeit in Europa (OSZE) verurteilt die Abstimmungen über einen Beitritt zur Russischen Föderation als illegal. Die NATO spricht von einer weiteren Eskalation. Kiew droht den Organisatoren mit strafrechtlicher Verfolgung: »Alle ukrainischen Gebiete werden von der russischen Besatzung befreit, und die russische Führung wird zur härtesten Verantwortung für den organisierten Terror, die Kriegsverbrechen und die Verbrechen gegen die Menschlichkeit auf ukrainischem Boden zur Verantwortung gezogen.«[123] Scheinreferenden? Nur was die Menschen hier in Luhansk wollen – danach fragt niemand.

Die Leiterin der Wahlkommission, Irina Dikaja, ist eine schwarzhaarige, schlanke Lehrerin um die 50. Meine Fragen beantwortet sie anfangs wie eine lästige Pflichtübung, aber als sie merkt, dass ich ehrliches Interesse an ihrer Arbeit habe, wird sie etwas lockerer. Sie erzählt begeistert, dass bereits 953 Stimmberechtigte in den vergangenen eineinhalb Tagen gekommen seien. Dabei leuchten ihre Augen vor Rührung auf: »Die Leute stehen Schlange, um ihre Stimme abzugeben. Gestern hat es Bindfäden geregnet, und die Menschen standen unter ihren Regenschirmen hier bei uns vor der Schule und vor den Wahlbussen in der ganzen Stadt. Ältere Damen weinen, wenn sie die Unterlagen erhalten, zur Wahlkabine gehen und dann den Zettel in die Urne werfen. Menschen mit Behinderung rufen uns an und bitten darum, jemanden vorbeizuschicken, sie sagen: ›Wir wollen unsere Stimme abgeben.‹ Einige hängen länger als eine Stunde in der Hotline und möchten wissen, wann wir endlich kommen werden. Wir haben doch nur ein Auto, und unsere Wahlhelfer können nicht alle gleichzeitig bedienen. Mit einer solchen Beteiligung haben wir nicht gerechnet, und ich bin sehr froh darüber!« »Wie schätzen Sie die Stimmung ein?« »Die Stimmung ist sehr gut. Die Wählerinnen und Wähler hoffen, dass dieses Referendum etwas bewirkt. Sie stimmen ab, damit sich ihr Leben zum Besseren verändert. So knapp kann man die Stimmung beschreiben. Sie blicken positiv in die gemeinsame Zukunft mit Russland.«[124] Ergebnisse hat sie noch keine. Die

Stimmzettel werden in Plastiksäcken gesammelt und kommen in den Panzerschrank. Am 27. September wird dann ausgezählt. Aber die Wahlbeteiligung schätzt sie auf mehr als 90 Prozent.

Vor der Schule stehen zwei Frauen, ein Mann und ein Milizionär. Ich stelle mich dazu und frage, ob sie den Menschen in Deutschland etwas zur Wahl sagen möchten. Die Frauen schicken den Mann vor, er ist etwa 60 Jahre alt. Wir gehen etwas zur Seite, die anderen unterhalten sich weiter. »Haben Sie schon gewählt?« »Ja, ich habe gestern schon abgestimmt.« »War Ihnen das so wichtig?« »Diese Wahl ist für mich sehr wichtig, auch für meine Familie und für mein Land, die Republik Luhansk. Auf dieses Referendum haben wir acht Jahre lang gewartet. Die Menschen im Ausland sollen wissen, dass hier russische Menschen leben. Mit Russland verbindet uns praktisch alles: Politik, Wirtschaft, Religion und wir feiern dieselben Feste. Wir wollen nicht, dass diese enge Seelenverwandtschaft auseinandergerissen wird!« »Was versprechen Sie sich vom Wahlergebnis?« »Dass alles besser wird. Aber zuallererst muss dieser Krieg aufhören, damit unsere Soldaten von der Front zurückkehren können. Auch die ukrainischen Soldaten können dann aus den Schützengräben steigen und heimkehren. Das wünschen sich doch alle. So ein Krieg bringt nichts Gutes, denn da sterben Menschen. In Luhansk und Donezk sterben auch Kinder, wie Sie wissen. Deswegen will ich, dass der Krieg sehr schnell beendet wird. Und ich habe große Hoffnung in Russland, politisch, wirtschaftlich, im Bildungsbereich. Ich hoffe für mich, meine Kinder und meine Enkelkinder. Russland ist unser Land, und wir kehren zurück in unseren Heimathafen. Und ich möchte Ihnen noch etwas sagen: Wir haben unsere Stimme abgegeben, ohne dass einer mit der Waffe in der Hand hinter uns stand. Uns hat niemand zur Wahlurne getrieben. Wir sind der Stimme unseres Herzens gefolgt!«

Soldaten bewachen die Wahllokale, man rechnet mit Anschlägen oder Raketenbeschuss. Dass sie Leute zur Wahl zwingen, sie mit vorgehaltener Waffe heranführen – das habe ich nirgendwo gesehen. Stattdessen drängen die Menschen selbst in Luhansk zur Wahl. Vier Referenden fanden zwischen dem 23. und 27. September statt. Dabei konnten die Wählerinnen und Wähler je nach Oblast unterschiedliche Fragen beantworten, auch jene, die nach Russland geflohen waren. Die ukrainische Seite stellte die Teilnahme an den Wahlen unter Strafe. In den selbsternannten Republiken Luhansk und Donezk, die offiziell schon unabhängig waren, stand die Frage zur Abstimmung, ob die Bevölkerung den Beitritt zur Russischen Föderation befürwortet oder nicht. In den Oblasten Cherson und Saporischschja, die offiziell zur Ukraine gehören, wurde darüber abgestimmt, ob die Bevölkerung in der Ukraine bleiben, unabhängig sein oder Teil der Russischen Föderation werden will.

In einem Vorort sehe ich eine Wahlstation unter freiem Himmel. Ein älterer Herr, der gerade seine Stimme abgegeben hat, wird vom russischen Fernsehen befragt, und er antwortet sichtlich gerne: »Ich bin froh, dass es so gelaufen ist. Russland lag am Boden, und seit Putin begonnen hat, das Land wieder aufzurichten, konnten die Menschen wieder hoffen. Das Jahr 2014 hat gezeigt: Ein Land, das dir verbietet, deine Muttersprache zu sprechen, dir deine Kultur entreißt und dich erniedrigt, hat den Donbass in den Bürgerkrieg gestürzt.« Der Grauhaarige spielt auf das Sprachengesetz von 2014 an, mit dem der damalige Chef der Übergangsregierung in Kiew, Jazenjuk, Russisch als zweite Amtssprache abschaffen wollte. Überregionale Zeitungen sollten auf Ukrainisch erscheinen, und Buchläden sollten die Hälfte ihres Bestandes auf Ukrainisch anbieten. Verabschiedet wurde das Gesetz erst 2019, Verstöße wurden unter Strafe gestellt.[125] Der Mann redet sich in Rage: »Donezk und Luhansk haben den Kampf für gleiche Rechte aufgenommen. Es ist besser, aufrecht zu sterben, als auf den Knien zu leben. Habt ihr sonst noch Fragen? Nein?«

Auch diese Wahlstation wird von Milizionären bewacht, die etwas abseitsstehen und sich langweilen. Junge Reporterinnen des separatistischen Radiosenders Luhansk tragen Kampfanzüge: Alle Menschen sind hier im Krieg. Eine Wahlkabine oder einen Sichtschutz gibt es hier nicht. Die Stimmberechtigten machen ihr Kreuz vor der Wahlkommission, falten den Zettel und werfen ihn in die durchsichtige Wahlurne auf dem Tisch. Die Wahlleiterin ist eine blonde Mittdreißigerin in Jeans und grüner Daunenjacke, sie hat das rote Klemmbrett mit der Wählerliste unterm Arm: »Derzeit läuft, wie Sie wissen, eine Militäroperation, deshalb haben wir uns für fliegende Wahlstationen entschieden. Denn wir müssen davon ausgehen, dass es Sabotageakte gibt. Deshalb schützt uns hier auch das Militär. Die Menschen werden vorher nicht informiert, sondern erfahren durch Mund-zu-Mund-Propaganda, wo sich eine Wahlstation befindet. Dies geschieht aus Sicherheitsgründen, um allzu lange Warteschlangen zu vermeiden.« »Normalerweise sind Wahlen doch geheim, das ist hier aber nicht der Fall.« »Wie Sie sehen, können wir hier keine Wahlkabinen aufbauen. Die gibt es nur in den regulären Wahllokalen. Aber jeder, der abstimmen möchte, kann auch ein stationäres Wahllokal besuchen und dort seine Stimme abgeben. Dort gibt es Wahlkabinen.« Beides ist nicht von der Hand zu weisen: Ein Wahllokal mit Kabinen ist zwei Busstationen entfernt, und weiter südlich in Cherson werden an diesem Tag Wahllokale von der ukrainischen Artillerie beschossen.

Zwischen zwei Plattenbauten mit abgeplatztem Putz und maroden Fenstern erreichen wir über einen verschlammten Weg einen Hinterhof. Eine alte Frau füttert Tauben und Katzen. Unter Bäumen steht ein Holztisch mit zwei Bänken und zwei Stühlen – das Wahllokal Nr. 5 in Luhansk. Jemand berichtet der Wahlleiterin: »Wir waren oben bei den Behinderten, sie schaffen es nicht hier runter. Die Mutter liegt im Bett, die Tochter kann kaum noch laufen.« Eine Wählerin Mitte 50 in einer dunkelvioletten Daunenjacke sagt: »Ich habe meine Stimme abgegeben, damit endlich wieder Frieden herrscht. Damit unsere Volksrepublik Luhansk ein Teil der Russischen Föderation wird. Damit sie sich entwickelt, stärker wird und wir endlich wieder Frieden haben. Wir warten alle sehnsüchtig darauf, dass es hier wieder aufwärtsgeht. Wir alle hoffen das sehr.« Eine zweite Wählerin, ebenfalls Mitte 50, wirft ihren Wahlzettel ungefaltet in die Urne. Sie steht da mit ihrem Pass in der Hand: »Ich war glücklich damals in der Sowjetunion. Jetzt möchte ich in Russland leben, darauf habe ich 30 Jahre gewartet.« »Was kann nach der Wahl besser werden?« »Ich hoffe, dass der Krieg endlich aufhört. Dass der Beschuss endlich aufhört und keine Kinder mehr sterben. Ich hoffe das so sehr«, antwortet sie. »Warum, denken Sie, wird das nichts in der Ukraine?« »Weil die Ukrainer uns beschossen haben. Wir waren doch ein Volk in der Ukraine. Warum konnte man sich nicht friedlich einigen? Warum haben die uns immer nur beschossen? Es war schrecklich, Menschen sind verschwunden, Kinder wurden getötet. Das fühlte sich an, ehrlich gesagt, wie Faschismus!« Seit 2014 wurden im Bürgerkrieg im Donbass auch Zivilisten angegriffen. Mehr als 14 000 Menschen wurden insgesamt getötet. Die ukrainischen Truppen sind gekommen, Luhansk und Donezk zu befreien. Doch die Befreier sind hier nicht willkommen.[126] Die Wahlleiterin ruft mir mit ernstem Gesicht hinterher: »Ich habe in Potsdam studiert, nur dass Sie's wissen!«

Im strömenden Regen sehe ich ein paar Blocks weiter auf einem Platz einen gelben Wahl-Bus. Im Inneren verschwinden die Stimmberechtigten hinter einem kleinen Vorhang zwischen hölzernen Seitenteilen. Die Wahlkabine hat die Inventarnummer 052. Eine Frau sagt: »Alle sind sehr froh über das Referendum. Manche kommen sogar mit Blumen!«

In der Mittelschule Nummer 60 in Mariupol ist Viktoria Litwinowa im Wahllokal Nummer 36 013 der Bezirkskommission für das Referendum stellvertretende Wahlleiterin. Hinter ihren blonden langen Haaren kann man in ihren dunklen Augen und an den Falten erkennen, dass sie schwere Monate hinter sich hat. Die Todesangst im wochenlangen Häuserkampf steckt ihr noch in den Knochen. Ich frage sie, ob die Menschen hier im völlig zerstörten Mariupol so schockiert sind vom Krieg, dass sie dem Referendum fernbleiben: »Nein, wissen Sie, die Leute kommen sehr gerne zur Abstimmung«, sagt sie mit einem ausgeprägten ukrainischen Akzent. »Es gibt auch Menschen, die eine andere Meinung haben, das ist ihr Recht. Jeder hat das Recht auf eine eigene Meinung, und hier können die Wähler sie zum Ausdruck bringen. Aber die sind, so wie ich das sehe, in der Minderheit. Die Menschen kommen wirklich gerne zur Wahl. Es kommen ältere Frauen, die segnen sogar die Urnen. Sie erbitten den Segen Gottes, damit alles gut läuft!« »Was erhoffen Sie sich persönlich?« »Ich denke Frieden, Wohlstand und Ruhe, das soll die Wahl bringen. Aber das Wichtigste ist Frieden.«

Die Säcke mit den Stimmzetteln werden verplombt und erst nach der Abstimmung ausgezählt. Das Ergebnis: In der Luganskaja Narodnaja Respublika liegt die Teilnahme bei 98,6 Prozent. 98,42 Prozent stimmen für den Anschluss an die Russische Föderation. In der Donetskaja Narodnaja Respublika beteiligen sich 97,51 Prozent der Wahlberechtigten, davon stimmen 99,23 Prozent für den Beitritt. Im Oblast Cherson wählen 76,86 Prozent der Stimmberechtigten, 87,05 Prozent stimmen für den Anschluss an Russland. Im Oblast Saporischschja beteiligen sich 85,4 Prozent am Referendum, 93,11 Prozent stimmen für den Beitritt.[127]

Wer die Lage vor Ort nicht kennt, hält das leicht für gefälscht. Die Ergebnisse waren sicher nicht das, was man aus den westlichen Parteiendemokratien kennt, aber sie entsprechen der Stimmung an den Wahlstationen. Diese Referenden an westlichen Maßstäben zu messen, wäre Unfug. Eine genauere Betrachtung sollte berücksichtigen, wie hoch in diesen Regionen die Zustimmung zu Wiktor Janukowytsch bei der Präsidentenwahl 2010 war – etwa 90 Prozent. Daneben sollte man auch berücksichtigen, wie die russische Volksgruppe seit dem Maidan 2014 behandelt wurde. Viele russische Ukrainer sind Richtung Osten geflohen, und bis 2022 suchten etwa eine Million Menschen ihr Heil in Russland. Der Putsch auf dem Maidan hat das Land gespalten. Für den russischen Teil der Bevölkerung bedeutete er, dass sie niemals mehr allein mit dem Stimmzettel über ihr politisches und wirtschaftliches Schicksal in der Ostukraine bestimmen konnten. Im Jahr 2019 schrieb die prowestliche »Kyiv Post«, dass nur fünf Prozent der Einwohner von Luhansk und Donezk auf eine Rückeroberung der Regionen durch die Ukraine hoffen. 16 Prozent der Einwohner wünschten sich unabhängige Volksrepubliken. Die Mehrheit – mehr als 60 Prozent – plädierten für einen Beitritt zur Russischen Föderation.[127a] Das macht das Wahlergebnis plausibel.

An dem international nicht anerkannten Referendum der Separatisten in Donezk und Luhansk am 11. Mail 2014 – Putin hatte damals vergeblich auf Verschiebung gedrängt – nahmen etwa 75 Prozent der Stimmberechtigten teil. In Donezk stimmten 75 Prozent, in Luhansk 89 Prozent für die Bildung eigener Volksrepubliken. Umfragen fielen nicht ganz so eindeutig aus, aber die Abstimmung ist ein Indiz für die damals schon weit verbreitete separatistische Stimmung, die auch das Ergebnis von 2022 plausibel macht.[128] Acht Jahre Bürgerkrieg haben die Menschen geprägt. Allein an den drei Wahltagen im September 2022 wurde die Stadt Donezk 115-mal mit Artillerie und Raketen beschossen. In den anderen drei Regionen sah es nicht besser aus. Ein Treppenwitz der Geschichte dürfte es wohl sein, dass die Ukraine genau durch ein solches Referendum am 1. Dezember 1991 von der

Sowjetunion unabhängig wurde, während sich die Krim zuvor schon für einen Verbleib in der UdSSR entschieden hatte.[129]

Internationale Wahlbeobachter waren vor Ort. Die Gesellschaft für Sicherheit und Zusammenarbeit in Europa entsandte keine Beobachter, sondern sie kamen auf Einladung der Russischen Föderation. Die Zivilkammer der Russischen Föderation führte am 29. September 2022 in Moskau eine Anhörung der Wahlbeobachter durch. Sergey und ich gehörten nicht dazu, da wir als akkreditierte Journalisten unterwegs waren. Hier sind einige Stimmen:

Modli Kulikani, Vorsitzender des Komitees des Jugendbundes des Afrikanischen Nationalkongresses, Südafrika: »Wir konnten feststellen, dass die meisten Menschen in Saporischschja es kaum erwarten konnten, ihre Stimme abzugeben, denn viele Male wurden sie von den Eliten bevormundet. Wir können sagen: Dieses Referendum war frei und fair.« »Wahlen gegen Bomben«, nannte William Parra, einer der bekanntesten Journalisten aus Kolumbien, der für Reuters, RCN TV und TeleSUR arbeitete und Sprecher von Präsident Ernesto Samper war, das Referendum: »Für mich war dies ein Ausweg für die Menschen aus einem Totentanz, in der Hoffnung, dass er schneller endet ... Das Wichtigste hier ist die internationale Gemeinschaft aufzufordern, diese Wahl zu respektieren.«

Purnima Anand aus Indien, Präsidentin des BRICS International Forum, dem Brasilien, Russland, Indien, China und Südafrika angehören: »Alle beteiligten sich an diesem Referendum, um vor den Augen der Welt ihre Unterstützung für die Politik der Russischen Föderation auszudrücken. Wir unterstützen dieses transparente Referendum in einer schwierigen Zeit. Wir müssen Verständnis haben für das Leid der Menschen in der Ostukraine. Ich denke, der UN-Sicherheitsrat und Russland werden in naher Zukunft eine Einigung finden. Wir wünschen allen, insbesondere den Menschen im Donbass, Frieden und Gerechtigkeit.« Michael Radachowsky, politischer Berater der Europäischen Kommission: »Die Wahlen waren hinsichtlich des Umgangs mit den Menschen und hinsichtlich des Ablaufs gut organisiert.«

Das Referendum sei fairer und transparenter gewesen als die jüngsten Präsidentenwahlen in den USA, sagte Emmanuel Le Roy, Politikwissenschaftler und Professor Emeritus des Collège de France:

»Wir danken den Organisatoren und allen, die ihren Wählerwillen zum Ausdruck gebracht haben. Das Abstimmungssystem war fehlerfrei, es gab keine Regelverletzungen oder Versuche, das Ergebnis zu fälschen.« Andere Wahlbeobachter äußerten sich ähnlich.[130] In deutschen Zeitungen konnte man das nicht lesen. Ganz anders lief es bei den Zwischenwahlen zum US-Kongress: 15 US-Bundesstaaten verweigerten der OSZE-Mission den Zutritt zu den Wahllokalen.[131]

Ein Meinungsklima allein macht jedoch noch keine Wahl, die demokratischen Standards genügt. Es bleibt eine Reihe von Kritikpunkten an einem Referendum unter Kriegsbedingungen. Sowohl die Separatisten als auch die Besatzungsmacht nutzten ihre Kontrolle über Radio, Fernsehen und Printmedien aus. Blätter wie die Donezkaja Respublika (ДОНЕЦКАЯ РЕСПУБЛИКА) warben mit dem De-facto-Regierungschef Denis Puschilin auf dem Titelblatt für den Anschluss an Russland.[132] Der öffentliche Raum wurde von prorussischen Werbekampagnen dominiert. Eine breite öffentliche Debatte über die Wahloptionen gab es nicht. Es konnte nur ein Teil der Stimmberechtigten in den vier Gebietskörperschaften teilnehmen, nämlich die in den russisch besetzten Teilen. Wie die Wählerlisten zustande gekommen sind, ist unklar. Ein Referendum unter Besatzungsrecht ermöglicht vielfältige Möglichkeiten für Repression und Manipulation. So waren die Wahlberechtigten nicht einem bestimmten Wahllokal zugeordnet, sondern mussten lediglich den Ausweis vorlegen. Ihre Angaben wurden oft einfach handschriftlich festgehalten. Es wurden keine Maßnahmen ergriffen, Mehrfach-Stimmabgaben zu verhindern, wie zum Beispiel das Einfärben des Zeigefingers nach der Wahlteilnahme. Journalisten wurden nicht zur Auszählung zugelassen, und es musste den Angaben der Wahlkommission vertraut werden, wenn es um das offizielle Ergebnis ging.[133]

Aus journalistischer Sicht – ich stand nicht auf der Liste der Wahlbeobachter und nahm demgemäß auch nicht an der Anhörung der Zivilkammer der Russischen Föderation teil – kann ich sagen: Nach meiner Beobachtung waren an den Wahlstellen unter freiem Himmel geheime Wahlen nicht gewährleistet. Soweit wir es beobachten konnten, wurde jedoch niemand zur Stimmabgabe gezwungen, und eine direkte Beeinflussung der Wahlentscheidungen konnten wir nicht feststellen. Eine mögliche Fälschung des Referendums wäre am ehesten im Oblast

Cherson zu vermuten, da dort der Anteil der russischstämmigen Bevölkerung nur knapp 20 Prozent beträgt. Trotzdem blieben nach dem Rückzug der russischen Truppen aus der Gebietshauptstadt Cherson nur etwa 80 000 Einwohner zurück, von ehemals 280 000. 115 000 wurden von den Russen über den Dnjepr gebracht, während über 80 000 die Stadt auf eigene Faust verlassen haben.[134] Eine Fälschung des Abstimmungsergebnisses wird auch in Russland breit diskutiert.[135] Der *New York Times* zufolge gab es jedoch insbesondere in Cherson weitverbreitete Sympathien für Russland.[136] Allerdings haben die Russen in den besetzten Gebieten sofort mit dem Wiederaufbau begonnen, infolge des wirtschaftlichen Niedergangs der Ukraine ist die Attraktivität Russlands insbesondere östlich des Dnjepr hoch. Das lässt zumindest eine faire Auszählung beim Referendum als möglich erscheinen.

Dies sind Momentaufnahmen, klar. Aber die Stimmung ist eindeutig. Vor der Wahlstation in der Wulitza Aerodromnaya Nr. 7 in Mariupol erzählt ein 40-jähriger Mann mit Brille und Fleece-Weste, warum dies so ist: »Erstens sind wir hier russischsprachig, und wir Russen müssen zusammenhalten. Und zweitens übt die Ukraine Druck auf die russische Bevölkerung aus. Aus dieser Situation müssen wir herauskommen.« Er, der gerade wochenlange Kämpfe irgendwo im Keller überlebt hat, steht zu Russland – in einer Stadt, in der die russische Armee fast alles zerschossen hat: »Viele kommen zur Wahl, meine ich, und alle stimmen für Russland. Wir hoffen auf den Wiederaufbau. Es kommen fast alle, die in der Stadt geblieben sind.«

Alle, die in der Stadt geblieben sind, aber was ist mit den anderen? Ich sehe Dörfer mit umgekippten Holzzäunen und eingefallenen Hausdächern. Wer von »Scheinreferenten« spricht, verweist gerne darauf, viele Gegner der russischen Besatzung seien längst Richtung Westen geflohen. Tatsächlich haben viele die vier Oblaste Luhansk, Donezk, Cherson und Saporischschja verlassen. Der Exodus erfolgte in drei Wellen: Wegen des wirtschaftlichen Niedergangs suchten viele bereits vor dem Maidan 2013/14 in den Nachbarländern eine bessere Zukunft. Ab 2014 verließen viele die vier Regionen, da sie den Bürgerkrieg, den Beschuss und die vielen Toten satthatten. Sie suchten nach Sicherheit. Nach dem Beginn des Krieges im Februar 2022 setzte in der Ukraine eine dramatische Fluchtbewegung ein.

Das Flüchtlingshilfswerk der Vereinten Nationen (UNHCR) zählte am Stichtag 8. November 2022 insgesamt 7824440 Flüchtlinge in ganz Europa, davon 2852395 in der Russischen Föderation. Die russischen Behörden sprechen von 4790000.[137] Damit hat Russland mit Abstand vor allen anderen Ländern die meisten ukrainischen Kriegsflüchtlinge aufgenommen. Die Zahl der Flüchtlinge innerhalb der Ukraine geben die Vereinten Nationen Ende Oktober mit 3449843 an, die meisten in Charkiw, Dnipropetrowsk und Kiew. Für den Bezirk Saporischschja werden 197462 interne Flüchtlinge gezählt, während für Cherson, Donezk, Luhansk und die Krim keine Zahlen vorliegen.[138] In absoluten Zahlen weist der Bericht im Osten der Ukraine etwa eine Million Binnenflüchtlinge aus. Die Zahlen zeigen aber, dass die russischsprachige Bevölkerung seit Beginn der Invasion überwiegend nach Russland geflohen ist. Außerdem haben die örtlichen Militärbehörden mit Unterstützung der Russen viele Menschen in den russischen Oblast Rostow vor den Kämpfen in Sicherheit gebracht. Genaue Zahlen darüber, wie viele den Donbass verlassen haben, gibt es nicht. Dort allerdings durften sie – im Gegensatz zu den Flüchtlingen im Westen – am Referendum teilnehmen.

Schon während der Jahre des Bürgerkrieges seit 2014 sind etwa drei Millionen Menschen geflohen, eine humanitäre Katastrophe, schon damals. Im Jahr 2016 wurden 1,7 Millionen Binnenflüchtlinge gezählt. Dem russischen Migrationsdienst zufolge sind etwa 1,1 Millionen Menschen dauerhaft nach Russland eingereist.[139] Die Studie von Oksana Woytyuk weist für den Monat Februar 2018 in der gesamten Ukraine insgesamt 1493057 Binnenflüchtlinge aus. Sie konzentrierten sich auf die Oblaste im Osten: Donezk mit 540804, Luhansk mit 294529, Charkiw mit 122396, Saporischschja mit 54174, Dnipropetrowsk mit 73760 und Cherson mit 13760 Flüchtlingen. Die Autorin urteilt: »Die Tatsache, dass die Menschen sich konzentrieren in den Regionen in unmittelbarer Nähe zur ATO-Zone (der Zone der Antiterror-Operation der ukrainischen Armee) und zur Krim, kann damit erklärt werden, dass viele Menschen auf ein schnelles Ende des Krieges und der Krim-Besetzung hofften. Die negative Einstellung gegen die westlichen Regionen gehen zurück auf nationalistische und feindliche Überzeugungen und Stereotype.«[140] Das ist nicht falsch, aber richtig ist es auch nicht. Alle, die wir befragt haben, führen ihre negative Einstellung gegen den westlichen Teil der Ukraine auf den Beschuss durch die ukrainische Armee und Milizen seit 2014 zurück.

Schon vor dem Maidan, in den Jahrzehnten zuvor, haben mehrere Millionen Ukrainer ihr Land verlassen – Menschen aus allen Regionen. Sie sahen außerhalb der Ukraine bessere Lebensperspektiven. Diese Wanderungsbewegung war hauptsächlich wirtschaftlich motiviert und weniger politisch. Östliche und westliche Richtung hielten sich dabei in etwa die Waage. Russland lag 2012 mit 43 Prozent an der Spitze, gefolgt von Polen mit 14 Prozent, Italien und der Tschechischen Republik mit jeweils 13 Prozent. Auch nach dem Maidan blieb Russland das wichtigste Ziel von Arbeitsmigranten.[141] Die Behauptung, Gegner eines Anschlusses an Russland seien ja längst geflohen, ist also nicht belegt. Es handelt sich um interessengeleitete Zweckpropaganda.

Ein weiterer Einwand lautet, dass ein Referendum unter Kriegsbedingungen und demnach unter der faktischen Herrschaft des Kriegsrechts zwangsläufig unter unmittelbarem Zwang gegenüber der Bevölkerung stattfinden müsse und deshalb unzulässig sei. Unsere Stichproben zeigen jedoch das Gegenteil: Die Stimmberechtigten strömten freiwillig zur Wahlurne. Daneben gilt der Satz: Wenn ein Finger auf andere zeigt, zeigen drei Finger zurück – nämlich auf die Verantwortung des Westens in den Balkan-Konflikten. Am 29. Februar und 1. März 1992 wurde in Bosnien-Herzegowina in einer militärisch konfrontativen Lage ein Referendum durchgeführt, bei dem nahezu alle Wahlbeteiligten für die Unabhängigkeit von Jugoslawien stimmten. Die Abstimmung wurde von den bosnischen Serben – damals immerhin 32,38 Prozent der Bevölkerung – zum großen Teil boykottiert. Am 2. März 1992 erklärte Bosnien-Herzegowina seinen Austritt aus Jugoslawien. Am 6. April wurde der neue Staat von der Europäischen Gemeinschaft, einen Tag später von den USA anerkannt. Dies markierte den Beginn einer europäischen Katastrophe: In dem Krieg, der folgte, starben mehr als 100 000 Menschen. Die Kritik an dem von Moskau initiierten Referendum fällt dem Westen auf die Füße.

Was die völkerrechtliche Seite betrifft, gibt es tatsächlich widersprüchliche Bestimmungen: einerseits das Selbstbestimmungsrecht der Völker, andererseits die Unverletzbarkeit der Grenzen. Die vier Oblaste wurden sofort von Putin in die Russische Föderation aufgenommen, der Föderationsrat stimmte zu. Der Westen erkennt diesen Schritt nicht an. Jedoch haben Europa und die USA im Kosovo einen Präzedenzfall geschaffen. Das Kosovo erklärte 1992 seine Unabhängigkeit durch ein Referendum ohne Erlaubnis der Regierung in Belgrad. Der Westen hat dies faktisch unterstützt und 1999 Serbien völkerrechtswidrig bombardiert. Seit der erneuten Unabhängigkeitserklärung 2008 haben bis 2022 insgesamt 115 von 193 Mitgliedsstaaten der Vereinten Nationen die Republik Kosovo diplomatisch anerkannt. Nach der Entscheidung des Internationalen Gerichtshofes zur Abspaltung des Kosovo von Serbien im Jahr 2010 ist eine einseitige Sezession vom Völkerrecht gedeckt, auch wenn sie den Gesetzen des Ursprungslandes widerspricht. Das haben die Richter in Den Haag damals auf Druck des Westens entschieden, und dieses Urteil gilt auch dann, wenn es den Interessen des Westens zuwiderläuft.[142]

Das überwältigende Votum beim Referendum für den Beitritt zur Russischen Föderation resultiert daraus, dass die russischstämmige Bevölkerung in den besetzten Gebieten jahrelang von der Ukraine entfremdet wurde – und zwar unter Anwendung von Waffengewalt. Die Befragten machen dafür die Regierung in Kiew verantwortlich. Den Einmarsch der russischen Armee erleben sie als Befreiung vom Terror gegen die Zivilbevölkerung. Darüber hinaus wurden tausende Menschen nach Russland gebracht. Nach acht Jahren Bürgerkrieg existieren diesseits und jenseits der Kontaktlinie längst verschiedene Welten.[143]

Die Gründe für die Ergebnisse des Referendums liegen weitgehend in der Politik der USA, der Europäischen Union und der Regierung in Kiew während der vergangenen Jahre. Es wurde nie ernsthaft versucht, die Herzen und Köpfe der Menschen im Donbass zu gewinnen. Stattdessen verfolgte die ukrainische Armee die Politik, dass man nicht mit Terroristen verhandeln könne. Die Zivilbevölkerung wurde beschossen, das Wasser wurde abgedreht, die Straßen vermint, Pensionen und Gehälter nicht mehr ausbezahlt, Bankdienstleistungen gestoppt. Die Rechte von Minderheiten wurden weiter eingeschränkt. Dies steht im genauen Gegensatz zu einer Anti-Aufstands-Strategie. Der Beschuss von Wahllokalen in den Bezirken Luhansk, Donezk, Saporischschja und Cherson hat die Bevölkerung erst recht zu den Urnen getrieben. Nun müssen die Menschen Repressalien und Racheakte fürchten, wenn sich wie in Cherson die russische Armee zurückzieht.[144]

Als Ergebnis haben wir die Situation, dass der Westen Referenden nicht anerkennen will, für deren Zustandekommen und für deren Ergebnis er mitverantwortlich ist. Über viele Jahre hinweg hat der Westen nichts unternommen, um sicherzustellen, dass die Regierung in Kiew eine inklusive Politik gegenüber der russischen Minderheit verfolgt, anstatt diskriminierend und segregierend zu handeln. Darüber hinaus hat der Westen den Friedensvorschlag vom Frühjahr 2022 abgelehnt. Die Ergebnisse der Referenden verdeutlichen auch, dass es in Wahrheit nie eine einheitliche und zusammengehörige ukrainische Nation gegeben hat. Die Menschen in der Ostukraine fühlen sich stärker mit Russland als mit dem Westen verbunden. Deshalb sind sie im östlichen Teil des Landes geblieben oder haben eine Zukunft in Russland gesucht, und das schon vor Beginn der Kampfhandlungen. Damit haben sie sich zwischen zwei konkurrierenden sozialen Ordnungen entschieden: gegen das europäisch-amerikanische Modell eines neoliberalen Kapitalismus, das von spekulativen und risikoreichen Finanzgeschäften getrieben ist, und für einen staatlich gelenkten Kapitalismus, der von Oligarchen kontrolliert wird.[145] Es ist das Leben, das sie gelehrt hat: Auch Bomben aus dem Westen töten.

Die Referenden sollen aus der Sicht des Kreml die russischen Eroberungen irreversibel machen, den Status quo einfrieren. Hätte der Westen die Friedensvorschläge vom März nicht hintertrieben, wäre die Ukraine in den Vorkriegsgrenzen erhalten geblieben.[146] Wenn es dem Westen tatsächlich um die territoriale Integrität der Ukraine gegangen wäre, hätten Deutschland und Frankreich dafür sorgen müssen, dass Kiew seine Verpflichtungen aus den Minsker Abkommen erfüllt. Dies zeigt, dass die Ukraine dem Westen gleichgültig ist. Gegen alle Beteuerungen spielt er ein eigenes Spiel auf Kosten der Ukrainer. Es geht ihm darum, Russland zu schwächen, und dafür sind ihm die Menschen in der Ukraine nützliches Kanonenfutter.[147]

Die Referenden machen jedoch auch deutlich: Die Entscheidungen über das Schicksal des Donbass fallen in der russischen Regierung. Die Politiker der Volksrepubliken und der besetzten Gebiete sind bestenfalls Erfüllungsgehilfen. Damit werden die Menschen im Donbass wieder einmal zum Spielball in einem Machtkampf, der von Moskau und Washington gesteuert wird. Unklar ist, wie die Grenzen der neuen Gebietskörperschaften genau aussehen. Handelt es sich um die derzeit russisch besetzten Gebiete oder die Gebiete bis zur Grenze der bisherigen ukrainischen Regionen? In diesem Falle steht ein russischer Angriff zur Okkupierung der gesamten Oblaste bevor.

Der Regen hat aufgehört. Auf dem nassen Pflaster spiegelt sich das Abendlicht. Eine rote Abendsonne hängt tief über der Uliza Lenina in Luhansk. Dort stehen zwei britische Mark-V-Panzer aus dem Ersten Weltkrieg. Im Jahr 1919 wurden 60 dieser Panzer an die Weiße Armee des Generals Wrangel im Russischen Bürgerkrieg geliefert. Im Kampf um den Brückenkopf von Kachowka am Dnjepr, siebzig Kilometer flussaufwärts von Cherson, erbeutete die Rote Armee 30 der Panzer. Ende der 1950er-Jahre sollten sie eingeschmolzen werden, aber die Arbeiter der Lokomotiv-Fabrik vergruben und restaurierten sie Jahre später. Jetzt stehen sie wieder auf Sockeln vor dem Denkmal für die Helden der Revolution.

Im Dunkeln erreichen wir die Grenze zwischen Luhansk und Russland. Beim Übergang im Niemandsland erzählt mir ein Wahlbeobachter: »Mein Großvater war Partisan in Belarus. Nirgendwo gab es so große Partisanenarmeen wie in den Wäldern Weißrusslands und hier in der Ukraine.« Im Russischen Bürgerkrieg, beim Überfall auf die Sowjetunion, in den Kämpfen seit 2014 – die Menschen in Luhansk fühlen sich aus westlicher Richtung bedroht. Im Donbass wurden sie von den Oligarchen ausgeraubt, und sie wollen nicht erneut von Finanzinvestoren ausgebeutet werden. Sie möchten ihre Arbeitsplätze behalten und wünschen sich, dass die faschistischen Bataillone verschwinden. Sie halten die Regierung in Kiew für einen gescheiterten Staat. Westliche Werte kommen hier an als Bomben und Granaten. Sie möchten nicht die Kriege der US-Amerikaner. Sie sehnen sich nach Frieden und wollen in Ruhe gelassen werden. Das ist es, was die Menschen hier denken und fühlen. Das ist es, was nicht in die deutschen Wohnzimmer gelangen darf. Denn das würde die Hetze der Kriegstreiber untergraben. Und genau deshalb wurden wir wegen unserer Reise öffentlich verleumdet.

4. Westwärts: Vor dem Angriff

4.1. Lwiw: Willkommen in NATO-Land

Damals, vor dem Krieg, war ich mit Austrian Airlines gekommen. Ein bequemer Flug am 23. September 2021 über Wien ins Herz Europas. Heute ist erschöpft, wer hier ankommt. Die Fluglinien wurden wegen des Krieges eingestellt. Lediglich Turkish Airlines bietet seit Kriegsbeginn noch Flüge von Berlin nach Lwiw an – über Istanbul, der Reisende ist nun neun Stunden oder länger unterwegs. Die Alternative ist eine Bahnfahrt über das polnische Poznán, auf diesem Weg sind es 16 Stunden. Wieder einmal, wie schon zu Zeiten der Sowjetunion, liegt Lemberg am Ende der Welt – damals hinter dem Eisernen Vorhang, heute am Rande der Todeszone.

Ein Flug, Jahrzehnte zurück, hinein in tödliche Gefahr: Am 5. September 1949 starten zwei Männer in einer Douglas C-47 in München. Die Maschine wird geflogen von einer tollkühnen ungarischen Besatzung, die mit einer entführten Passagiermaschine wenige Monate zuvor aus Budapest gekommen war. Mit einem Kampflied auf den Lippen springen zwei Kuriere ins Dunkel der Karpaten-Nacht. Sie landen auf einer Bergwiese in der Nähe von Lwow. Die CIA dringt erstmals in die Sowjetunion ein.[148]

Die Vorbereitungen hatten bereits im Frühjahr und Sommer begonnen. Verantwortlich dafür war Steve Tanner, damals ein junger Mitarbeiter der CIA-Operationsbasis München. Er kam aus dem Heeresnachrichtendienst, hatte gerade seinen Abschluss in Yale gemacht und wurde 1947 engagiert von Richard Helms, damals zuständig für Spionage in Mitteleuropa. In München bestand seine Aufgabe darin, Agenten anzuwerben, die hinter dem Eisernen Vorhang eingesetzt werden sollten. Fast jede wichtige Sowjetrepublik hatte damals eine Emigrantengruppe, die sich der CIA andiente. Einige der Männer, die Tanner ins Visier nahm, waren Osteuropäer, welche sich im Krieg auf die Seite der Deutschen geschlagen hatten. Unter ihnen waren, so Tanner, »Leute mit faschistischer Vergangenheit, die ihre weitere Karriere sichern wollten, indem sie sich den Amerikanern andienten«. Die Nichtrussen »hatten einen wilden Hass auf die Russen und standen automatisch auf unserer Seite«.[149]

Tanner hatte keinerlei Richtlinien aus Washington und schrieb sich die Leitlinien selbst: Eine Emigrantengruppe, die mit der CIA arbeiten wollte, musste in der Sowjetunion und nicht in einem Münchner Café gegründet worden sein. Sie musste Kontakte in ihrem Herkunftsland haben und durfte sich nicht durch Nazi-Kollaboration diskreditiert haben. Im Dezember 1948 glaubte Tanner, eine passende Gruppe von Ukrainern gefunden zu haben. Sie nannte sich »Hoher Rat für die Befreiung der Ukraine« (UHWR), und ihr Münchner Ableger hatte über Landkuriere Kontakt zur »Ukrainischen Widerstandsarmee« (UPA) in den Karpaten. Durch katholische Priester, geflohene Gefangene und Reisende erhielten sie Berichte aus der Ukraine. Anfang 1949 begannen die Vorbereitungen zur Einschleusung der Ukrainer auf die andere Seite des Eisernen Vorhangs. Monate zuvor waren sie als Kuriere mit Botschaften auf Papierfetzen aus dem ukrainischen Untergrund aus den Karpaten gekommen. Diese Zettel galten als Beleg für eine entschlossene Widerstandsbewegung, die Informationen beschaffen und vor einem sowjetischen Angriff auf Westeuropa warnen konnte. Bei der CIA hegte man große Hoffnungen und glaubte, dass diese Bewegung Einfluss auf den Verlauf eines offenen Konflikts zwischen den USA und der Sowjetunion nehmen könnte.

Am 26. Juli 1949 segnete der Leiter der CIA-Sonderoperationen, General Willard G. Wyman, die Mission ab. Tanner sorgte für die Schulung der Gruppe in Morsecode und Waffengebrauch. Neun Monate lang wurden sie im Zielschießen und Fallschirmspringen ausgebildet. Ein serbisch-amerikanischer OSS-Veteran, der im Krieg mit dem Fallschirm über Jugoslawien abgesprungen war, brachte den beiden ukrainischen Kurieren bei, sie sollten beim Aufkommen auf dem Boden einen Salto rückwärts machen – obwohl sie einen ein Meter zwanzig langen Karabiner an die Seite geschnallt hatten. Tanner warnte jedoch vor überzogenen Erwartungen. Denn es dämmerte ihm, dass sie in den westukrainischen Wäldern kaum erfahren konnten, was Stalin plante. Aber vielleicht, so dachte er, könnten sie Papiere bekommen, Kleidungsstücke, Schuhe, Gebrauchsgegenstände aus dem sowjetischen Alltagsleben beschaffen, die benötigt wurden, um ein richtiges Spionagenetzwerk hinter den feindlichen Linien aufzubauen. Das war zwar wenig, aber Tanner versprach sich einen starken symbolischen Effekt: »Sie zeigten Stalin, dass wir nicht stillsitzen würden. Und das war wichtig, weil wir bis dahin überhaupt noch keine Operationen in seinem Land gemacht hatten.«[150]

Bei ihrer Landung wurden die Männer schon von Begrüßungskomitees des NKWD erwartet, und die Sowjets eliminierten die Agenten innerhalb kürzester Zeit. Dennoch löste die Operation in der CIA-Zentrale Euphorie aus. Dort plante Frank Wisner, der ehemalige Leiter des OSS-Büros (Office of Strategic Services) in Bukarest, weitere Männer einzuschleusen. Diese sollten organisierte Regimegegner rekrutieren, mithilfe der USA Widerstandsgruppen aufbauen, vor einem sowjetischen Militärschlag warnen, einen Bürgerkrieg initiieren und das Land »befreien«. Die CIA setzte Dutzende von Ukrainern auf dem Luft- und Landweg ab. Fast alle wurden festgenommen und getötet. Bis 1953 hatten die Sowjets den bewaffneten Widerstand in der Ukraine niedergeschlagen. Aber erst nach fünf Jahren solcher tödlichen Fehlschläge gab die CIA diese Methode auf. Frank Wisner ließ sich dennoch nicht beirren. Er initiierte weitere paramilitärische Abenteuer in ganz Osteuropa. Im Oktober 1949, vier Wochen nach dem ersten Flug in die Ukraine, versuchte er zusammen mit den Briten, Regimegegner per Schiff ins kommunistische Albanien einzuschleusen. Diejenigen, die es an Land schafften, wurden von der Geheimpolizei getötet. Die Briten, die diese Idee eigentlich vorangetrieben hatten, spotteten über den Dilettantismus der CIA. Sogar im Londoner Außenministerium beschwerte man sich über das »idiotische amerikanische Benehmen«[151].

Erst nach vielen Jahren wurde der CIA klar, dass Moskau von Anfang an über ihre Operationen im Bilde war. Die Trainingslager in Deutschland waren infiltriert. James J. Angleton, der für die Sicherheit dieser geheimen Operationen in der CIA-Zentrale verantwortlich war und die CIA vor Doppelagenten schützen sollte, hatte die Maßnahmen mit seinem engen Freund Kim Philby abgesprochen, der als Verbindungsmann des britischen Nachrichtendienstes zur CIA in Washington tätig und ein sowjetischer Spion war. Über ein Jahr lang gab Angleton die Koordinaten der Absprungzonen an Philby weiter – meist bei einem Whisky. Etwa 200 ausländische Agenten der CIA kamen so ums Leben. Als der US-Geheimdienst die Operationen nach vier Jahren einstellte, wurde Angleton zum Leiter der Spionageabwehr befördert.[152]

Die Hartnäckigkeit der US-Amerikaner bei ihren Spezialoperationen in der Ukraine steht in unmittelbarem Zusammenhang mit der »Roll-Back«-Politik ab 1948. Diese Politik zielte darauf ab, die von der Sowjetunion nach dem Zweiten Weltkrieg beherrschten Gebiete Osteuropas zu befreien. Die USA und Großbritannien wollten dafür Widerstandsbewegungen in den osteuropäischen Ländern durch Waffenlieferungen und Propaganda unterstützen sowie antikommunistische Exilanten einschmuggeln. Im Gegensatz zu den Briten beruhte das Selbstverständnis der US-Amerikaner dabei auf einem starken Sendungsbewusstsein. Wenn der Weltfriede durch die UdSSR bedroht sei, müsse man eben die Sowjetunion schwächen und aus ihrem Herrschaftsbereich zurückdrängen. In einem Policy Paper des National Security Council vom 30. März 1948 heißt es:

»Eine rein defensive Politik kann nicht als wirksames Mittel betrachtet werden, um der kommunistischen Expansion zu begegnen und den Kreml dazu zu bewegen, seine Aggressionspläne aufzugeben ... Die Vereinigten Staaten müssen eine weltweite Gegenoffensive gegen den sowjetisch geführten Weltkommunismus organisieren ... Die Vereinigten Staaten sollten ein abgestimmtes Programm zur Unterstützung von Widerstandsbewegungen im Untergrund in Ländern hinter dem Eisernen Vorhang, einschließlich der UdSSR, entwickeln und ausführen.«[153]

Dieses »Policy Paper« steht in Verbindung mit der Direktive des National Security Council NSC 10/2 vom 18. Juni 1948, durch die eine neue Abteilung der CIA für »Special Projects« geschaffen wurde. Sie bekam den Auftrag, in Friedenszeiten verdeckte Operationen durchzuführen:

»›Verdeckte Operationen‹ umfassen alle Aktivitäten, die von der Regierung gegen feindliche Staaten oder Gruppen oder zur Unterstützung von befreundeten Staaten oder Gruppen durchgeführt oder finanziert werden, aber so geplant und durchgeführt werden, dass keine Mitverantwortung einer US-Regierung beweisbar ist und dass bei einer Aufdeckung die US-Regierung glaubhaft jede Verantwortung von sich weisen kann. Insbesondere umfassen solche Operationen Propaganda; ökonomische Kriegsführung; präventive direkte Aktionen einschließlich Sabotage, Verhinderung von Anschlägen, Zerstörungen, Evakuierungsmaßnahmen; Subversion gegen feindliche Staaten, einschließlich der Unterstützung von Widerstandsbewegungen im Untergrund, Guerillakämpfern und Gruppen zur Befreiung von Flüchtlingen ...«[154]

Im Jahr 1951 gab es weitere Versuche, Unabhängigkeitsbewegungen in der Ukraine, im Baltikum und im Kaukasus anzufachen. Damit sollte die Sowjetunion von innen heraus aufgespalten werden. Die Grundidee war immer gleich: Das Machtzentrum in Moskau sollte von den Rändern her destabilisiert werden. Die Ukraine spielte dabei eine wichtige Rolle.

Tatsächlich hatten die USA seit Ende der 1940er-Jahre strategische Interessen in der Ukraine. Unmittelbar nach dem Zusammenbruch des nationalsozialistischen Regimes wurde der ukrainische nationalistische Widerstand in Form eines Partisanenkrieges fortgesetzt. Die Ukrainische Aufständische Armee (UPA), ein Ableger der Organisation Ukrainischer Nationalisten (OUN), sowie andere bewaffnete Gruppen, die während der Nazi-Herrschaft mit dem Regime kollaboriert hatten, wurden nun in den Aufmarsch des Kalten Krieges einbezogen. Das Committee of Subjugated Nations, das 1943 von den Nazis gegründet worden war, wurde 1946 als Antibolschewistischer Block der Nationen (ABN) unter US-Schirmherrschaft wieder etabliert. Damals arbeitete der US-Geheimdienst mit Mykola Lebed und der OUN zusammen. Lebed war die rechte Hand des ukrainischen Faschistenführers Stepan Bandera und setzte den Kampf für eine unabhängige Ukraine nun an der Seite der CIA fort.[155] Er war von der Gestapo in einem Trainingszentrum bei Krakau ausgebildet worden. Dort baute er die »Ukrainische Trainingseinheit« und die Sluzhba Bezpeky auf, den Auslandsgeheimdienst der OUN-B. Augenzeugenberichten zufolge befahl er dabei auch die Folter von Juden. Nach dem Krieg führte er auch im Dienst der US-Amerikaner Folterungen an Gefangenen durch.

Lebed sollte nun am Aufbau einer ukrainischen Exilregierung mitwirken. Insgesamt waren 75 Ukrainer als Führer von Widerstandszellen bei der CIA registriert. Die Überlebenden der von den Nazis gegründeten SS-Division Galizien, insgesamt 11 000 Mann, fanden in Großbritannien, Kanada und den USA eine neue Heimat – insbesondere mit Unterstützung des britischen Geheimdienstes.[156] Nach ihrer Rückkehr in die Sowjetunion gelang es der OUN/UPA, so Frank Wisner, Zehntausende Angehörige der Roten Armee und der sowjetischen Polizei zu eliminieren.[157] Die Vereinigten Staaten haben sich immer stark in der Ukraine engagiert, um die Sowjetunion zu destabilisieren.[158]

Das Projekt hatte den Codenamen »AERODYNAMIC«, und dabei ging es nicht nur um Einzeloperationen, wie ein Geheimdokument der CIA von 13. Juli 1953 zeigt: »Das Ziel von Projekt AERODYNAMIC ist es, den antisowjetischen ukrainischen Widerstand für die Zwecke eines kalten und eines heißen Krieges zu nutzen und auszubauen. Dabei werden Gruppen wie der Hohe Rat für die Befreiung der Ukraine und seine Untergrundarmee Organisation Ukrainischer Nationalisten (OUN) genutzt, ebenso wie die Auslandsvertretung des Hohen Rates ZPUHVR in Westeuropa und den Vereinigten Staaten sowie andere Organisationen wie die OUN/B.«[159] Letztere wurde nach dem ersten Buchstaben von Bandera benannt, und auch die anderen Organisationen gehörten dem faschistischen Spektrum an. Das ZPUHVR war nichts anderes als ein Ableger von CIA und MI6. Neben der US-Operation AERODYNAMIC führten auch die Briten (Operation VALUABLE) und die Franzosen (Operation MINOS) Guerillaprojekte in der Ukraine durch.[160]

Das Projekt AERODYNAMIC lief auch unter der Regierung von Richard Nixon bis 1970 weiter. Allerdings zog man es zunehmend vor, statt in den Sümpfen um Odessa oder in kalten Lagerhallen in Kiew von Manhattan aus an der Propaganda-Front zu kämpfen. Die Tarnfirma trug den Namen Prolog Research and Publishing Associates, Inc., später Prolog, und der Deckname der Operation war AETENURE.

1967 wurden die Münchner Ableger von Prolog und der nationalistischen ukrainischen Exilzeitung *Suchasnist* verschmolzen. Zusätzlich unterstützte das Münchner Büro auch die »Ukrainische Gesellschaft für Auslandsstudien«. Unter dem Decknamen LCOUTBOUND infiltrierte die CIA 1959 die Weltjugendkonferenz in Wien, um Kontakt zu jungen Ukrainern herzustellen. In den 1960er Jahren, insbesondere während des Prager Frühlings 1968, versuchte die CIA, Westbesucher dazu zu gewinnen, Propaganda-Material einzuschmuggeln. Unter dem Decknamen Operation QRDYNAMIC lief AERODYNAMIC bis in die 1980er-Jahre als Teil des Soviet East Europe Covert Action Program weiter und dehnte seine Aktivitäten von München und New York auf London, Paris und Tokio aus. Zu dieser Zeit begann QRDYNAMIC auch mit Projekten des Finanzinvestors George Soros zusammenzuarbeiten, insbesondere mit Vertretern der Helsinki Watch Group in Kiew und Moskau. Dabei kooperierte die CIA auch mit der ukrainischen Gemeinde in Kanada und bezahlte Journalisten in Schweden, der Schweiz, Australien, Israel und Österreich für ihre Artikel.[161]

Alle diese Operationen blieben jedoch erfolglos. Der Grund für das Scheitern der »Befreiungspolitik« lag im grundlegenden Irrtum des Projekts: Man war überzeugt, dass die Bevölkerung in Stalins Einflussbereich förmlich nach einem Aufstand verlangte. Doch nach den Verheerungen des Zweiten Weltkrieges war es der Mehrheit der Bevölkerung wichtiger, ihr nacktes Überleben zu sichern, anstatt sich in neue politische Abenteuer zu stürzen. Als es dann tatsächlich zu Protesten wie dem 17. Juni 1953 in der DDR, zu Revolten wie in Ungarn 1956, zu politischen Reformbestrebungen wie in der CSSR 1968 oder zu wilden Streiks wie in Polen 1970 kam, stellte sich heraus, dass die US-Amerikaner trotz vollmundiger Rhetorik sich nicht wirklich auf den Ernstfall vorbereitet hatten. Die USA sahen tatenlos zu, wie diese Freiheitsbewegungen mit Waffengewalt unterdrückt wurden. Sie scheuten die direkte Konfrontation.

Dies alles zeigt jedoch: Die CIA war im Kalten Krieg vier Jahrzehnte lang intensiv mit Untergrundarbeit in der Ukraine beschäftigt. Mit dem Beginn der Ära Gorbatschow war die große Zeit von QRDYNAMIC allerdings vorbei. Ein harter Schlag für die CIA: Sie ist eben von ihrer Gründung an nicht einfach ein Geheimdienst gewesen; sie hatte eine

Mission. Sie befand sich auf einem »Kreuzzug«,[162] und für Kreuzritter ist es das Schlimmste, wenn kein Feind mehr da ist. Diese Situation trat mit dem Zusammenbruch der Sowjetunion ein. Das Feindbild war weg, und die CIA setzte alles daran, ein neues zu schaffen. Es folgte der »Krieg gegen den Terror«, bevor sich nach der Jahrtausendwende das Interesse wieder stärker auf die Ukraine richtete. Theoretische Grundlagen bildeten die Wolfowitz-Doktrin, die besagte, dass es in Zukunft nur noch eine Weltmacht geben solle, sowie die Überlegungen von Zbigniew Brzeziński. In seinem Buch *Die einzige Weltmacht* von 1997 plädierte er dafür, die NATO schrittweise nach Osten zu erweitern, die Ukraine klar und unmissverständlich aus der russischen Einflusszone herauszulösen, Russland selbst zu einem »eurasischen Außenseiter« zu machen und es in drei separate Republiken aufzuteilen.[163]

Als 1994 der Nordatlantikrat beschloss, Polen, Ungarn und Tschechien in die NATO aufzunehmen, wurde die Ukraine der erste GUS-Staat, der sich der »Partnerschaft für den Frieden« anschloss. Dies war ein neu geschaffener Warteraum für künftige NATO-Mitgliedschaften. Zu diesem Zeitpunkt erkundeten Ölfirmen bereits die Möglichkeiten rund um das Schwarze Meer.[164] Nach der Orangenen Revolution 2004 versicherten die USA der Regierung in Kiew ihre Unterstützung bei transatlantischen Bestrebungen.[165] Im Jahr 2006 wurde bekannt, dass NATO-Instrukteure ukrainische Neonazis der Organisation UNA-UNSO in Estland in Häuserkampf- und Sabotage-Techniken ausbildeten und so den Aufbau einer paramilitärischen »Stay-Behind«-Geheimtruppe betrieben. Gleichzeitig absolvierten ukrainische Offiziere ihre Ausbildung bereits am NATO Defense College. Dies war die Zeit, in der die NATO de facto »die Ukraine annektierte«[166].

Inzwischen wurden in Washington Pläne entworfen, wie in schwachen Staaten präventiv eingegriffen und eine »Markt-Demokratie« etabliert werden kann. Teil des Drehbuchs war es, diese Staaten einer »geteilten Souveränität« zwischen »anerkannten nationalen politischen Autoritäten und einem externen Akteur« zu unterwerfen.[167] Im Kern handelt es sich dabei um eine spezifische Politik des räuberischen Neoliberalismus, bei der Demokratieförderung, Wirtschaftskrieg und die Anwendung militärischer Gewalt miteinander verbunden sind.[168] Die Ukraine stand dabei ganz oben auf der Liste.

Umgesetzt wurde diese begrenzte Souveränität in Form einer EU-Assoziation und der Östlichen Partnerschaft. Gemäß dem Vertrag von Lissabon, der 2007 beschlossen und 2009 in Kraft trat, sind die angeschlossenen Staaten verpflichtet, ihre Wirtschaft zu öffnen und ihre Sicherheitspolitik an die der NATO anzugleichen.[169] Diese inhärente sicherheitspolitische Dynamik führte dazu, dass die EU zu einem Treiber eines neuen Kalten Krieges wurde. Gemeinsam mit der NATO-Osterweiterung wurde dieser Prozess zu einer sich selbst erfüllenden Prophezeiung: Indem Russland ausgeschlossen blieb und weiter als Feind behandelt wurde, entwickelte sich Moskau genau in diese Richtung. Die NATO übernahm eine ähnliche Aufgabe wie zuvor: Russland einzudämmen. Im Ergebnis wollte die US-Regierung eine NATO-Mitgliedschaft für die Ukraine mehr als die Ukraine selbst.[170]

Als auf dem NATO-Gipfel in Bukarest im Jahr 2008 der Ukraine und Georgien die Mitgliedschaft in Aussicht gestellt wurde, geriet das »Grenzland« noch tiefer in eine Zerreißprobe. Das Land bestand aus zwei ethnischen Hauptformationen, der russischen und der ukrainischen. Daraus einen Nationalstaat zu formen, wäre ohnehin eine gigantische Aufgabe gewesen. Der Versuch, die geopolitische Ausrichtung zu ändern, führte letztendlich zu einer Spaltung und möglicherweise sogar zur Zerstörung des Landes.[171] Doch dies schien die Befürworter einer NATO-Integration nicht zu beunruhigen. Unterstaatssekretärin Victoria Nuland gab in einer Rede am 13. Dezember 2013 vor der US-Ukraine-Stiftung damit an, dass die Vereinigten Staaten seit der Unabhängigkeit der Ukraine 1991 insgesamt fünf Milliarden Dollar für politischen Einfluss investiert haben. In einem unverschlüsselten Telefonat propagierte sie einen Regimewechsel in Kiew und lieferte damit Wladimir Putin einen willkommenen Vorwand für die Besetzung und – nach einem Referendum – Eingliederung der Krim in die Russische Föderation. Die Proteste auf dem Maidan im Winter 2013/14 waren dann die willkommene Gelegenheit für einen Putsch.[172]

Am Wochenende des 13. und 14. April 2014, kurz nach dem mit westlicher Hilfe erzwungenen Regierungswechsel, weilte CIA-Direktor John Brennan in Kiew. Ihm folgten Dutzende CIA-Berater. Zusätzlich wurden 400 Söldner der Sicherheitsfirma Academi, ehemals Blackwater, für verdeckte Operationen von CIA und Pentagon eingeflogen. Der Fokus lag auf geheimdienstlicher Zusammenarbeit gegen Russland. Kurz darauf begann die sogenannte »Anti-Terror-Operation« gegen die Separatisten.[173] Aus der Korrespondenz vom 5. und 6. April zwischen Phillip Karber, dem damaligen Präsidenten der Denkfabrik Potomac Foundation in Washington, die das Regime in Kiew beriet, und General Wesley Clark, einem ehemaligen NATO-Kommandeur, geht später hervor, dass die NATO die Kräfte Kiews bereits vor den ersten Besetzungen im Donbass beraten hatte.[174] Das westliche Bündnis war also in die Kiewer Regimewechsel-Operation und die Konfrontation mit Russland von Anfang an eingebunden und sogar eine treibende Kraft.

Nach Angaben des U. S. Congressional Research Service haben die USA die Ukraine von 1991 bis 2014 mit vier Milliarden Dollar militärisch unterstützt. 2014 kamen noch einmal 2,5 Milliarden Dollar dazu sowie eine Milliarde aus dem NATO-Treuhandfonds. Doch das ist noch nicht alles. Großbritannien hat mit Kiew eine Reihe von Militärabkommen geschlossen, die unter anderem eine Investition von 1,7 Milliarden Pfund in die Stärkung der ukrainischen Marine vorsahen. Es ging um die Bewaffnung ukrainischer Schiffe mit britischen Raketen, die gemeinsame Herstellung von acht schnellen Raketenwerfern, den Bau von Marinestützpunkten am Schwarzen und am Asowschen Meer.[175] Im Jahr 2020 kam ein Zehn-Milliarden-Dollar-Plan von Erik Prince, dem Gründer von Blackwater, hinzu. Er bestand darin, durch eine Partnerschaft zwischen seinem Unternehmen Lancaster 6 und dem wichtigsten ukrainischen Geheimdienst, der wiederum von der CIA kontrolliert wird, eine Privatarmee in der Ukraine aufzubauen.[176] Dabei arbeitet Blackwater mit dem faschistischen Asow-Bataillon eng zusammen.[177] Ganz so eigennützig war die Militärhilfe jedoch nicht: Am 7. Juli 2014 konfiszierte Washington in einem weiteren Akt des Wirtschaftskrieges die ukrainischen Goldreserven und verfrachtete 40 versiegelte Boxen per Flugzeug in die USA. Insgesamt beläuft sich der inzwischen transferierte Betrag auf zwölf Milliarden Dollar.[178]

Daran verschwendete ich zunächst keinen Gedanken, als ich am Gepäckband des Flughafens von Lwiw auf meinen Koffer wartete, beim Zoll den Grenzbeamten meinen Ausweis vorlegte und durchgewinkt wurde. Doch als sich die Schiebetür zur Eingangshalle des Flughafens öffnete, fiel mir als Erstes dieses Schild ins Auge. Ein ukrainischer Soldat stand da und hielt eine Papptafel hoch. Darauf stand: »Welcome NATO«. Offenbar war dies das Empfangskomitee für eine Gruppe Militärberater. Wofür sie gebraucht werden, das weiß meine Freundin Olga. Sie kommt aus Chust und lebt schon lange in Deutschland. Ihre erste Heimat ist ein sensibles Thema für sie, und sie spricht ungern über Galizien und die Ukraine. Sie sieht, wie ihr Land durch einen sinnlosen Krieg zerrissen wird und in einem Sumpf von Korruption versinkt. Dieser Konflikt hat auch ihre Familie gespalten. Olga ist weggegangen und hat ein neues Leben in Süddeutschland angefangen. Ihr Vater hingegen hat den Weg des ukrainischen Nationalismus eingeschlagen. Er hat sich der Armee angeschlossen und arbeitet im äußersten Westen des Landes eng mit den US-Militärberatern zusammen.

Die Recherche führt zum Combat Training Center in Jaworiw, 60 Kilometer westlich von Lwiw an der Grenze zu Polen. Dort haben US-amerikanische Spezialeinheiten und Ausbilder der Nationalgarde von 2015 an bis zum Beginn des Jahres 2022 mehr als 27 000 ukrainische Soldaten ausgebildet. Das haben Mitarbeiter des Verteidigungsministeriums der *New York Times* bestätigt.[179] Auch andere NATO-Staaten waren an diesen Aktivitäten beteiligt. In den vergangenen sieben Jahren haben somit Spezialkräfte des westlichen Bündnisses tausende ukrainische Soldaten auf NATO-Standard gebracht und sukzessive bewaffnet.

Seit 2014 entfalten mehrere NATO-Staaten, allen voran die USA, Kanada und Großbritannien, eine Vielzahl militärischer Aktivitäten in der Ukraine. Dazu gehören gemeinsame Boden-, Luft- und Seemanöver. Im Jahr 2021 fanden mindestens zehn solcher Aktivitäten statt, und weitere waren für 2022 geplant. 2017 errichtete die US-Navy einen Militärhafen in Otschakow westlich der Krim – zusätzlich zum Flugplatz, den US-Militärs zusammen mit den Ukrainern bereits betrieben.[180] Am 24. März verabschiedete die Ukraine eine Militärstrategie, die die Regierung dazu verpflichtet, alle notwendigen Maßnahmen zur Wiedereingliederung der Krim und der Republiken Donezk und Luhansk zu ergreifen. Am 10. November unterzeichneten die USA und die Ukraine eine Charta zur strategischen Partnerschaft, in der es hieß, dass »die USA nie die versuchte Annexion der Krim durch Russland akzeptieren« werden.[181]

Damit ist die Ukraine schrittweise de facto zu einem NATO-Partner geworden, ohne dass dies auf dem Papier offiziell gemacht wurde. Dies verweist auf ein geheimes Netzwerk von Kommandos und Agenten, die Waffen, geheimdienstliche Informationen und Training für die ukrainischen Truppen bereitstellen. Ein Großteil dieser Aktivitäten findet auf Militärstützpunkten in Deutschland, Frankreich und Großbritannien statt. Aber auch nach Kriegsbeginn operieren CIA-Agenten, vor allem in Kiew. Zusätzlich sind Kommandos aus Großbritannien, Frankreich, Kanada und Litauen in der Ukraine aktiv. Die Zehnte Special Forces Group der US-Armee, die auch an der Ausbildung in Jaworiw beteiligt war, hat einen Planungsstab in Deutschland aufgebaut, an dem mittlerweile 20 Nationen beteiligt sind.[182]

Fasst man das alles zusammen, so wird deutlich: Die Ukraine wurde vonseiten des Westens darauf vorbereitet, einen Stellvertreterkrieg mit Russland zu führen. Dieser Krieg, bei dem die NATO aus dem Hintergrund unterstützt, wird flankiert von einem Wirtschaftskrieg und einer Propaganda-Offensive gegen Russland. Gleichzeitig sollte der Raketenschild der USA in Rumänien und Polen die Umzingelung Russlands abschließen und durch Raketen ohne Vorwarnzeiten die Erstschlagfähigkeit gewährleisten. Diese Maßnahmen entsprachen dem Streben der USA nach »Full-spectrum dominance«. US-Kriegsminister Lloyd Austin formulierte das Ziel, Russland so zu schwächen, dass das Land sich davon nicht mehr erholen kann.[183]

Doch die verdeckten Bemühungen des Westens, die Ukraine zu einem Frontstaat für eigene Interessen auszubauen, gehen noch weiter. Ausländische Kombattanten, die zum Teil freiwillig ins Land kamen oder von Sicherheitsfirmen angeheuert wurden, sollten die ukrainischen Streitkräfte verstärken. Ein Teil von ihnen wurde ebenfalls in Jaworiw ausgebildet. US-Militärberater organisierten sie in einer Art Fremdenlegion, die bis zu 2500 Söldner umfassen sollte. Doch die Hoffnung, damit den Krieg drehen zu können, erfüllte sich nicht. Russland war natürlich auch über diese Aktivitäten informiert. In der

Nacht zum 13. März 2022 haben mehrere russische Marschflugkörper den Truppenübungsplatz Jaworiw fast völlig zerstört. Augenzeugen sprechen von einer ungeheuren Feuerkraft. Ein 46-jähriger ehemaliger Polizist aus Dallas berichtete dem Sender CBS, dass seine Einheit beim Angriff auf Jaworiw die Hälfte ihrer Männer verloren habe.[184]

Auch die Aktionen westlicher Geheimdienste im Untergrund dauern an. Jacques Baud, ehemaliger Oberst des Schweizer Generalstabs und ehemaliger Angehöriger des strategischen Nachrichtendienstes, der ein guter Kenner der Verhältnisse in der Ukraine ist, vermutet, dass die Explosion Anfang August 2022 auf dem russischen Luftwaffenstützpunkt Saki auf der Krim eine Operation des ukrainischen Geheimdienstes war, unterstützt vom Westen: »Die Vorfälle auf der Krim zeigen indirekt, dass es den vom Westen im Februar behaupteten Volkswiderstand nicht gibt. Es handelt sich sehr wahrscheinlich um das Werk ukrainischer und westlicher (wahrscheinlich britischer) Geheimagenten.«[185] Er spricht von Terroroperationen hinter den feindlichen Linien, die sich auch gegen prorussische Persönlichkeiten richten, und rechnet auch die Ermordung der Journalistin Darja Dugina am 21. August 2022 in Moskau dazu. Jacques Baud widerspricht auch der offiziellen westlichen Version, dass russische Truppen für das Massaker in Butscha Anfang April 2022 verantwortlich seien. Stattdessen betrachtet er es als Ablenkungsmanöver: »Die ukrainischen Verbrechen wurden allmählich in den sozialen Netzwerken aufgedeckt, und am 27. März befürchtete Selenskyj, dass dies die Unterstützung des Westens gefährden würde. Da kam das Massaker von Butscha am 3. April, dessen Umstände nach wie vor unklar sind, gerade recht. Großbritannien, das damals den Vorsitz im UN-Sicherheitsrat innehatte, lehnte dreimal die russische Bitte ab, eine internationale Untersuchungskommission zu den Verbrechen von Butscha einzusetzen. Der ukrainische sozialistische Abgeordnete Ilja Kywa enthüllte auf Telegram, dass die Tragödie von Butscha von Spezialkräften des britischen Auslandsgeheimdienstes MI6 geplant und vom SBU durchgeführt wurde.« Damit hat auch der ukrainische Geheimdienst nach dem Abzug der Russen aus Butscha Kollaborateure gefoltert und ermordet. Die Aufnahmen des Satellitenbetreibers Maxar, einem Partner der US-Regierung, die angeblich Leichen auf den

Straßen zeigen, weisen eine um die Hälfte reduzierte Datenrate auf, was den Verdacht nährt, dass auf diese Weise eine Manipulation verschleiert wurde.[186] Dies entlastet umgekehrt aber die russische Seite nicht von schweren Kriegsverbrechen.[187]

Unabhängig von den Morden in Butscha gibt es also eine Kontinuität geheimdienstlicher Interventionen des Westens in der Ukraine seit dem Ende des Zweiten Weltkrieges. Dabei sieht der Militäranalyst Jacques Baud das grundsätzliche Problem darin, dass sowohl bei den Ukrainern als auch im Westen ein ganzheitlicher Konfliktansatz fehle. Beide hätten operative Kunst durch Brutalität ersetzt. Wenn diese Einschätzung richtig ist, betreiben westliche Geheimdienste die Verlängerung des Abschlachtens in der Ukraine und täuschen darüber vorsätzlich die Öffentlichkeit.

Dazu passt, dass die Vereinigten Staaten in der Ukraine ein Trainingsprogramm zur Kriegsführung im Untergrund organisiert haben, das faktisch eine Neuauflage der Stay-Behind-Strukturen des Kalten Krieges darstellt. Gemäß dem »Resistance Operating Concept« sollen hinter den feindlichen Linien militärische und zivile Ressourcen mobilisiert werden, um Sabotageakte und Anschläge durchzuführen: »Techniken der Guerrilla-Kriegsführung schließen traditionell Raubüberfälle, Angriffe aus dem Hinterhalt, Sabotage, Bedrohungstechniken ein, um den Bewegungsspielraum des Feindes zu begrenzen, seine Moral zu untergraben und seine materielle Stärke zu verringern.«[188] Dies legt nahe, dass es bei diesen Maßnahmen nicht um westliche Werte oder die Freiheit der Ukraine geht, sondern vielmehr darum, Russland auf ukrainischem Boden zu destabilisieren.

Dazu passt auch, dass die Vereinigten Staaten in der Ukraine Bio-Labore betreiben. Staatssekretärin Victoria Nuland räumte am 8. März 2022 im US-Senat ein, dass die USA »biologische Forschungseinrichtungen« in der Ukraine aufgebaut haben, und warnte vor der Gefahr, dass sie in die Hände der Russen fallen könnten. Interne Unterlagen zeigen, dass in diesen Einrichtungen Experimente mit Kulturen von Pest, Milzbrand, Tularämie und Cholera durchgeführt wurden. Da auf US-Seite weder das Gesundheitsministerium noch die Verbraucherschutzbehörde diese Einrichtungen finanzieren, können diese Labore als militärische Objekte angesehen werden. Sie laufen unter dem Schirm der sogenannten »Agentur für die Reduzierung von Verteidigungsbedrohungen« (DTRA). Das Budget für das laufende Programm CBEP beträgt 2,1 Milliarden Dollar. Nach Angaben des Pentagons handelte es sich ursprünglich um 46 Einrichtungen, darunter das Forschungszentrum für Seuchenbekämpfung I. I. Metschnikow in Odessa und die Einrichtung für krankheitserregende Mikroorganismen im Charkiw-Gebiet. Nach Recherchen der bulgarischen Journalistin Dilyana Gaytandzhiewa führte das Pentagon biologische Experimente mit potenziell tödlichem Ausgang an 4400 Soldaten in der Ukraine und 1000 Soldaten in Georgien durch. 2016 starben in Charkiw 20 Soldaten an der Schweinegrippe, weitere 200 wurden ins Krankenhaus eingeliefert. Dies deutet auf Forschungen zur Entwicklung rassespezifischer Biowaffen hin.[189]

Auch der ukrainische Journalist Dmitrij Wasilez sieht Anhaltspunkte für solche Forschungen. Bei seinen Recherchen stieß er zunächst auf 15 Biowaffenlabore, unter anderem in Lwiw, Charkiw, Kiew und Odessa: »Ein Biowaffenlabor der USA befand sich in Kiew direkt vor meiner Haustür, die Adresse war Donezker Str. 30. Die Hauptaufgabe war, Übertragungswege von gefährlichen Erregern zu untersuchen. Das heißt, sie haben den Einsatz solcher Erreger als biologische Waffe erforscht, denn es ging darum, die Verbreitungswege zu verbessern, um die maximale Wirkung einer solchen biologischen Waffe zu erreichen. 2004, während der Präsidentschaft von Juschtschenko, wurde dem Pentagon erlaubt, solche Biolabore zu errichten. Faktisch haben die westlichen Länder damit eine Infrastruktur für Biowaffen-Angriffe aufgebaut. Dort sammeln sie genetisches Material, das genetisch nah bei den Russen liegt, und bauen Gendatenbanken auf. Es ist klar, dass es hier um nichts Gutes für Russen und Weißrussen geht.«[190] Damit steht er nicht allein. Das russische Verteidigungsministerium listet die Biowaffenlabore in der Ukraine auf, legt ihre Finanzierung offen und sieht darin den Versuch, »eine neue Generation hochwirksamer biologischer Waffen zu schaffen, die gegen Russland, aber auch gegen Iran und China gerichtet sind«.[191] Damit werde die Genfer Konvention zum Verbot von Biowaffen von 1972 umgangen. Ziel sei es, die Immunabwehr von genetisch verwandten Menschengruppen wie Slawen zu schwächen und die Möglichkeit staatlicher

Infektionsbekämpfung zu reduzieren, um diese Länder bei künstlich ausgelösten Seuchenausbrüchen von den Medikamenten westlicher Pharmakonzerne abhängig zu machen oder gar eine gezielte Reduktion der Bevölkerung durch Epidemien zu ermöglichen.[192]

Seit dem Putsch auf dem Maidan 2014 registriert Moskau eine zunehmende antirussische Haltung der Regierung in Kiew, ein Prozess, der von den Vereinigten Staaten schon vor dem Krieg mit militärischer Ausbildung und Bewaffnung unterstützt wird. Daneben werden ukrainische Spezialkräfte seit 2015 auf einer geheimen Militärbasis im südlichen Teil der USA trainiert.[193] Auch die Briten trainieren schon lange ukrainische Truppen. Außerdem haben die Royal Marines, so Generalleutnant Robert Magowan, 350 Spezialkräfte bei »hochriskanten geheimen Operationen« in der Ukraine im Einsatz. Damit bestätigte er eine bereits vorher publizierte Information des Kremls.[194]

Doch dies ist nur das Ergebnis einer längeren Entwicklung. Dabei arbeiteten die USA mit rechtsextremen Gruppen und Neonazis in der Ukraine zusammen, mit dem Ziel, einen demokratisch gewählten, aber korrupten Präsidenten wie Wiktor Janukowytsch zu stürzen. Janukowytschs Wahl wurde im Jahr 2010 von der Organisation für Sicherheit und Zusammenarbeit (OSZE) bestätigt. Die USA unterstützten aktiv die Bildung einer antirussischen Regierung, die von rechtsextremen Gruppen beeinflusst war. Als sich die russischstämmigen Volksgruppen gegen diesen Putsch auflehnten, startete die Regierung in Kiew mit Unterstützung der USA einen Krieg gegen die eigene Bevölkerung im Donbass. Seit 2014 wurden dabei mindestens 14 000 Menschen getötet.[195] Der Krieg in der Ukraine begann also nicht erst im Februar 2022, sondern entwickelte sich aus einem Bürgerkrieg, der von der Weltöffentlichkeit lange Zeit ignoriert wurde. In diesen Krieg ist Moskau eingetreten und hat damit einen Bürgerkrieg völkerrechtswidrig internationalisiert. Diese Vorgeschichte gehört zwingend zu einem Gesamtbild. In den westlichen Medien wird dieser Kontext ausgeblendet, genauso wie die NATO-Osterweiterung, die Ablehnung der russischen Vertragsentwürfe aus dem Dezember 2021, die an NATO und USA gescheiterten Bemühungen um eine europäische Sicherheitsarchitektur und die Weigerung Kiews, das Minsker Abkommen umzusetzen.

Heute ist Lemberg kein touristisches Ziel mehr, sondern vielmehr eine Wartehalle für Flüchtlinge aus dem Kriegsgebiet oder ein Umschlagplatz für Waffenlieferungen aus NATO-Ländern, die dennoch für sich in Anspruch nehmen, nicht am Krieg beteiligt zu sein. Die Reise nach Lwiw ist eine Reise ins Herz Europas und doch eine Fahrt ins Abseits. Ich komme an in einer Stadt hinter der Front. Früher waren Reisende neugierig auf das, was von der Pracht des Fin de Siècle in unsere Gegenwart hinübergerettet wurde, eine Zeit, die die sowjetische Großstadt überstanden hat. Sie suchten, wie Karl Schlögel es ausdrückte, nach dem, »was von einer Stadt bleiben konnte, die zwischen die Fronten des europäischen Bürgerkrieges geraten war«.[196] Heute handelt es sich nicht um einen europäischen Bürgerkrieg, auch nicht, wie eine internationale Zeitschrift titelte, um einen »Krieg gegen Europa«[197]. Es handelt sich vielmehr um einen Stellvertreterkrieg zwischen Russland und den Vereinigten Staaten, auf den sich beide Seiten jahrelang vorbereitet haben.

Beide Seiten lehnen es ab, aus den Erfahrungen des Vietnamkrieges zu lernen, wo das Primat militärischer Lösungen, eine weiträumige Zerstörung des Landes und ein hoher Blutzoll in eine politische Niederlage geführt haben, die die Grenzen militärischer Mittel deutlich machte. Nach wie vor ziehen insbesondere die Vereinigten Staaten militärische Lösungen vor, um ihre strategischen Interessen durchzusetzen. Es war George H. W. Bush, der 1991 als US-Präsident den Irak angriff, nicht nur, um Kuwait zu retten, sondern auch um zu demonstrieren, dass die Vereinigten Staaten Kriege zu vertretbaren Kosten gewinnen können und somit das Vietnam-Trauma endgültig überwinden: »By God, we've kicked the Vietnam Syndrome once and for all.«[198] Die politische Elite der Vereinigten Staaten hat aus dem Vietnamkrieg nicht die Lehre gezogen, es mit Diplomatie zu versuchen. Stattdessen strebt sie danach, Soldaten, wo immer möglich, durch Technik zu ersetzen und Taktiken zu entwickeln, um die kriegerische Phase von außenpolitischen Unternehmungen kurzzuhalten. Deren Ziel ist es, Unabhängigkeitsbewegungen zu neutralisieren, die den US-amerikanischen Hegemonialanspruch herausfordern könnten. Diese Politik kann als Wolfowitz-Doktrin beschrieben werden: Neben den USA darf es keine weitere Supermacht geben. Sie führte zu einer

Reihe außenpolitischer Desaster beim Versuch, Regimewechsel und Nation-Building militärisch durchzusetzen, wie im Irakkrieg 2003, im Afghanistan-Krieg 2001 bis 2021 und in Libyen 2011. Der Stellvertreterkrieg in der Ukraine ist ein weiteres Beispiel für das außenpolitische Scheitern der Neocons – und das zu einem hohen Preis, da Europa an den Rand einer nuklearen Katastrophe gebracht wurde. All dies wollen die politischen Eliten in Deutschland nicht hören, aber die US-amerikanischen Neokonservativen tragen Mitverantwortung für den Ukraine-Krieg.[199] Alles läuft darauf hinaus, die Spannungen in der Ukraine maximal zu eskalieren, den Krieg zu verlängern, große Teile des Landes zu zerstören und die Zahl der Toten steigen zu lassen, um einen geopolitischen Vorteil zu erlangen und den Preis für Russland nach oben zu treiben.

In dieser erweiterten Perspektive geht es darum, Moskau zu schwächen und US-amerikanischen Hegemonialinteressen nachhaltig unterzuordnen. Ohne den russischen Angriff auf die Ukraine wäre eine Verschärfung der Sanktionen und des Wirtschaftskrieges nicht möglich gewesen. Diese Sanktionen gegen die russische Zentralbank und russische Produkte wie Gas und Öl schaden auch dem Westen. Die USA haben laut Joe Lauria, Chefredakteur von *Consortium News*, mithilfe der ukrainischen Regierung Moskau in eine Zwickmühle gebracht: »Ich denke, dass die USA Russland eine Falle gestellt haben, in die es hineingetappt ist, nämlich eine Offensive im Donbass anzuzetteln. Russland musste sich entscheiden, ob es eingreifen oder die ethnischen Russen der ukrainischen Regierung überlassen sollte.«[200] Auch Robert Wade, Professor an der London School of Economics, und der Militäranalyst Jacques Baud betonen, dass »die Vereinigten Staaten seit Langem einen Weg gesucht haben, einen russischen Angriff auf die Ukraine zu provozieren ... Aber die Umsetzung ist mehr eine Frage des Glaubens und der Trugbilder als eine der Strategie.«[201]

Fälle dieser Art sind in der US-Außenpolitik nicht neu. Bereits in Afghanistan hat sich diese Strategie bewährt. In einem Interview mit der Zeitschrift *Le Nouvel Observateur* erklärte der langjährige US-Sicherheitsberater Zbigniew Brzeziński, dass die geheime Waffenhilfe der CIA für die antikommunistischen Mudschaheddin schon vor dem sowjetischen Einmarsch am 24. Dezember 1979 begonnen habe. Bereits am 3. Juli 1979 habe Präsident Jimmy Carter eine entsprechende Direktive unterschrieben. Damit habe man zwar die sowjetische Intervention nicht herbeigeführt, aber man habe so die Wahrscheinlichkeit beträchtlich erhöht: »Diese Operation war eine ausgezeichnete Idee. Sie hat dazu geführt, die Sowjets in die afghanische Falle laufen zu lassen.«[202]

Der Verdacht liegt nahe, dass in der Ukraine ein sehr erfolgreiches geheimdienstliches Manöver wiederholt wurde. Das Ganze soll nebenbei auch eine Warnung an China sein: Jeder, der versucht, den Status quo zu seinen Gunsten zu verändern, muss damit rechnen, dass Washington ebenfalls militärische Maßnahmen ergreift. Die diplomatische Strategie der von den USA geführten NATO lief schon vor 2022 eher darauf hinaus, einen Krieg herbeizuführen, anstatt einen Krieg zu vermeiden, um gegen den Willen von Russland und China eine fragile unipolare geopolitische Ordnung aufrechtzuerhalten.

Mit ihren Umsturzversuchen in der Ukraine haben die Vereinigten Staaten in ein Wespennest gestochen und die Welt an den Rand eines Atomkrieges gebracht. Auch in der Ukraine spielen Thinktanks in Washington, US-amerikanische Waffenlobbyisten und hochrangige Bürokraten im außenpolitischen Establishment ein gefährliches Spiel – nicht für sich selbst, sondern für andere. Die komplexen ethnischen, kulturellen und politischen Entwicklungen zwischen Donezk-Becken und den Karpaten verschwinden dabei hinter wohlklingenden Phrasen wie »Regimewechsel«, »humanitärer Intervention« oder »Selbstbestimmungsrecht der Völker«. Dazu haben die Vereinigten Staaten offen und verdeckt mit oppositionellen Gruppen kooperiert. Unter den Washingtoner Waffenlobbyisten knallten die Sektkorken: Die zu erwartende Aufrüstung der Ukraine versprach gute Geschäfte.[203]

Es ist nicht das erste Mal, dass insbesondere die US-Geheimdienste in der Ukraine auf dem schmalen Grat zwischen begrenzter Regime-Change-Operation und einem nuklearen Desaster balancieren. Dies mag den politischen Eliten in Warschau, Tallinn oder Riga nützen, die aus guten geografischen und historischen Gründen Moskau zutiefst misstrauen und den großen Bruder USA vor ihren Karren spannen wollen. Aber es hat dafür gesorgt, dass die russischen Atomraketen wieder stärker auf Washington, Berlin und London zielen als auf Islamabad oder Peking. All dies fehlt in der Berichterstattung der Leitmedien, von der ersten Phase der Invasion bis heute. Denn die kommerziellen und öffentlich-rechtlichen Medien in Europa und den USA, vor allem aber in Deutschland, stützen sich fast ausschließlich auf US-Beamte, regierungsamtliche Stellen oder ukrainische Vertreter. Die Öffentlichkeit hat also kein umfassendes Lagebild. Dabei wird ein wichtiger Grundsatz des Journalismus ausgeblendet: Auch die andere Seite muss gehört werden. Dazu wäre es zwingend, auf beiden Seiten Quellen zu haben. Aber die meisten westlichen Medien haben mit Beginn des Bürgerkrieges im Donbass ihre Korrespondenten abgezogen.

Durch die letzte Tür vor der Nacht kriecht das Grauen herein. In der Dunkelheit wird das Entsetzen Olgas heimlicher Begleiter, die Angst durchschneidet ihre Lebenslinie. Seit 2014 lebt die Familie in getrennten Welten diesseits und jenseits der Front. Dort drüben auf der Krim sieht sie ihren Cousin, und sosehr sie ihm im Traum die Hand entgegenstreckt, immer weiter strebt er fort von ihr. Seine Familie in Chust kann er nicht mehr besuchen, da er fürchtet, vom Geheimdienst verhaftet zu werden – niemand weiß, was dann geschehen würde. Der Vater verdient sein Geld bei der Armee und ist dem Nationalismus verfallen. Sie hat es aufgegeben, ihn zu warnen, wohin das führt, hängt doch sein Gehalt davon ab, dass er es nicht versteht. Wo immer sie hingeht, verfolgt sie ein Beben, und ein Riss durch die Erde folgt ihr auf dem Fuß. Die Angst treibt sie vorwärts zu ihrer Schwester nach Helsinki, doch die Erschöpfung lässt sie wieder zurücksinken in sprachloses Entsetzen. So frisst sich der Krieg wie ein Wundbrand in ihre Seele: Zu Hause dort und hier in Deutschland, und doch in beiden Welten obdachlos – ohne Halt, nirgends.

4.2. Dolyna: Von der Hand in den Mund

Wer ein Auto hat, arbeitet meist als Fahrer. In einem riesigen Flächenstaat, der fast doppelt so groß ist wie Deutschland, ist Transport ein Problem. Wer sich ein Auto leisten kann, bringt andere zum Ministerium in Kiew, zur Baustelle in Odessa oder liefert Ersatzteile und

Computer nach Dnipro. Fahrtkosten und etwas auf die Hand, eine Flasche Wodka dazu, die meisten hier sind auf einen Zuverdienst angewiesen. Auch Wasja.

Mit seinem alten Sprinter holt mich Wasja am Flughafen in Lwiw ab. Den Wagen hat er zu einer Art Wohnmobil für sechs Personen ausgebaut. Wasja stellt Bautrupps zusammen, manchmal sechs Mann, mit denen er bis nach Moskau oder Frankfurt am Main fährt, wo sie als Schwarzarbeiter Gebäude hochziehen. In einem Vorort der russischen Hauptstadt haben sie einen Supermarkt gebaut. Das Gebäude ist fertig, so Wasja, doch der Bauträger ist angeblich bankrott, und so hat ihn ein Halsabschneider um den Lohn betrogen. Jetzt steht Wasja vor einem Problem: Es geht um 25 000 Dollar, und Wasja braucht das Geld, er muss seinen Bautrupp ausbezahlen. Doch einklagen kann er den Lohn nicht – alles ist illegal. Alles wird am Handy vereinbart und auf der Baustelle per Handschlag besiegelt, dann geht es los.

Wir fahren von Lwiw nach Chust, und unterwegs streitet sich Wasja auf Russisch mit dem Kerl in Moskau, der nicht zahlen will oder nicht zahlen kann. Der Ton bleibt freundlich, aber das Gezerre ist deutlich spürbar, selbst für meine Ohren: »Du willst doch beim nächsten Mal wieder gute Leute haben!« »Ja klar, aber ich habe doch gesagt, ich habe kein Geld!« »So gute Leute für einen so guten Preis findest du nicht wieder!« »Ja, mal sehen, vielleicht bekomme ich diese Woche noch eine Summe rein, dann gebe ich dir die Hälfte!« »Die Hälfte, das ist doch ein Witz, das kann nur ein Vorschuss sein!« »Die Hälfte ist besser als gar nichts!« »Ich brauche die ganze Summe, die wir vereinbart haben!« »Wozu denn, die Hälfte ist auch gutes Geld!« »Ich muss meine Leute ausbezahlen, fünf Mann! Fünf Mann, die gute Arbeit gemacht haben!« »Dann gib ihnen einen Vorschuss!« »Die drehen mir den Hals um. Du weißt, wie das ist!« Sie beenden das Gespräch ergebnislos. Aber Wasja nimmt es wie ein unabänderliches Schicksal. Hier, zwischen Lwiw und Czernowitz, zwischen Moskau und Chust, zwischen Charkiw und Frankfurt, ist alles schwierig. Das Leben ist eine Kette von Pannen, Krisen und Katastrophen. Es macht keinen Sinn, sich aufzuregen. Das kostet Kraft, die man beim nächsten Ärger braucht.

Wasja jagt mit fast 100 Sachen über eine Schotterpiste. Die Steine sind einfach auf den Erdboden geschüttet. Sie haben genauso viele

Senken und Löcher und Kurven wie das Land darunter. Er überholt auf einer zweispurigen Strecke bei Gegenverkehr, lacht über das laute Gehupe der entgegenkommenden Lkw, schaut sich dabei auf dem Smartphone eine Fernsehshow mit Selenskyj an und diskutiert mit mir auf Russisch, Ukrainisch, Deutsch und Englisch. Dann ein hartes Bremsmanöver vor einem unüberwindlichen Schlagloch: Das Lenkrad hart links, dann hart rechts, dann wieder Gas und wieder im Gegenverkehr Selenskyjs Show auf dem Smartphone. Ich schicke Stoßgebete gen Himmel. Aber was tun in der einbrechenden Dämmerung auf der Landstraße von Lwiw Richtung Süden, das Ziel noch fast 200 Kilometer entfernt? 200 Kilometer sind in dieser Gegend oft vier bis fünf Stunden Fahrt mit Umleitungen, Schlaglochpisten, zerbrochenem Asphalt, Fahrbahnverengungen, Staus und waghalsigen Überholmanövern. So brausen wir in die Nacht am Rand der Karpaten.

Am Kreisel in Dolyna nehmen wir die erste Ausfahrt und lassen Iwano-Frankiwsk links liegen, eine Stadt, die nach einem Dichter benannt ist – wo gibt es das schon in Deutschland? Ein Schriftsteller zumal, der auch ein Dichter der Arbeiterklasse war. In seiner Erzählung *Borislaw lacht* geht es um die miserablen Arbeitsbedingungen auf den Ölfeldern im Königreich Galizien und Lodomorien in der zweiten Hälfte des 19. Jahrhunderts. Die einen hungern und schuften, um ihre Familien zu ernähren, sind ständig von Arbeitslosigkeit bedroht, werden täglich von den Wachen gedemütigt, machen Überstunden und müssen Strafen zahlen. Die anderen schwelgen im Luxus und freuen sich über Arbeitslosigkeit, Missernten und Hunger, denn dies senkt den Preis der Ware Arbeitskraft. Die Unternehmer wollen den Markt beherrschen, Monopole bilden, expandieren, neue Märkte erobern, die Profite steigern. Iwan Franko geht in seinem Roman *Germinal* viel weiter als Émile Zola. Er zeigt nicht nur den unterdrückten, ohnmächtigen Arbeiter, der zum Leiden verdammt ist, sondern den Menschen in seiner Würde. Im Jahr 1881 erschienen – und dennoch hochaktuell.

»Wie viel«, fragt Wasja, »verdient ein Deutscher auf dem Bau?« »Ich schätze um die 20 Euro in der Stunde. Vielleicht etwas mehr.« »Uns geben sie 15, wenn es hochkommt, schwarz natürlich, angemeldet sind wir nicht.« »Was, wenn du mal von der Leiter fällst?« »Das ist nicht so schlimm wie der deutsche Zoll.« »Wieso?« »Der kontrolliert auf den Baustellen und schickt uns wieder zurück, wenn wir keine Arbeitserlaubnis haben. Und die haben wir nicht.« »Und wenn dir was passiert?« Er lacht es weg. Wasja lebt davon, dass er illegal in ganz Europa arbeitet. Das ist gutes Geld in der Ukraine. Davon hat er ein Haus gekauft und baut es aus. Mit dem Verdienst hat er auch seine Hochzeit bezahlt. Während der Fahrt zeigt Wasja immer wieder Bilder von der Feier, die er stolz bei sich trägt. Es war ein großes Fest, aber auch nicht billig. Wasja erzählt, dass hier alle Fahrer sind, solche, die es sich leisten können, ein Auto zu besitzen. Es ist die beste Möglichkeit, Geld zu verdienen: Import – Export. Das Auto ermöglicht es einem, im Ausland zu arbeiten. Ob in Rostow am Don, Moskau, Düsseldorf oder München – immer illegal, immer mit einem gewissen Risiko. Oder man heuert ein paar Leute an, die sich kein Auto leisten können, und fährt diese Gruppe illegaler Leiharbeiter irgendwohin, wo sie irgendeine Arbeit verrichten, um irgendwie zu Geld zu kommen.

Wasja gehört zu den drei Millionen Ukrainern, die als Arbeitsmigranten mehrmals im Jahr ins Ausland pendeln. Dazu kommen noch einmal zwei Millionen Ukrainerinnen und Ukrainer, die dauerhaft im Ausland arbeiten. Bereits bis Ende der 1990er Jahre wanderten mehrere Hunderttausend Ukrainer nach Russland aus. Dort waren damals zwar die Löhne auch nicht viel höher, aber die Verwestlichung des Lebensstils und die Verteuerung der Lebenshaltungskosten für Nahrung, Mieten, Gesundheit und staatliche Dienstleistungen schlugen nicht so durch. Vor Kriegsbeginn arbeiteten allein zwei Millionen Ukrainer in Polen – als Putzhilfen, Maurer, Lkw-Fahrer, Haushaltshilfen, Kellner, Altenbetreuer, also vor allem in schlecht bezahlten Jobs. In Polen blühen auch die Geschäfte der Vermittlungsagenturen, die Ukrainer als polnische Staatsangehörige deklarieren und sie als häusliche Pflegekräfte in die Schweiz und nach Deutschland vermitteln. Dort erhalten sie den örtlichen Mindestlohn für eine 40-Stunden-Woche. Doch in der Realität, so steht es im Vertrag mit der polnischen Agentur, müssen Pflegekräfte 24 Stunden in Bereitschaft sein.

In Frankfurt wird Wasja bezahlt nach dem Mindestlohn am Bau, das waren 2021 für Ungelernte 12,85 Euro. Doch oft vereinbart er auch eine Pauschale für seinen Bautrupp, die deutlich niedriger ist. Wie beim Bau des Supermarktes bei Moskau ist dann er dafür verantwortlich, dass die Leistung in der vorgesehenen Zeit erbracht wird. Ist der Zeitplan zu eng, holt Wasjas Team die Arbeit mit unbezahlten Überstunden oder Schichten am Wochenende auf. Am Ende bezahlt Wasja seine Leute aus – abzüglich einer Summe für Transfer, Sprit und Übernachtung im Sprinter. Hunderttausende Ukrainer verdingen sich dauerhaft als Pendler oder Zeitarbeiter in Rumänien, Ungarn, der Slowakei und Tschechien, wo sie für Mindestlöhne zwischen 3,10 Euro und 3,76 Euro arbeiten. Häufig werden sie noch ein bisschen unter dieses Niveau gedrückt. Studierende aus der Ukraine arbeiten oft als Saisonkräfte und Erntehelfer in der EU-Landwirtschaft. Oft reisen sie mit gefälschten Immatrikulationspapieren ein. Eine Studie der Friedrich-Ebert-Stiftung ergab, dass weder in der Ukraine noch in Deutschland kontrolliert wird.[204]

Für viele ukrainische Fahrer wie Wasja ist Litauen die europäische Speditionszentrale. Mithilfe von künstlicher Intelligenz werden billige Lkw-Fahrer aus Nicht-EU-Staaten wie der Ukraine oder Moldau quer durch Europa gelenkt. Sie brauchen keine Sprachkenntnisse; sie erhalten ihre Anweisungen über Smartphones und Navigationsgeräte. Mit Beginn des Krieges fehlten in Litauen und Polen plötzlich mehr als 100 000 LKW-Fahrer aus der Ukraine –- sie durften wegen des Militärdienstes nicht mehr ausreisen.[205]

Die Bezahlung solcher Jobs ist immer noch viel besser als in ihrer Heimat, wo der Mindestlohn bei der ersten Einführung 2015 ganze 34 Cent pro Stunde betrug. Bis 2021 wurde er dreimal erhöht und lag bei 1,21 Euro. Allerdings erfolgt beispielsweise in der Textil- und Lederindustrie bei einem Drittel der meist weiblichen Beschäftigten ein erheblicher Teil der Bezahlung durch erzwungene und unbezahlte Überstunden. Auch die Bezahlung nach Stücklohn ist weitverbreitet: Wer die für eine Stunde vorgesehene Stückzahl nicht schafft, muss unbezahlt nacharbeiten. Wenn keine Aufträge reinkommen, wird unbezahlter Urlaub angeordnet. Der gesetzlich zustehende Jahresurlaub wird oft nicht gewährt oder nicht bezahlt. Die Betriebsleitungen verhindern häufig die Wahl von Belegschaftsvertretungen. Trotz des Mindestlohns lagen die Menschen weit unterhalb des offiziellen

Existenzminimums. Im Jahr 2017 betrug dieses Existenzminimum lediglich 166 Euro.[206]

Mit der Erhöhung des Mindestlohnes hat die Regierung Selenskyj aber gleichzeitig die Gewerkschaften weiter geschwächt. Das Arbeitszeitgesetz vom Dezember 2019 erlaubt beispielsweise Null-Stunden-Arbeitsverträge. Unternehmer können kurzfristig Beschäftigte ins Werk holen, wenn Arbeit anfällt. Das ist faktisch Arbeit auf Abruf. Liegt keine Arbeit an, gibt es auch keinen Lohn. Darüber hinaus müssen Entlassungen nicht mehr begründet werden. Die individuelle »Aushandlung« von Arbeitsverträgen wird gefördert, was bei hoher Arbeitslosigkeit alternativlose Niedriglohn-Angebote bedeutet. Gewerkschaften sollen enteignet, Grundstücke und Vermögen aus sowjetischer Zeit eingezogen werden. Hunderttausende Ukrainer haben dagegen protestiert. Die Internationale Gewerkschafts-Föderation und die Europäische Gewerkschafts-Föderation wiesen in einem Brief darauf hin, dass dieses Gesetz nicht nur alle Arbeitsrechte der UN und der Internationalen Arbeitsorganisation (ILO) verletzt, sondern auch die niedrigen EU-Standards. Kaum ein westliches Medium hat darüber berichtet. Profiteure sind wiederum westliche Konzerne, die Teile ihrer Fertigung in die Ukraine ausgelagert haben.

»Da, schau«, sagt Wasja, »das ist mein Haus, mein Garten, mein Dach. Ich habe es selbst gedeckt. Das Haus habe ich mit Freunden selbst gebaut, Stein für Stein!« Er überholt auf Schotter einen Sattelzug und zeigt mir, eine Hand am Lenkrad, mit der anderen ein Foto. Es ist ein schönes Haus am Rande der Karpaten. Im Hintergrund erstrecken sich bewaldete Hügel, davor ein Zaun aus Holz am Dorfrand. An der Vorderseite fehlt noch der Verputz. »Das Dach ist drauf«, fährt Wasja fort, »im Winter ist es warm für die Familie. Und der Außenputz kommt dran, so wie ich Zeit habe. Wenn ich mal zu Hause bin zwischen all den Touren!« Wasja baut mit dem Geld, das er als Schwerstarbeiter in der Fremde macht, und so profitiert auch die Heimat davon. Überall in Galizien stehen schmucke Einfamilienhäuser, für die Rubel, Euro oder Pfund aus Russland, Großbritannien oder der EU überwiesen wurden. Doch der außerhalb der Region erwirtschaftete Wohlstand hat einen hohen Preis. Viele Familien sind zerrissen, weil Väter oder Mütter im Ausland arbeiten. Der einzige Ausweg aus der ländlichen Armut liegt in der Schwarzarbeit jenseits der Grenzen. Arbeitsmigration bedeutet, dass die gut Ausgebildeten und Leistungsfähigen abwandern, die Alten und Kranken bleiben zurück. Die Kinder wachsen bei ihren Großeltern auf, die Eltern kommen nur noch alle paar Wochen nach Hause. In Polen gibt es ein Wort dafür: Sie heißen »Eurosieroty«, »Eurowaisen«.[207]

Die 37-jährige Natalia hat Buchhalterin gelernt. Im Jahr 2021 wurde sie Mutter. Seit sechs Jahren arbeitet sie als Fotoredakteurin bei einer Zeitschrift. Sie hält es nicht länger in der Ukraine: »Unser Land geht in die falsche Richtung. Die Preise steigen, die Währung hat die Hälfte ihres Werts verloren, viele bekommen ihre Gehälter verspätet ausgezahlt. Wie soll man da leben? Jetzt haben wir Dezember, und ich habe gerade mein Septembergehalt bekommen.« Unter diesen Umständen kann sie sich beruflich nicht entwickeln, geschweige denn ihrem Kind eine Zukunft sichern: »Man kann gerade mal überleben. Auch wenn ich einen Mann hätte, meine soziale Absicherung wäre kaum besser. Schauen Sie, ich verdiene 4 000 Hrywna, das sind 500 Dollar. Eine Ein-Zimmer-Wohnung in Kiew kostet 300 Dollar, die Nebenkosten machen 100 Dollar. Gut, es gibt jetzt zwei Jahre lang pro Monat 100 Dollar Kindergeld. Aber für 200 Dollar mit Kind einen Monat leben?«[208]

In der Ukraine gibt es etwa 2 800 registrierte Textilunternehmen. Die Zahl der nicht registrierten Kleinunternehmen ist geschätzt ebenso hoch. Damit hat die Schattenwirtschaft seit Jahren vor allem in kleineren Städten und Dörfern ihr Netz über das Land geworfen. Diese Kleinunternehmen sind oft nur Zulieferer für international vernetzte Billigproduzenten in den benachbarten EU-Ländern Polen, Rumänien und Ungarn. So gehen 41 Prozent der Schuhproduktion als Halbfertigware für Hungerlohn aus der Ukraine in die Fabriken Rumäniens, Ungarns oder Italiens, wo sie dann im Niedriglohnbereich das begehrte Etikett »Made in EU« bekommen. Die Mehrheit der etwa 220 000 Textilbeschäftigten sind ältere Frauen, die sich mit Subsistenzwirtschaft über Wasser halten. Sie haben einen eigenen Garten, eine Ziege oder einen Hühnerstall und versorgen sich teilweise selbst. Ihre eigenen Kleider kaufen sie aus Second-Hand-Importen aus der EU, der Schweiz oder den USA. Sie können sich nur die fast kostenlosen Wegwerftextilien aus den reicheren Ländern leisten. Tatsächlich führt die Ukraine mehr Textilien ein, als sie ausführt. Auch dies ist Teil einer europäisch-ukrainischen Armutskette. Die großen Bekleidungsketten wie Adidas, C&A, Hugo Boss, Marks & Spencer, Esprit, Zara und Mexx leben von der menschenrechtswidrigen Ausbeutung in der Ukraine. »Hier in den reichen EU-Staaten sitzen die wichtigsten Akteure der Korruption«, so Werner Rügemer. »Klammheimlich begrüßen sie freudig die nicht vorhandene bzw. komplizenhafte Arbeitsaufsicht des ukrainischen Staates, und die EU deckt das systematische Arbeitsunrecht ebenfalls, mit rituell-heuchlerischer und folgenloser Anmahnung der Korruption in der Ukraine.«[209]

Die Ukraine war einst ein Zentrum industrieller Produktion in der Sowjetunion. Nach der Unabhängigkeit rissen sich Oligarchen die Firmen unter den Nagel, sicherten sich hohe Gewinne und investierten wenig bis gar nichts. Für westliche Unternehmen standen Millionen gut ausgebildeter Arbeitnehmerinnen und Arbeitnehmer zu Niedrigstlöhnen bereit. Tausende Unternehmen aus der Europäischen Union und den Vereinigten Staaten vergaben Zulieferaufträge. Zu den etwa 2 000 deutschen Firmen gehören Pharmakonzerne wie Bayer, BASF, Henkel, Ratiopharm und Wella. Automobilunternehmen wie Porsche, VW, BMW, Schaeffler, Bosch und Leoni lassen einfachere Teile wie beispielsweise Kabelbäume fertigen. ArcelorMittal, Siemens, Demag, Vaillant und Viessmann unterhalten Montage- und Verkaufsfilialen. Diese Unternehmen zahlen Stundenlöhne von zwei bis drei Euro und liegen damit deutlich über dem örtlichen Mindestlohn, aber produzieren zu günstigeren Lohnkosten als in den angrenzenden EU-Staaten.

Deshalb sind die ukrainischen Standorte eng mit jenen in der EU verbunden – aber auch mit Filialen in den noch ärmeren Nachbarstaaten Moldau, Georgien und Armenien, wo die Löhne noch niedriger sind. So wird die Ukraine zu einer Drehscheibe für die Ausnutzung von Lohn- und Standortvorteilen im Rahmen der EU-Strategie »Östliche Nachbarschaft«. Jedoch hat dies nicht zu einer positiven wirtschaftlichen Entwicklung geführt, ganz im Gegenteil. Die Ukraine ist volkswirtschaftlich verarmt, und die Mehrheit der Bevölkerung wurde ärmer und kränker. Die Folge ist eine massenhafte Arbeitsmigration. Die Ukraine, so Olga Galina und Oleksii Pozniak, »gilt als Lieferantin billiger Arbeitskräfte in die EU-Länder«.[210]

Auch deshalb schrumpft die Bevölkerung der Ukraine. Von 52 Millionen im Jahr 1992 ging die Zahl der Ukrainer auf knapp 37 Millionen im Jahr 2020 zurück. Dazu kommen noch einmal ungefähr drei Millionen Einwohner im Donbass, in Luhansk und auf der Krim. Die Abwanderung geht weiter, und eine Zu- oder Rückwanderung, die diese Entwicklung ausgleichen könnte, existiert nicht. Nach dem Ende des Kommunismus stieg in den Nachbarländern Polen, Ungarn und Tschechien die Lebenserwartung, sie konnten sich wirtschaftlich stabilisieren. Doch in der Ukraine und Russland sank die Lebenserwartung. Seit Mitte der 1970er-Jahre liegt sie zwischen 67 und 72 Jahren: Wer Arbeit hatte, schuftete bis zur totalen Erschöpfung, und wer keine hatte, rettete sich in den Alkohol. Durch den Krieg beschleunigte sich der Schrumpfungsprozess dramatisch: Bis September 2022 verließen mehr als 6,5 Millionen Menschen das Land.

Nach wie vor ist die Ukraine gemessen am Bruttosozialprodukt das ärmste Land Europas. Ihre Wirtschaftskraft lag 2020 bei etwa 3700 Dollar pro Kopf – ein vergleichbares Niveau erreichen der Hungerstaat Sri Lanka, das Bürgerkriegsland Libyen und die Drogenwirtschaft von El Salvador. Das Bruttoinlandsprodukt der Ukraine von 155 Milliarden Dollar entspricht dem von Berlin. Doch die deutsche Hauptstadt hat weniger als ein Zehntel der Einwohner. Gemessen an der deutschen Wirtschaftskraft ist die Ukraine ein Land der sogenannten Dritten Welt. Der Abstand zur Bundesrepublik ist so gewaltig, dass der heutige deutsche Lebensstandard für die meisten Ukrainer ein unerfüllbarer Traum bleiben wird – es sei denn, sie wandern aus.[211] Wegen der miserablen Einkommen verzeichnet die Westukraine eine der höchsten Abwanderungsraten Europas, ähnlich wie bereits gegen Ende des 19. Jahrhunderts unter habsburgischer Herrschaft. Ein Blick auf die regionalen Ungleichgewichte lohnt sich. Denn entgegen einer eurozentrischen Perspektive liegen die ärmeren Regionen in der Ukraine im Westen. Das Geld wird in Kiew, im Donbass oder in Odessa verdient. Das Wohlstandsgefälle von der Hauptstadt zu den ländlichen Regionen wie Chust ist noch einmal stärker als in Polen, Ungarn oder der Slowakei. Die Landbevölkerung lebt immer noch auf dem Niveau eines Entwicklungslandes. Bereits 1888 verglich der polnische Ökonom und Ingenieur Stanisław Szczepanowski

Galizien mit Irland, Bengalen und China. Die »Galizische Not« betraf alle Lebensbereiche: »Ich habe zunächst das Bild der Galizischen Not ausgehend von der wirtschaftlichen Misere gezeichnet. Aber dieses abscheuliche Bild materiellen Elends, der Fäulnis, Verdorbenheit und Korruption ist nur ein Spiegelbild der furchtbaren moralischen Verkommenheit.«[212]

In der Ukraine ist die volkswirtschaftliche Transformation nach dem Zusammenbruch der Sowjetunion vollständig gescheitert. Im Gegensatz dazu kam es in den Nachbarländern seit Ende der 1990er-Jahre zu einer vergleichsweise dynamischen Entwicklung. Auch Russland konnte seine Wirtschaftskraft pro Einwohner vervielfachen. Die Ukraine hingegen blieb bereits in den 1990er Jahren zurück. Nach der Jahrtausendwende kam selbst der verlangsamte Fortschritt zum Erliegen, und Mitte der 2000er Jahre stagnierte die Volkswirtschaft auf niedrigem Niveau. Zeitweise hohe Wachstumsraten glichen gerade einmal die wiederholten massiven wirtschaftlichen Einbrüche aus. Dies schlägt sich auch in der Lohnentwicklung nieder. Der durchschnittliche Bruttolohn schwankt seit 2009 zwischen 200 und 350 Euro monatlich. Das macht den Alltag für die Mehrheit der Ukrainer zu einem Überlebenskampf auf niedrigem Niveau. Die Ukraine ist das Armenhaus Europas.

Morgen muss Wasja nach Kiew fahren, das sind je nach Route von Chust aus fast 800 Kilometer. Sein dreijähriger Sohn hat eine Fehlstellung der Füße und muss in einer Spezialklinik behandelt werden. Nur in der Hauptstadt kann er operiert werden. Er will seinen Sohn wieder mitnehmen, deshalb plant er für drei bis vier Tage in Kiew zu bleiben. Vielleicht kommt Wasja bei Bekannten unter, mal sehen. Wenn das nicht geht, es ist Ende September, es ist noch warm, dann schläft er im Auto. Dafür hat er den Sprinter ausgebaut, das macht er immer so, überall zwischen Moskau und Frankfurt.

Auch im Gesundheitswesen der Ukraine existiert der Sozialstaat nur auf dem Papier. Obwohl es noch staatliche Krankenhäuser gibt, müssen die Patienten oft Spritzen und Medikamente selbst mitbringen und für aufwendige Behandlungen Hunderte Dollar oder Euro aus eigener Tasche zahlen. Wer dieses Geld nicht hat, erhält nur eine Notversorgung oder ist den Launen der Ärzte und miserabel bezahlten

Krankenschwestern ausgeliefert. Auch Wasja muss für die Operation Geld unter der Hand zahlen. Sie wird mehr als tausend Euro kosten, wie viel genau wollte er nicht verraten. Das Thema belastet ihn, und er versucht, es mit einem Lachen abzutun: »Es wird schon alles gutgehen!« Während sich die Armen kaum zu helfen wissen, kann sich Wasja eine bessere Versorgung leisten, weil er sich zu Tode schuftet.

Vor allem zwei Faktoren treiben den wirtschaftlichen Niedergang an: die Hochrüstung und die endemische Korruption. Die staatlichen Strukturen sind schwach, und die staatliche Regulierung ist wenig effektiv. Rechtsstaatliche Verfahren werden oft nicht eingehalten. Korruption ist im Alltag fest verankert. Wie Oligarchen zu Reichtum kommen, zeigt das Beispiel des einst prominenten und politisch einflussreichen Dmytro Firtasch. Sein Vermögen wurde 2014 auf etwa zehn Milliarden Dollar geschätzt und beruht auf einem bestechend schlichten Geschäftsmodell. Firtasch gelang es, seine Firma RosUkrEnergo als Zwischenhändler zwischen dem russischen Gazprom und dem ukrainischen Gasmonopolisten Naftogaz zu etablieren. Naftogaz verkaufte das staatlich subventionierte Gas direkt oder über Tochterfirmen an Industrie und Endverbraucher in der Ukraine. Firtasch erhielt als Zwischenhändler hohe Provisionen – ein glänzendes Geschäft auf Kosten der Steuerzahler. Der Westen machte sich dabei zum Komplizen. Denn RosUkrEnergo hat seinen Firmensitz in der Schweiz, in Wien unterhielt Firtasch seine Holdinggesellschaft DF Group. Statt diese Form der Wirtschaftskriminalität zu verfolgen, rollten europäische Regierungen und Behörden Firtasch als großzügigem Sponsor zum Beispiel der Cambridge University viele Jahre den roten Teppich aus. Im Jahr 2014 endete Firtaschs Geschäftsmodell abrupt: Auf Geheiß des FBI wurde er in Wien festgenommen. Ihm wurden Bestechung und die Bildung einer kriminellen Vereinigung zur Last gelegt.[213] Firtasch selbst sieht in seiner Festnahme eine politisch motivierte Aktion der US-Behörden; er galt als Unterstützer des während des Euromaidan 2014 entmachteten Präsidenten Wiktor Janukowytsch. Gegen eine Rekordkaution von 125 Millionen Euro, die höchste in der österreichischen Rechtsgeschichte, kam er wieder auf freien Fuß – allerdings erst, nachdem er von Janukowytsch abgerückt war.

Diese Form der Korruption – Firtasch ist dafür nur ein Beispiel – ist nicht allein dem Fehlen funktionierender Märkte geschuldet, wie es die neoliberalen Deregulierer predigen, sondern einer Schwäche des Staates und seiner Strukturen, die leicht ausgehöhlt und missbraucht werden können. Eigentlich kommt es in der Ukraine auf die Stärkung staatlicher Strukturen an – durch eine Verwaltungsreform, Stärkung der kommunalen Selbstverwaltung und durch eine unabhängige Rechtsprechung. »Der Neoliberalismus«, so Philipp Ther, »ist auf einen regulierenden Staat angewiesen.«[214] Stattdessen geschieht jedoch genau das Gegenteil: Der Staat wird durch neoliberale Politik weiter geschwächt, und anstatt beim Aufbau eines Rechtsstaates zu helfen, liefern die Mitgliedsstaaten der Europäischen Union Waffen. So kommt zum schwachen Staat eine massive Aufrüstung. Die Ukraine ist korrupt, hat die ärmste und kränkeste Bevölkerung, gilt als Drehscheibe des europäischen Niedriglohns, ist Weltspitze beim Schmuggel und beim Handel mit Sex – und hat mehr Soldaten als jeder europäische NATO-Staat. Mit ihren 37 Millionen Einwohnern ohne Donbass und Krim hatte die Ukraine schon vor dem Krieg 292 000 Soldaten und damit mehr als Deutschland, Frankreich, Großbritannien, Italien, Griechenland, Spanien, Rumänien oder Polen.

Die meisten osteuropäischen Staaten strebten seit den 1990er Jahren an, mindestens zwei Prozent des Bruttoinlandsprodukts für Rüstung auszugeben. Die Ukraine rüstete aber seit 2014 mithilfe der NATO, insbesondere der USA und Großbritanniens, umfassend auf. Im Jahr 2020 lagen die realen Militärausgaben bei knapp unter sechs Milliarden Dollar, die ausländische Militärhilfe nicht mitgerechnet.[215] Allein die Vereinigten Staaten investierten seit 2014 jährlich im Schnitt 400 Millionen Dollar pro Jahr. Damit entsprachen die ukrainischen Militärausgaben vor dem Krieg drei bis vier Prozent des Bruttoinlandsprodukts. Das bedeutet, dass die Ukraine sich offenbar systematisch auf einen größeren Krieg vorbereitet hat. Einige Teile der ukrainischen Eliten nutzen diese charakteristischen Entwicklungen zur persönlichen Bereicherung.

Ohne milliardenschwere Transferzahlungen zur Unterstützung des ukrainischen Staates und des Militärs wäre die Wirtschaft des Landes längst zusammengebrochen. Jedoch vergab der Internationale

Währungsfonds Kredite an den »korruptesten Staat Europas« (Transparency International) nur gegen harte Auflagen: Sozial- und Rentenkürzungen, Erhöhung der Kommunalgebühren für Wasser, Abwasser und Müll sowie der staatlichen Energiepreise und weitere Preiserhöhungen. Bereits 2014 machte der IWF deutlich, dass der Verlust des Donbass sich negativ auf die Höhe der westlichen Kredite auswirken würde.[216] Immerhin ging es damals um einen finanziellen Rettungsschirm in Höhe von 17 Milliarden Dollar für einen Staat, dem die Zahlungsunfähigkeit drohte. Damit betätigte sich der Internationale Währungsfonds als Kriegstreiber. Die Staatsverschuldung wurde bis 2020 auf 60 Prozent reduziert – das ist positiv für einen möglichen Beitritt zur EU. Jedoch bedeutet dies für die Mehrheit der Bevölkerung steigende Preise für Kommunalabgaben, Mieten, Gesundheits- und Energiekosten sowie höhere Lebenshaltungskosten.

Der Krieg hat die Situation radikal verändert. Das Verhältnis aller Auslandsschulden zur Wirtschaftsleistung betrug im September 2022 mehr als 100 Prozent. Sie wuchsen auf mindestens 73 Milliarden Dollar an. Der für die Zahlungsfähigkeit an ausländische Gläubiger noch wichtigere Indikator Schuldenstand zu Exporteinnahmen lag Ende 2020 bereits 60 Prozentpunkte über dem kritischen Niveau von 150 Prozent und dürfte sich inzwischen noch dramatischer entwickelt haben. Dazu kommen Kriegsschäden von vermutlich 350 Milliarden Euro – eine Schätzung der ukrainischen Wirtschaftsministerin Julia Swyrydenko im September 2022.[217] Im Ergebnis ist ausgeschlossen, dass die Ukraine ihren Schuldendienst mittelfristig wieder aufnimmt und die Zahlungsverpflichtungen erfüllt. Ebenso werden die Instrumente, über die die internationale Gemeinschaft verfügt, nicht ausreichen, um zu einer Sonderregelung für die Ukraine zu gelangen.[218] Das heißt: Die Geldgeber, insbesondere der Internationale Währungsfonds, die USA, die EU und Investmentgesellschaften, haben dauerhaft die Regierung in Kiew in der Hand.

Zusätzlich hat die ukrainische Wirtschaft durch den Krieg fast alle Entwicklungsmöglichkeiten verloren. Die Wirtschaftsleistung ist um die Hälfte eingebrochen. Wenn man noch Gebietsverluste, zerstörte Infrastruktur, eine verseuchte Umwelt, Zehntausende Kriegstote und dauerhaft ins Ausland Geflüchtete berücksichtigt, bleibt der Ukraine nur anhaltende Unterentwicklung, finanzielle Abhängigkeit von westlichen Transferzahlungen, ein volkswirtschaftlicher Ausverkauf an internationale Konzerne und politische Instabilität. Dies sind die »westlichen Werte«, für die eine korrupte Elite ihr eigenes Volk in den Tod schickt. Dabei findet im Krieg eine massive Umverteilung statt. Die Ukraine hat fünf strategisch wichtige Unternehmen verstaatlicht: den Ölförderer Ukrnafta, die Firma Ukrtatnafta, die im zentralukrainischen Krementschuk eine Raffinerie betreibt, das dort ebenfalls ansässige Lkw-Werk KrAZ, das Flugmotorenwerk Motor Sitsch in Saporischschja sowie die dortige Transformatorenfabrik. Betroffen ist vor allem der Oligarch Ihor Kolomojskyj, dem 42 Prozent der Raffinerie und 40 Prozent der Ukrnafta gehörten. Auf Antrag können Entschädigungen für verstaatlichte Unternehmen gezahlt werden, die kaum noch etwas wert sind. Die Transformatorenfabrik stand im Insolvenzverfahren, und die Raffinerie in Krementschuk wurde weitgehend durch russische Angriffe zerstört. Da der ukrainische Staat von westlichen Transferzahlungen abhängig ist, werden also ukrainische Fabrikbesitzer aus den Milliarden entschädigt, die nach Kiew überwiesen werden.[219] Europäische und US-amerikanische Steuerzahler finanzieren so die Raubzüge ukrainischer Oligarchen.

Wer angesichts dieses volkswirtschaftlichen Zustandes die Aufnahme der Ukraine in die Europäische Union propagiert, ist entweder ein Zyniker oder ein lächerlicher Illusionist: Ein solcher Schritt würde am Vetorecht anderer EU-Staaten scheitern oder den abhängig Beschäftigten in den bisherigen Mitgliedsstaaten die dauerhafte Verarmung bringen, mithin der EU eine nachhaltige Überdehnung und das Ende einer vertieften Integration.[220] Philipp Ther bezeichnet dies als »Kotransformation«[221]: Danach funktionieren die Gesellschaften und Staaten Europas wie kommunizierende Röhren. Schon die neoliberale Transformation Osteuropas in den 1990er Jahren hat sich in die westeuropäischen Gesellschaften eingeschlichen und eine Absenkung sozialstaatlicher Standards erzwungen – in Deutschland zum Beispiel durch die Agenda 2010 und die Hartz-Gesetze. Auch die soziale Misere in der Ukraine erfasst die reicheren EU-Staaten. So sorgt eine Armee von Niedriglohnarbeitern für einen steigenden Druck auf die Löhne nach unten, während Mittel für die Hochrüstung der Ukraine durch Kürzungen an Schulen, Kindergärten und im Wohnungsbau eingespart werden. Insbesondere die Menschen in Deutschland dürften von einer beschleunigten Verelendungsspirale erfasst werden, wie sie in der Geschichte der Bundesrepublik beispiellos sein wird.

Die Kotransformation findet auch im militärischen Bereich statt. Deutschland liefert, wie auch die anderen NATO-Staaten, immer mehr und immer schwerere Waffen. Wirtschaftsminister Robert Habeck bezeichnete Deutschland als eine Partei im Wirtschaftskrieg. Außenministerin Annalena Baerbock will Russland ruinieren. Die Ausbildung ukrainischer Soldaten auf deutschem Boden macht die Bundesrepublik völkerrechtlich zur Konfliktpartei eines Krieges gegen Russland. Deutschland will künftig das Rüstungsbudget auf zwei Prozent des Bruttoinlandsprodukts erhöhen. Ein kreditfinanziertes Sondervermögen von 100 Milliarden Euro für Militärausgaben wird aufgelegt. Obwohl 77 Prozent der Bevölkerung der Meinung sind, dass der Westen Verhandlungen über eine Beendigung des Ukraine-Krieges anstoßen sollte, ist in der Politik längst keine Rede mehr davon, dass von deutschem Boden nie wieder ein Krieg ausgehen dürfe.[222] Die bellizistische Umerziehung der Bevölkerung ist in vollem Gange.[223] Deutschland wandelt sich vom Sozial- zum revanchistischen Rüstungsstaat. Der größte Teil des Geldes aus dem Sondervermögen und der Aufstockung des Rüstungsetats auf zwei Prozent, also auf 70 bis 80 Milliarden Euro jährlich, landet über Beteiligungen an Rüstungsunternehmen in den Taschen US-amerikanischer Finanzinvestoren wie Capital Group, Vanguard Group oder BlackRock, die wiederum aneinander beteiligt sind.[224] So wird der Ukraine-Krieg zu einem Raubzug von Finanz-Heuschrecken gegen den deutschen Steuerzahler.

Daneben wird die Ukraine zum Wallfahrtsort militanter Neonazis aus ganz Europa – ein weiterer Effekt dieser Kotransformation. Dort bilden sie Netzwerke, erhalten Waffen sowie Kampferfahrung unter realen Bedingungen. Nach einer Reportage des *Time-Magazins* kamen in den sechs Jahren vor Kriegsbeginn etwa 17 000 ausländische Kämpfer aus 50 Ländern in die Ukraine.[225] Inzwischen dürfte ihre Zahl noch deutlich höher liegen, da sie von vielen Regierungen ermuntert werden. Bei ihrer Rückkehr tragen sie antidemokratisches Denken, rechtsextreme Gesinnung und Gewaltbereitschaft in ihre

Herkunftsländer und destabilisieren dort die Demokratie.[226] So planten italienische Neonazis unter Leitung eines Ausbilders des ukrainischen Asow-Regiments einen Überfall auf die Carabinieri-Kaserne in Marigliano bei Neapel.[227] Der Kiewer Publizist Wolodimir Tscherneris warnt »vor der wachsenden Gefahr des Nazismus in der Ukraine, die ganz Europa bedroht«[228].

Spät in der Nacht erreichen wir Chust. Ich gebe Wasja das Geld für die Fahrt, einmal von Chust nach Lemberg, das sind hundert Euro in bar. Außerdem packe ich eine Flasche Whisky dazu. Wasja lässt es sich nicht nehmen, mir bei der Suche nach einem vernünftigen Hotel zu helfen, und lässt nicht zu, dass ich den Koffer selbst trage. Ein Bier als Absacker lehnt er ab: Er muss noch fahren – und den Führerschein darf er auf keinen Fall verlieren. Auf solche Jobs verzichten kann er nicht. Vielleicht hat ihm der Lappen das Leben gerettet – oder besser das Geld, das er damit verdient hat. Ein halbes Jahr später hat er sich vom Militärdienst freigekauft – für knapp 2 000 Euro. Wer Geld hat, muss nicht an die Front.

Ein Jahrhundert zuvor, am 30. Juli 1920, notierte Isaak Babel im kriegszerstörten Brody unterwegs ins polnisch besetzte Lwiw in sein Tagebuch: »Die Chaussee, Stacheldraht, abgeholzte Wälder, und Trübsinn, Trübsinn ohne Ende. Nichts zu essen, nichts zu hoffen, es ist Krieg, alle sind gleich schlecht, gleich fremd, feindselig, roh, es war mal ein stilles und vor allem von Traditionen erfülltes Leben.«[229] Da sind wir wieder angekommen: auf der Chaussee des Trübsinns; auf der Straße, auf der die Leichen liegen; hundert Jahre verweht.

4.3. Chust: Der Preis der Schwarzen Erde

»Der Winter ist immer das Schwerste. Das ganze Jahr über arbeite ich auf den Winter zu.« Ein einfacher Holztisch mit Rissen und Fettspuren. Rechts von mir brennt ein offenes Holzfeuer im Kaminofen. Vier Männer sitzen in der Küche und trinken bei Kerzenschein Schnaps aus Tassen und kleinen Einmachgläsern. Im Schlafzimmer nebenan schreit ein Baby. Links vom Tisch die kahle, fleckige Wand. »Man muss hier durch den Winter kommen, und die Tiere auch«, erzählt Bauer Miloslav weiter. »Es bleibt kaum Zeit. Wir müssen den Stall reparieren, den Mais ernten, Obst einkochen. Der Oktober ist ein harter Monat hier.« Hinter dem Gartentor aus Brettern steht eine über hundert Jahre alte Kastanie. Sie hat ihre gelben Blätter noch nicht abgeworfen, aber überall im Gras und im Sand liegen schon die gelbbraunen stacheligen Fruchtbecher. Manche sind aufgeplatzt und geben ihre Nüsse preis. Lange werden sie nicht liegen bleiben; Milo wird sie auflesen und rösten oder trocknen, mahlen, mit anderem Mehl mischen und daraus Brot backen. Ein Teil davon bekommt das Vieh. In dem niedrigen Stall neben dem Haus stehen zehn Ziegen, die Milch geben, aber sie müssen durch den Winter kommen und brauchen Heu. Daran muss Milo jetzt, Anfang Oktober, allmählich denken. An der Seite des Stalls führen ein paar Stufen hoch zur Toilette. Sie liegt außerhalb des Hauses. Das Wasser kommt aus dem Brunnen hinten im Garten. Der Sockel des Hauses besteht aus aufgeschichteten und vermauerten Steinen, darauf ein hölzerner Rahmen aus dicken Balken. Ein Firstsäulenbau, auf dem das Dach aus Biberschindeln ruht. Breite Dielen auf dem Boden und alte, ein wenig schief hängende Fenster. Hinter dem Haus ein paar Gemüsebeete und ein Maisfeld. Angebaut ist ein Unterstand für den alten Lada, dahinter der kleine Stall, in den wir beim letzten Tageslicht die Gänse getrieben haben.

Landwirtschaftliche Nutzfläche durfte in der Ukraine bis 2020 nicht verkauft werden. Seit 2002 bestand ein Moratorium, das immer wieder verlängert wurde. Die fruchtbaren Böden weckten das Interesse von Agrarkonzernen, doch große Teile der Bevölkerung waren gegen die Aufhebung des Moratoriums. Es wurde im Rahmen der De-Kollektivierung der Landwirtschaft nach dem Zusammenbruch der Sowjetunion eingeführt. Seit 1992 ist Land in der Ukraine in Privathand. Im Jahr 2001 wurde der Verkauf von Land zunächst bis 2004 verboten, um die Eigentümer vor unüberlegten Verkäufen zu schützen, aber auch um eine Konzentration in wenigen Händen und die dadurch drohende Verarmung der Landbevölkerung zu verhindern. Das Moratorium sollte nur bis zu einer gesetzlichen Regelung in Kraft bleiben. Doch es hat sein Ziel verfehlt: Die Landbevölkerung ist arm, immer mehr Menschen ziehen in die Städte oder wandern aus. Die

Bewirtschaftung der landwirtschaftlichen Flächen ist de facto bei wenigen Agrarholdings konzentriert, die mit internationalen Anteilseignern kooperieren. Über viele Jahre hinweg wurden Verkäufe durch die Vergabe von Nutzungsrechten und deren Handel umgangen. Neben den traditionellen Oligarchen aus der Industrie entstand eine Agraroligarchie. Heute befinden sich drei Millionen Hektar in den Händen von nur einem Dutzend Agrarunternehmen.[230]

Die Landwirtschaft steckt seit den 1990er Jahren in einer tiefen Krise. Damals wurden plötzlich Handelserleichterungen für ausländische Unternehmen eingeführt, was eine Bedingung des Internationalen Währungsfonds war, als er am 31. Oktober 1994 Hilfsdarlehen für die wirtschaftliche Transformation und die Privatisierung der Staatsbetriebe in Höhe von 375 Millionen Dollar bereitstellte. Dadurch konnten Weizenüberschüsse aus den Vereinigten Staaten den ukrainischen Markt überschwemmen. Zusammen mit ausländischen Nahrungsmittelhilfen sorgte das dafür, dass die ukrainischen Getreidebauern nicht mehr mitbieten konnten. Zudem hatten sie auch noch mit steigenden Energie- und Transportkosten zu kämpfen. Die Ukraine wandelte sich allmählich von einem Konkurrenten auf den Märkten für landwirtschaftliche Produkte zu einem Absatzmarkt für Agrarkonzerne. Damals war Wiktor Juschtschenko, der spätere Präsident, Chef der neuen Nationalbank der Ukraine. Er wurde zum Vollstrecker der geforderten Reformen und zweigte auch einen Teil des IWF-Geldes für sich selbst ab. Die Abwertung der ukrainischen Währung stoppte zwar die horrende Inflation, führte jedoch zu drastischen Preiserhöhungen für Brot, Strom, öffentlichen Verkehr und Treibstoff. Die Menschen hungerten, während die wenig effektiven landwirtschaftlichen Großbetriebe – deren Anteil 1996 noch bei 80 Prozent der Agrarfläche lag – ihre Rechnungen nicht mehr bezahlen konnten und in Schwierigkeiten gerieten, ebenso wie die Kleinbauern.[231] In der Zeit der Unabhängigkeit von 1991 bis 2014 ist der Weltbank zufolge das Bruttoinlandsprodukt um 35 Prozent gesunken. Allein von 1990 bis 1999 fiel das Bruttoinlandsprodukt von 81,456 Milliarden auf 31,58 Milliarden Dollar. Die Ukraine hat sich bis 2020 nicht vollständig von diesem Absturz des BIP in den 1990er Jahren um 60 Prozent erholt. Im Jahr 2015 lebte jeder dritte Ukrainer unter der Armutsgrenze.[232]

Milo erzählt, dass er eine Weide von einem Grundbesitzer bekommen habe, um dort seine Rinder grasen zu lassen: »Ich will nichts, ich bin froh, wenn sie dort stehen!« Ein Jahr verging. Doch dann wollte der Grundbesitzer tausend Euro, er sei gerade knapp bei Kasse. »Ich habe gezahlt«, sagt Milo, »doch damit war die Sache noch nicht vorbei. Der Landbesitzer kam nach einem weiteren halben Jahr und wollte ein Kalb für seine Tochter. Ich habe es ihm gegeben. Wieder ein halbes Jahr später wollte er noch ein Kalb. Ich sagte ja, ja, und nickte, aber getan habe ich nichts. Einige Zeit später starb der Grundbesitzer. Wieder einige Monate später habe ich im Dorf gehört, der Sohn des Grundbesitzers laufe herum und erzähle, dass er noch ein Kalb von mir zu bekommen habe. Ich habe ihn zum Essen eingeladen und die Sache geklärt.« »Wie denn?« »Nun ja, mit ein paar Scheinen. Aber das kann auch anders ausgehen. Beispielsweise so, dass man etwas erledigen muss und dann in Abhängigkeit gerät oder in einen Konflikt hineinläuft. Beispielsweise, dass man bei irgendwelchen Transporten mitmachen muss.« »Also beim Schmuggel?« »Zum Beispiel beim Schmuggel. Oder man muss sein Land hergeben.«

So kommt das Land langsam in die Hände der Oligarchen. Zwar war während der späten 1990er-Jahre die Privatisierung der kollektiven Landwirtschaftsbetriebe noch nicht weit fortgeschritten. Nach der Unabhängigkeit entstanden aus Kolchosen und Sowchosen sowohl Großbetriebe als auch kleinere Hofwirtschaften. Aus den Großbetrieben gingen ab den 2000er Jahren Agrarholdings hervor, die im Jahr 2018 etwa 29 Prozent der Agrarflächen nutzten. Diesen Holdings stehen etwa 5,5 Millionen Hofwirtschaften gegenüber, die im Schnitt jeweils 2,5 Hektar Land bewirtschaften und für Selbstversorgung und lokale Märkte produzieren. Obwohl sie als wenig effizient gelten, sichern sie das Überleben der ländlichen Bevölkerung und erwirtschaften etwa 45 Prozent des landwirtschaftlichen Bruttoinlandsprodukts. Sie verfügen oft noch über Hofgrundstücke aus der Sowjetzeit und über durchschnittlich vier Hektar Land aus der De-Kollektivierung, die sie meist an Großunternehmen verpachten.[233] So sichern sie ihr Überleben.

Aber über viele Jahre war praktisch nichts investiert worden. Die Ernteerträge gingen aufgrund von Bodenverarmung durch Raubbau und Missmanagement sowie aufgrund finanzieller Probleme der Kolchosen immer weiter zurück. Gleichzeitig wurde die Ukraine unmittelbar nach der Unabhängigkeit von Nahrungsprodukten aus West- und Mitteleuropa überschwemmt. Auf dem Höhepunkt der weltweiten Finanzkrise 2008 geriet auch die Ukraine ins Taumeln. Es entbrannte ein Wettbewerb um die politisch-ökonomische Orientierung des Landes. Der Sektor, in dem sowohl westliches Kapital als auch Staaten des Eurasischen und BRICS-Blocks ihren Machtbereich ausbauen wollten, war die Landwirtschaft. Die Ukraine verfügt über 43 Millionen Hektar fruchtbaren Ackerlandes, die sogenannte Schwarzerde, auf der Getreide, Zucker und Pflanzenöl produziert werden.[234] Das entspricht etwa 30 Prozent der weltweiten Schwarzerde-Böden und einem Drittel der gesamten landwirtschaftlichen Fläche der Europäischen Union. Die Landwirtschaft ist daher »eines der wichtigsten Wirtschaftsgüter des Landes«[235].

Bei den Bauern kommt jedoch nur wenig von alldem an. Milo hatte einmal einen Hirten namens Kolja. Das war im Sommer 2016. Kolja hütete Rinder auf der Hochalm am Berg Blisnica, einem Gebirgszug über 1800 Metern Höhe im Swydiwez-Gebirge nördlich von Rachiw. Er hatte nach einem Job gefragt, weil er bei benachbarten Hirten wegen Unzuverlässigkeit rausgeflogen war. Er war faul, ständig besoffen und hatte einen kriminellen Bruder, dazu war er Halbblut, der Vater Russe, die Mutter Huzulin aus der Rachiw-Region, der Alte lässt sie sitzen, da weiß man doch, was kommt. Aufgewachsen ist er bei seiner Großmutter, ein Waisenkind mit Spuren von Unterernährung aus der Zeit, als hier alles zusammengebrochen war. Vernachlässigt, halb verwahrlost und hungrig musste Kolja selbst sehen, wo er bleibt. »Als Hirte Ende Oktober in den Karpaten, zwei, drei Wochen im Wald leben, in einer Laubhütte übernachten, das ist nicht leicht. Um diese Jahreszeit wird es auf tausend Metern Höhe nachts empfindlich kalt. Man muss sich von Pilzen und Beeren ernähren – die Arbeit ist hart«, erzählt Bauer Milo. »Nicht jeder ist dafür gemacht.«

Die Ukraine war 2008 und 2009 der drittgrößte Getreideexporteur der Welt.[236] Zur gleichen Zeit suchten China und Russland nach potenziellen Produzenten von landwirtschaftlichem Überschuss, in die sie investieren konnten. Insbesondere China strebte danach, Ackerland zu kaufen oder zu pachten oder Nahrungsmittel von transnationalen Unternehmen zu erwerben, die ihrerseits landwirtschaftliche Flächen geleast hatten. Russland nutzte seinen ökonomischen Einfluss auf die Schwerindustrie im Donbass und versuchte ebenfalls, sich Agrarflächen in der Ukraine unter den Nagel zu reißen. Dies hätte eine stärkere Bindung der Ukraine an Moskaus Eurasische Union bedeutet. Das stieß jedoch auf Widerstand von Agrar-Oligarchen, die eher Richtung Westen schauten. Sie spielten noch nicht in der Liga von Kolomojskyj oder Achmetow, aber waren von einem Wechsel der internationalen Orientierung abhängig, und zwar hin zur EU. Eine polnische Studie kam zu dem Ergebnis, dass davon in erster Linie Nahrungsmittelproduzenten profitieren: »Ein Sinken der Zölle würde dem Süßwaren-Giganten Roshen nützen, der sich im Besitz von Petro Poroschenko befindet, angesichts der Tatsache, dass auf seine Produkte EU-Importzölle von 35–40 % anfallen. Die Aufhebung von Einfuhrabgaben wäre auch von Vorteil für die Kernel-Gruppe, die Andrei Werewskij gehört, da seine Firma 17 % Prozent ihres Getreides und ihres Öls in die EU verkauft. Genauso könnte Myronivsky Hliboproduct, im Besitz von Jurij Kosiuk, von einem Abbau der Hygienebarrieren als auch der Importzölle profitieren und ihre Geflügelexporte in die EU über den mageren Anteil von fünf Prozent hinaus steigern.«[237] Die Raubzüge der Oligarchen und ihr Einfluss auf die Politik haben das Vertrauen in die politische Klasse drastisch sinken lassen: Laut einer Umfrage von 1998 trauten nur zehn Prozent der Wähler ihren Politikern zu, Regierungsverantwortung zu übernehmen.[238] Hier in Transkarpatien muss jeder selbst sehen, wo er bleibt.

Die Deals der Großen setzen die Kleinen unter Druck. Wer seinen Hof nicht mehr halten kann, gibt die Arbeit als Kleinbauer auf und sucht sich andere Wege, an Geld zu kommen. Als Hirte kennt Kolja die Karpaten genau. Er hat zwei Monate auf der Hochalm durchgehalten. Im Winter stieg er dann wieder ins Zigarettengeschäft ein. Das lief über seinen Bruder. Nach Mitternacht wartet Kolja nun bei Rakosch unter dem sternenlosen Himmel auf einen alten Sprinter und steigt ein. Am Rande eines Wäldchens hält der Fahrer an einer alten Scheune. Dort holen sie die Pakete mit den Zigaretten ab. Sie fahren weiter bei offenem Fenster, biegen ein paar Kilometer später von der

Landstraße ab und rollen langsam mit Standlicht über eine schmale Schotterpiste, die im Wald in einen Feldweg mündet. Sie lassen unverputzte Häuser aus Backsteinen und Flaschen, Zäune aus Zweigen hinter sich und parken am Ufer eines kleinen Flusses. Dort warten schon im Schatten der Bäume fünf Träger. Sie übernehmen schnell und geräuschlos die Kontrabanda. Seitdem die Ukraine eine Assoziierung mit der EU erreicht hat, vor allem aber seit 2017, als visafreies Reisen in die EU möglich geworden ist, ist das Land zur Drehscheibe des Zigarettenschmuggels geworden. Aus keinem Land gelangen mehr Zigaretten illegal in die EU.[239] Kolja weiß: Er muss sich selbst helfen, kein Staat wird es tun, der gehört anderen. Die Oligarchen haben Land und Politik fest im Griff.

Die Nahrungsmittel-Magnaten hatten bis 2013 als Exporteure landwirtschaftlicher Produkte noch wenig Einfluss auf die ukrainische Regierung. Eine Ausnahme war Andrej Werewskij, Eigentümer der Kernel-Gruppe, der 2010 mit einem Vermögen von 1,1 Milliarden Dollar auf Rang sieben der ukrainischen Oligarchen rangierte.[240] Er zählte zu den Verbündeten von Präsident Janukowytsch. Nach dem Putsch auf dem Maidan 2014 stiegen jedoch Poroschenko (Roshen) und der Vorstandsvorsitzende von Myronivsky Hliboprodukt (MHP) und spätere Leiter des Präsidialamtes Jurij Kossjuk in politische Machtpositionen auf.[241] Die außerordentliche Konzentration der Vermögen in den Händen weniger Oligarchen verlieh ihnen ein unverhältnismäßiges Gewicht. Als Präsident Janukowytsch 2013 vor der schwierigen Entscheidung zurückschreckte, das EU-Assoziierungsabkommen zu unterzeichnen, und es durch eine Anbindung an die Eurasische Union Putins ausbalancieren wollte, provozierte er damit den Zorn der Bevölkerung, die durch die fortgesetzten Raubzüge der Oligarchen ungeduldig geworden war. Als im Februar 2014 Ultranationalisten und faschistische Schläger die Macht übernahmen, konnten genau jene Geschäftsleute die Oberhand gewinnen, denen die Macht der traditionellen Oligarchengruppen aus dem Donbass und aus Dnipropetrowsk zum Hemmschuh geworden war. Die weniger wohlhabenden Oligarchen traten an die Seite der unzufriedenen Bevölkerung gegen die ultrareichen Oligarchen. Die Orangene Revolution von 2004 wurde bereits als eine »Revolte der Millionäre gegen die Milliardäre« bezeichnet.[242] Die beiden Oligarchengruppen hatten nahezu die gesamte ukrainische Wirtschaft unter ihrer Kontrolle. Auf dem Höhepunkt des Maidan lief es dann ähnlich: Die weniger wohlhabenden Oligarchen aus Dnipropetrowsk, einschließlich Kossjuk und Poroschenko, paktierten mit der Protestbewegung der Bevölkerung, um gegen ihre Rivalen aus der reicheren Fraktion von Donezk vorzugehen.[243] Die antirussischen und prowestlichen Oligarchen sahen ihre einzige Chance darin, den Ausbruch politischer Unzufriedenheit auszunutzen, sich der Bewegung anzuschließen und so den Aufstieg des Donezk-Blocks und der föderalen Kräfte aus dem Süden und Osten des Landes, die von Firtaschs RosUkrEnergo unterstützt wurden, zu stoppen. Dadurch hofften sie, die staatliche Macht zurückzugewinnen.[244] Eines haben aber alle Oligarchen der Ukraine gemeinsam: Sie schützen ihr Vermögen vor dem Zugriff der nationalen Politik, indem sie es in Offshore-Holdings auf Zypern, in anderen EU-Ländern oder auch anderswo auf der Welt unterbringen. Im Jahr 2010 gehörten 24 der 100 wichtigsten Firmen der Ukraine vier in Zypern ansässigen Konzernen. Der größte dieser Konzerne war mit 14 Firmen Achmetows SCM, gefolgt von ISD (in russischer Hand) mit fünf Unternehmen. An dritter Stelle standen Kolomojskyj mit seiner Privat Group und Pintschuk mit Interpipe, beide mit zwei Unternehmen und einem gemeinsamen Joint Venture. Poroschenkos Ukrprominvest führte zwei Unternehmen unter den ukrainischen Top 100.[245] Privatisierungsauktionen waren wie geschaffen, um auf undurchsichtige Weise Volksvermögen zu Spottpreisen an Günstlinge, insbesondere aus der Donezker Fraktion, durchzureichen.[246] Schattenwirtschaft, wohin man blickt.

In Kolonnen, begleitet von zwei Wachen mit AK-47 und Nachtsichtgeräten, laufen sie nachts im Flussbett, geschützt durch das Laubdach, Richtung Grenze hoch. Auf dem Schiefer unter dem Rinnsal hinterlassen die Schuhe keine Spuren. Ameisenhandel in den Karpaten: Die Träger schultern ein Holzgestell, daran hängen vier Beutel mit den Paketen. Vier Füße an den Ecken stabilisieren zugleich die Schmuggelware. Falls die rumänischen Grenzer auftauchen, setzen die Träger das Gestell auf den Holzfüßen ab, rollen sich seitlich aus dem Gestell heraus und flüchten den Hang hinunter. Es sind wie Kolja Leute aus dem Dorf. Sie kennen die Wälder, niemand wird sie hier finden. Man kennt sich, man hält immer nur den Mund. Seit den 1990er Jahren haben rumänische Banden den Wodka gebrannt und über die Grenze geliefert. Es war eine Zeit, als in Transkarpatien alles über die Grenze ging, womit sich Geld machen ließ: Zigaretten, Alkohol, Waffen, Mohnprodukte aus Afghanistan. Die Angst läuft mit auf diesem Pfad im Fluss, der im Herbst wenig Wasser trägt und kaum die Sohlen einnässt. Sie fürchten Hunde, Bewegungsmelder, Drohnen und Grenzposten. Je weniger sie die ewig unfreundlichen rumänischen Grenzer bestechen müssen, desto mehr bleibt hängen.

Die Zigaretten kommen aus zwei Fabriken aus der Region Lwiw. Die Vinnikivska Tobacco Factory gehört dem Geschäftsmann Grigori Koslowski und produziert etwa 62 Prozent der Schmuggelware. Die Schachteln werden häufig als »Duty Free« gekennzeichnet, wodurch deutlich weniger Steuern abgeführt werden müssen – für etwa zwei Milliarden Packungen pro Jahr. Die Vinnikivska Tobacco Factory stellt die Marken JIN-LING, MARVEL, COMPLIMENT, STRONG, LIFA, LS und KIEW her. JIN-LING sieht ein wenig aus wie CAMEL. Die Packungen werden mit gefälschten Steuermarken versehen. Produziert wird in Nachtschichten, ohne jegliche Qualitätskontrolle, Schwarzarbeit gegen Handgeld. Die Vinnikivska Tobacco Factory ist ein Teil der Marvel International, und Koslowski gilt als der reichste Geschäftsmann in der Region Lwiw. Ermittler schätzen, dass die Tabakfabrik in den Jahren 2020 bis 2021 wahrscheinlich eine zu niedrige Verbrauchssteuer von insgesamt 3,7 Milliarden Griwna (etwa 120 Millionen Euro) ausgewiesen hat. Das zweite Unternehmen von Koslowski, die Marvel International Tobacco Group GmbH, soll dem Fiskus geschätzte 2,1 Milliarden Griwna (ca. 67 Millionen Euro) vorenthalten haben.[247] Die Kontrabanda gelangt auch nach Deutschland – über Polen, Tschechien oder eben Rumänien. Jährlich verliert die Ukraine durch Schmuggel mehr als zwölf Milliarden Griwna (ca. 3,8 Milliarden Euro) – eine beträchtliche Summe, wenn auch weniger als das, was die Oligarchen dem Land gestohlen haben. Was nicht über den Ameisenhandel in die EU gelangt, kommt per Lkw, versteckt in Paletten oder in anderer Fracht.

Oben an der Grenze ist alles dicht bewaldet. Der Grenzzaun – das sind ein paar Baumstämme und ein altes Gatter, davor steht ein

Schild: »Uwaga – Achtung. Grenze des ukrainischen Sektors. Durchgang verboten«. Über dem Schieferbett des Flusses links daneben sind ein paar alte, rostige Stacheldrähte gespannt, die mit einem Stock angehoben werden. Die Träger bücken sich, gehen leicht in die Knie, laufen im Entengang auf die rumänische Seite und verschwinden jenseits der grünen Grenze im Gebüsch. Beim Abstieg ins Tal werden sie von modernen Geländewagen erwartet. Schnell werden die Zigaretten umgeladen, und Scheine wechseln den Besitzer. Damals, vor dem Krieg, wurden hundert Euro pro Paket bezahlt. Das ist hier in der Gegend ein halber Monatslohn. Der Schmuggel ist eine Überlebensfrage, eine Art wirtschaftliche Notwehr. Die rumänischen Bandenchefs wohnen in geschlossenen Palästen, haben fließend Wasser im Haus, Sekt und Pralinen. Die Zollbeamten fahren nur Ladas, man kann sie leicht abhängen. Immer schon waren die rumänischen Grenzer unfreundlich. Wer von der ukrainischen Seite kam, galt als jemand, der etwas Illegales wollte: schmuggeln, stehlen oder schwarzarbeiten. Aber man kennt sich, unter Freunden drückt man ein Auge zu. Auch die Grenzer müssen jeden Cent umdrehen und können ein Handgeld gut brauchen.

Das Bruttoinlandsprodukt in der Ukraine brach von 4188 Dollar pro Kopf im Jahr 2013 auf 3105 Dollar im Jahr 2014 und 2125 Dollar im Jahr 2015 – untrügliches Zeichen für die rapide Verarmung der Bevölkerung.[248] Diese Entwicklung wurde hauptsächlich durch das EU-Assoziierungsabkommen und seine Freihandelsbestimmungen verursacht. Sie schneiden die ukrainische Rüstungsindustrie von Russland ab. Die Schlüsselbereiche des russischen militärisch-industriellen Komplexes lagen in der Ukraine, und dieser Sektor war viel höher entwickelt als der Rest der Wirtschaft. Noch 2012 war Russland der wichtigste Exportmarkt für hochwertige Industrieprodukte aus der Ukraine, an denen die EU kein Interesse hatte. »Für uns arbeiten 245 ukrainische Firmen allein in der Rüstungsindustrie«, drückte es Putin später aus.[249] Diese Wertschöpfungskette zu durchbrechen, erzeugte daher eine überproportional schädigende Wirkung auf die ukrainische Wirtschaft.[250] Die Ukraine ins westliche Lager hineinzuziehen bot die Chance, Russlands Verteidigungsbasis zu schwächen. Die Putschregierung nach dem Maidan war gewillt, Kernbereiche der ukrainischen Wirtschaft für dieses Ziel zu opfern. Für den Westen war die Zerstörung der ukrainischen Industrie ein gewünschter Nebeneffekt. Das EU-Assoziierungsabkommen und die Freihandelsbestimmungen schufen daher irreversible Tatsachen. Die Menschen östlich des Dnjepr waren sich bewusst, dass infolge der Deindustrialisierung ein großer Teil ihrer Arbeitsplätze verlorengehen würde. Auch dies erklärt das Ergebnis des Referendums im September 2022.

Inzwischen hatte die Ukraine ihr fruchtbares Ackerland dem Agrobusiness ausgeliefert, das auf genmanipulierte Saaten und antibiotikabasierter Tierzucht aufbaut. Auch der Ausbeutung von Gaslagerstätten durch Fracking hat sich das Land geöffnet.[251] Der Agrarsektor wird immer noch weitgehend von einheimischen Oligarchen kontrolliert. Sie verfügen über mehr als 82 Prozent der 100 größten Holdings.[252] Nebenbetriebe wie die Iljitsch Eisen- und Stahlwerke besaßen aus der Sowjetzeit noch 200 000 Hektar Agrarland, große Viehherden und Schweinefarmen. Sie wanderten in die Hände von Achmetow und seinem Partner Vadim Novinsky und gingen in der HarvEast Group auf. Kolomojskyj gründete 2005 seine Privat-Agro Holding und kontrollierte schon bald 24 Unternehmen mit 150 000 Hektar gepachtetem Land.[253] Der größte Agrar-Oligarch ist Oleg Bachmatjuk, der 2011 seine beiden Firmen Avangard (Eier und Geflügel) und UkrLandFarming (mit Sitz in Zypern) verschmolz. UkrLandFarming kontrolliert 403 000 und betreibt auch die Zucht von Schweinen und Rindern. Das Unternehmen exportiert große Mengen Getreide nach China. Im Januar 2014, sechs Wochen vor der Machtübernahme in Kiew, wurde der US-Agrargigant Cargill mit einem Fünf-Prozent-Anteil an UkrLandFarming ins Boot geholt.[254] Andere Agrarkonzerne richten ihren Blick auf die EU. Andrej Werewskij, ein Angehöriger von Janukowytschs Zirkel und Eigentümer der Kernel-Gruppe, die 582 000 Hektar bewirtschaftet, kaufte die Black Sea Industries auf und erhielt so die Kontrolle über den größten Hersteller von Sonnenblumenöl und einen Hafen für den Export. Kernel ist die größte Holding für den Handel und Export von Getreide.[255] Jurij Kossjuk, der mit Poroschenko verbunden ist, besitzt die Mehrheit an dem Unternehmen Mironivsky Hliboproduct (MHP), das 360 000 Hektar kontrolliert und jährlich etwa 330 Millionen Hühner schlachtet. Kossjuk hat seinen Fokus auf den westeuropäischen Markt gerichtet und kündigte 2016 eine bedeutende Investition in den Niederlanden an, um seine Geflügelprodukte dort zu vertreiben. Weitere Großinvestoren im Agrargeschäft sind TNA Corporate Solutions LLC und NCH Capital aus den USA, Astarta Holding N.V. aus den Niederlanden, Industrial Milk Company (IMC) S.A. aus Luxemburg, OIF Saudi aus Saudi Arabien, Agroton Public Limited aus Zypern und Nibulon aus der Ukraine.[256]

In einem Café in Chust stellt mir Milo Ivan vor. Wir geben uns die Hand. Bauer Milo hat ihn um das Jahr 2010 herum kennengelernt. Er wollte ein Stück Land in den Bergen kaufen; Ivan hat ihm eines angeboten. »Aber dann habe ich seine kriminelle Ader entdeckt«, sagt Milo, »und ich habe es nicht genommen. Eigentlich ist er ein Bandit und in allerlei Machenschaften verwickelt. Er baut Cannabis an in der Theiß-Niederung, weiter westlich im Schwemmland-Gebiet bei Rachiw.« »Dort ist doch alles flach. Die Pflanzen kann man doch bestimmt meilenweit sehen?« »Nein, so flach ist das nicht«, sagt Milo, »und da wächst Riesen-Bärenklau. Du erkennst ihn an den weißen Blüten, an den leicht behaarten, gezackten Blättern und an den roten Flecken am Stil. Die Pflanze ist in der Sowjetzeit aus dem Kaukasus hierher eingewandert, sie diente als Silage-Futter. Der Bärenklau hier wächst drei bis vier Meter hoch. Deshalb heißt er auch Herkuleskraut.«[257] »Was hat das mit dem Cannabis zu tun?« »Der Saft des Riesenbärenklaus ist giftig. Gelangt er auf die Haut und wird dem Sonnenlicht ausgesetzt, dann kommt es zu schweren Verbrennungen. Es bildet sich ein nässender Ausschlag, gefolgt von Blasen und Schwellungen, die jucken und brennen. Wer die Absonderungen des Riesen-Bärenklaus einatmet, dem wird schlecht, Atemnot befällt ihn, oft kommt dazu noch hohes Fieber oder ein Kreislaufschock. Es kann Wochen dauern, bis der Ausschlag abheilt. Oft bleiben Narben zurück.« »Ich verstehe. Ivan pflanzt eine Hecke aus Riesen-Bärenklau rund um das Dope?« »Ja, so entsteht ein dichtes Gebüsch, und wer es durchdringen will, holt sich schwerste Verbrennungen. Ivan kennt eine Schneise, ich vermute sogar, dass es nur einen Zugang gibt über den Fluss Theiß.«

Das Dope ist eher ein Nebeneffekt der EU-Assoziation. Die strategischen Ziele liegen ganz woanders. Man nahm als Bereiche mit den größten Vorteilen Energie, Landwirtschaft und Nahrungsmittel sowie Dienstleistungen in den Blick. Als Teil der von Brüssel geforderten Marktöffnung hatte die Ukraine schon 2013 mehr als ein Drittel seiner landwirtschaftlichen Nutzfläche verpachtet, wobei zwei Drittel davon an US-Agrarunternehmen gingen. Die Ukraine ist das einzige Land in Europa, das sich dermaßen in ausländische Hände begeben hat wie sonst nur Länder der Dritten Welt. Vor dem Krieg waren die größten ausländischen Agrarholdings NCH Capital aus den Vereinigten Staaten (291 000 Hektar), Ukrainian Investments (russisch, 260 000 Hektar), Agrogénération (französisch) und Toepfer (Deutschland).[258] Hinter den großen Agrarholdings stehen internationale Investmentfonds wie Cascade, Kopernik, Heptagon, Vanguard, Norges Bank, BNP Asset Management, Baring, Russel, Marathon oder Universal.[259] Die Exporte gehen hauptsächlich in den Nahen Osten, die Türkei, Nordafrika und die EU.[260] Cargill besitzt mindestens vier Getreidespeicher und zwei Betriebe zur Verarbeitung von Sonnenblumen in der Ukraine. Monsanto ist bereits seit 1992 in der Ukraine aktiv und hat die Zahl der Mitarbeiter im Jahr 2012 verdoppelt. 2015 investierte der Konzern in eine neue Saatfabrik. DuPont kündigte bereits 2013 den Bau von zwei Saatgutfabriken an.[261]

Alle diese Konzerne setzten vor dem Maidan 2013 auf einen Regimewechsel. Sie wollten die Bedingungen für einen Markteintritt verbessert sehen. Sonnenblumen sind ein Exporttreiber der Ukraine; für den Anbau werden riesige Flächen benötigt. Allerdings hatten ukrainische Firmen, die Sonnenblumenöl verarbeiteten, Verbindungen zum organisierten Verbrechen. Trotzdem standen im Rahmen des EU-Assoziierungsabkommens Regelungen zu Steuern, Zöllen, Exportgesetzen und dem Verkauf von Land auf der Agenda. Es ging auch um genetische Veränderungen.[262] Denn der Zugang transnationaler Unternehmen zum ukrainischen Markt und die Möglichkeit, genetisch veränderte Organismen anzubauen, waren zentrale Hebel für den Ausverkauf der ukrainischen Landwirtschaft. Der Internationale Währungsfonds machte die Öffnung für genmanipuliertes Saatgut zur Bedingung für Kredite, und das EU-Assoziierungsabkommen (Artikel 404) enthielt eine entsprechende Klausel. Genmanipuliertes Saatgut ermöglicht eine aggressive Behandlung mit Pestiziden – mit vernichtenden Folgen für andere Lebewesen, aber zum Vorteil der Konzerne. Jesús Madrazo, damaliger Vizepräsident von Monsanto und nach der Übernahme durch Bayer zuständig für »Nachhaltigkeit«, erklärte im Dezember 2013: »Heute hoffen wir, dass die Biotechnologie das Werkzeug ist, das in Zukunft ukrainischen Bauern zur Verfügung stehen wird.«[263] Das US State Department hat Konzerne wie DuPont, Syngenta, Bayer, Dow und Monsanto aktiv unterstützt und auch in der Ukraine auf den Abbau von Handelsbarrieren für genmanipuliertes Saatgut gedrängt.[264] Im U.S.-Ukraine Business Council ist die Agrarlobby stark vertreten, zu deren Mitgliedern Repräsentanten von Unternehmen wie Monsanto, John Deere, DuPont Pioneer, Eli Lilly und Cargill gehören.[265]

»Ivan hat mir erzählt«, so Milo, »dass er hinter dem Gestrüpp aus Riesenbärenklau auf einem halben Hektar Cannabis anbaut. Eine Pflanze produziert 200 bis 300 Gramm, ein Gramm kostet zehn Euro. Einmal im Jahr wird geerntet. Man muss aber den Boden düngen, das sind diese roten und weißen Kügelchen, Phosphordünger. Wenn die Pflanzen zu spät geerntet werden, gibt es oft Pilzbefall.« »Nach der Ernte werden die Pflanzen getrocknet und fermentiert, die Blüten werden gehäckselt und verkauft?« »Genau, die sind nur für gute Kunden. Ivan hat Freunde, die ihm das schreddern und die Blätter zuschneiden.« »Ein irres Geschäft. Der Mann hat ausgesorgt!« »Nicht unbedingt. 2019 ist er aufgeflogen. Er wollte gerade die Jahresernte abfahren mit seinem Sprinter. Ein Auto voller Dope, und damit ist er in eine Polizeikontrolle geraten. Das muss eine abgekartete Sache gewesen sein, er wurde verraten. Aber er konnte einen Handel machen. Er bat die Polizisten zu warten, ging zurück, holte seinen Mitarbeiter, behauptete, der sei gefahren, und gab den Polizisten 30 000 Euro Schmiergeld. Die Ware wurde beschlagnahmt, sein Mitarbeiter ging für ein paar Jahre in den Knast, seine Familie bekam eine Abfindung und wurde, während er einsaß, unterstützt.« »Und allen war gedient!« »So läuft das! Allen war gedient!«

Nach dem Machtwechsel im Jahr 2014 schlossen westliche Agrarkonzerne ähnliche Deals hinter den Kulissen ab, der verdeckte Landraub beschleunigte sich. Dabei nutzten Institutionen wie der IWF, die Europäische Bank für Wiederaufbau und Entwicklung (EBWE) und die

EU die Krise der Ukraine, um die Deregulierung und Liberalisierung der Landwirtschaft sowie die Erleichterung ausländischer Investitionen voranzutreiben. Als Ergebnis entwickelte sich die Ukraine bis 2021 zum weltweit fünftgrößten Weizenexporteur und zum zweitgrößten Getreideexporteur der Welt.[266] Trotz eines 2001 erlassenen Dekrets, das ein Moratorium für den Landverkauf vorsah und bis 2020 verlängert wurde, gab es Wege für ausländisches Kapital, die Kontrolle zu übernehmen: Das eine sind langfristige Pachtverträge, kombiniert mit Investitionen in Saatgut und Nahrungsmittelproduktion, das andere Teilhaberschaften an ukrainischen Agrarunternehmen. Allerdings laugen die Monokulturen für den Export die Böden aus und verdrängen Ernten für den Eigenbedarf – eine neue Form des Kolonialismus, unter der die Bevölkerung leidet.[267] Ab Juli 2020 durften Privatpersonen maximal 100 Hektar besitzen. Später wurde diese Schwelle auf 10 000 Hektar angehoben, auch Unternehmen erhielten die Möglichkeit, Ackerland zu erwerben. Diese Landreform war eine Bedingung des Internationalen Währungsfonds für weitere Kredite. Jedoch beschleunigt sie das Höfesterben, da sie der Konkurrenz der Agrarholdings nicht gewachsen sind. Es droht ein weiterer Ausverkauf an Agrar-Oligarchen. Ausländern war der Landkauf vorerst untersagt.[268] Im Jahr 2020 wurde das per Gesetz geändert. Unmittelbar danach erwarben Cargill, DuPont und Monsanto 17 Millionen Hektar ukrainisches Agrarland. Das ist mehr als die gesamte landwirtschaftliche Fläche Italiens. Hinter diesen Konzernen stehen Finanzinvestoren wie Vanguard, BlackRock und Blackstone. Fünf Prozent des Agrarlandes der Ukraine hat nach und nach der chinesische Staat erworben.[269]

Diese Investments zeigen, dass es im Ukraine-Krieg auch um die Kontrolle der Nahrungsmittelkette geht. Vanguard, BlackRock und Blackstone investieren nicht nur im Agrobusiness, sondern auch im militärisch-industriellen Komplex der USA. Zudem sind sie die größten Anteilseigner der zehn größten Wall-Street-Banken, darunter Goldman Sachs, Bank of America, Citigroup und JP Morgan Chase. Dies zeigt den wahren Charakter des Ukraine-Krieges: Westliche Finanzmonopole mit absurder Machtfülle missbrauchen ukrainische Soldaten als Kanonenfutter zur Verteidigung ihres Landraubes. Der normale Ukrainer mag glauben, er verteidige seine Heimat gegen einen verrückten Aggressor aus Moskau. In Wahrheit aber gehört seine Heimat längst multinationalen Konzernen. Sollten die russischen Truppen erfolgreich sein, verlieren westliche Finanzinvestoren eine Menge Geld. Denn dann wird die Besitzfrage neu geregelt. Das ist es, was die Heuschrecken am meisten fürchten: dass die Verwandlung der Schwarzerde-Böden in profitable Monokulturen für genmanipuliertes Saatgut und die Hoffnung auf maximale Profite vergebens waren.[270]

»Aber damit das nicht geschieht«, so Milo, »werden schon Maßnahmen ergriffen«. »Welche Maßnahmen? Was meinst du?« »Die Aufrüstung zum Frontstaat läuft schon seit Jahren. Ich habe es nur durch Zufall mitbekommen. Weiter östlich liegt, direkt an der rumänischen Grenze in den Karpaten, das Biosphären-Reservat. Eine Fläche von knapp 56 000 Hektar, vier Fünftel, sind Wald, die letzten Rotbuchen-Urwälder Europas. Der Howerla ist fast 2 100 Meter hoch. Da kommt man nicht so einfach durch, schon gar nicht ohne einheimischen Führer. Es gibt Luchse und Wölfe, man kann abstürzen. Es ist nicht ganz ungefährlich.«[271] »Da kommen die Agrarkonzerne doch nicht ran, mit dem Boden können sie auch nichts anfangen!« »Soweit klar, aber ihre Helfershelfer!« »Welche Helfershelfer?« »Da gab es einen Skandal. Der alte Direktor war sehr beliebt und kannte sich aus. Eigentlich hatten alle erwartet, dass er wiedergewählt wird. Aber so lief das nicht. Alle rieben sich die Augen, denn ein junger Mann Anfang 40, aus Kiew und völlig sachfremd, hat die Wahlen gekauft.« »Der wurde reingedrückt?« »Ja, vom Umweltminister, von der Regierung. Und das Beste ist: Das ist ein Mann aus dem Geheimdienst SBU.« »Was will denn der SBU im Biosphärenreservat?« »Na ja. Das sind alles Sperrgebiete. Wer reinwill, muss sich anmelden. Und das Reservat liegt direkt an der Grenze zur NATO. Von oben sehen die Spionagesatelliten nur Blätter. Wenn CIA oder MI6 eigene Agenten, militärische Spezialkräfte, Sondergefangene oder besonders geheime Waffen einschleusen wollten – nun, ich würde es da machen«, sagt Bauer Milo, »hier hat der Schattenkrieg schon vor Jahren begonnen.« »Die westlichen Spekulanten greifen nach der schwarzen Erde, und Spezialkräfte passen auf, dass dabei nichts schiefgeht?« »Kann man so sagen!«

»Apropos – was macht eigentlich dein Hirte Kolja?« »Er ist jetzt bei den Milizen im Donbass. Da gibt es Geld. Er kämpft an der Front. Er ist ein harter Hund, er wird es durchstehen.«

4.4. Mukatschewo: Slawa Ukrajini – Herojam Slawa!

»Kolja hat sich entschieden. Hier müssen sich viele entscheiden. Die Bauern verarmen und verkaufen ihr Land an Großgrundbesitzer. Die verpachten es oder verkaufen es weiter an westliche Agrarkonzerne. Die Bauernsöhne arbeiten im Ausland, schmuggeln oder melden sich zu den Milizen. Die zahlen gut.« Bauer Milo verzieht keine Miene, spricht nüchtern und sachlich. »Welchen Weg ist Kolja gegangen?« »Das weißt du. Er war Schmuggler. Sein Halbbruder wurde erwischt und sitzt wegen Schmuggels im Knast. Kolja hat Zigaretten geschmuggelt, hier bei uns, südlich von Chust, nicht durch die Theiß, über die Berge.« »Bis heute?« »Eine ganze Zeitlang. Aber seit mindestens drei Jahren, also seit 2018, kämpft er im Donbass. Jetzt ist er ein Held.« Milo greift nach seinem Smartphone und öffnet Facebook. »Siehst du, hier. Ganz aktuell, vom September 2021. Da posiert er als Kämpfer im Donbass. Er schreibt von seinen Erfahrungen an der Front, zeigt stolz sein Sturmgewehr. Seht her, was ich tue, ich kämpfe und sterbe für euch.« Aber ich denke, es ist die Not, die ihn zum Kämpfen zwingt. Kolja weiß, was Hunger heißt, wie er sich meldet im Magen, zuerst leise, dann lauter, dann brüllend. Er bohrt sich in den gesamten Körper, rast durch die Adern und lässt keine Ruhe. Er fordert und schreit und lässt einen alles andere vergessen. Nie wieder Hunger, dafür wird er alles tun. Auch töten.

»Die reguläre ukrainische Armee«, erzählt Milo, »tut sich bis heute schwer mit der Rekrutierung. Seit es 2014, also vor sieben Jahren, losging mit dem Bürgerkrieg im Donbass, sind die Wehrpflichtigen nicht erpicht darauf, Gewalt gegen ihre Landsleute einzusetzen.« »Ich denke, hier im Westen ist der Nationalismus stark?« »Na ja. Auch hier im Westen gibt es keine große Begeisterung, sich als Wehrpflichtiger einberufen zu lassen.« Was Milo sagt, stimmt. Am 16. April 2014 endeten erste Operationen der 25. Luftlandedivision gegen die Aufständischen in Kramatorsk in Verbrüderung, mit Blumen und russischen Flaggen. Viele desertierten, so wie zuvor auf der Krim.[272] Dort waren 14500 von 18800 Armeeangehörigen übergelaufen und hatten sich der Sezession und der Eingliederung in die Russische Föderation angeschlossen.[273] Im August 2015 nannte die russische regierungskritische Website Meduza die Zahl von 8000 ukrainischen Soldaten, die im Donbass überliefen.[274] Man musste also zunächst keine Waffen aus Russland heranschaffen. Da kaum jemand in den Regierungstruppen Lust hatte, sich in einem Bruderkrieg verheizen zu lassen, beschränkte sich die reguläre Armee auf Artilleriebeschuss, den Einsatz von Raketenwerfern und Luftangriffe mit SU-25-Bodenkampfjets. Gerade dadurch wurden viele zivile Opfer verursacht. Direkte Kampfeinsätze überließ man meist den Milizen.

»Seit Jahren werden Freiwilligenbataillone aufgestellt«, erzählt Milo. »Privatarmeen, die auch als Söldner bezahlt werden. Die Milizen gehen in den Donbass und sind dort als Kopfgeldjäger unterwegs.« »Als Kopfgeldjäger? Das kann nicht sein!« »Doch, sie bekommen Prämien für jeden getöteten Russen oder Separatisten. Diese Bataillone werden von Teilen der ukrainischen Armee ausgebildet und mit Waffen versorgt.« »Wie läuft das?« »Na ja, nach dem Motto: Dort hängt der Schlüssel zur Waffenkammer.« »Die müssen ja auch ausgebildet werden, oder?« »Trainiert werden sie«, so Milo, »in den Wäldern bei Mariupol. Dann gehen sie in den Donbass, wo sie die russischsprachige Bevölkerung terrorisieren und ausrauben.«

Diese Milizen rekrutierten sich auch aus den bewaffneten Maidan-Einheiten. Sie warben Armeefreiwillige an, aber auch ausländische Söldner, zum Beispiel aus Georgien und Rumänien. Ein zentrales Element waren nationalistische, ultranationalistische und neofaschistische Gruppen.[275] Daneben gab es Vertreter der ›White Supremacy‹-Bewegung aus Schweden und Deutschland sowie Veteranen der israelischen Givati-Brigade, Verbündete der ukrainischen »Blauhelme«, die auf dem Maidan aktiv waren. Zusätzlich kämpften islamistische Bataillone aus Tschetschenien für die Regierung in Kiew.[276]

Der Oligarch Ihor Kolomojskyj war der Hauptfinanzier dieser Einheiten und galt als der einzige echte antirussische Oligarch. Angeblich gab er zehn Millionen Dollar für die Gründung seines eigenen,

2000 Mann starken Bataillons Dnipro 1 aus. Es ist nach dem Fußballclub der Stadt benannt. Mit dem Geld stellte er auch eine Reserve-Streitmacht von 20000 Mann auf. Er unterstützte finanziell die Bataillone Asow, Aidar und Donbass und lieferte kostenlos Kraftstoff an die ukrainische Luftwaffe.[277] Dabei handelte Kolomojskyj auch in seinem eigenen geschäftlichen Interesse. Er war wie auch andere Oligarchen auf eine Neuorientierung der Ukraine Richtung Westen angewiesen. Er hatte es geschafft, bei der Privatisierung der Staatsfirma Burisma die größten Gasreserven der Ukraine in seinen Besitz zu bringen. Im Rahmen dieser Privatisierung übertrug er vier Gasfelder an die Holding der Janukowytsch-Familie. Weitere fünf Gasfelder wurden von Ukrnaftoburinnya übernommen, wobei 90 Prozent dieser Firma der Deripon Commercial Ltd. auf Zypern gehören, die wiederum im Besitz der Burrad Financial Corp. auf den Virgin Islands ist. Letztere ist eine Firma aus dem Umfeld seiner Privat Group. Durch solche Geschäftspraktiken hatten Kolomojskyj und die meisten anderen Oligarchen ihr Vermögen in westlichen Steuerparadiesen angelegt und waren allein schon dadurch erpressbar.

Die Ausbeutung des Dnjepr-Donezk-Feldes, des größten Gasvorkommens, das 67 Prozent der Reserven und 95 Prozent der Burisma-Produktion ausmacht, geriet durch den Aufstand im Donbass in Gefahr. Auch die Lizenzen von Burisma zur Nutzung des Asow-Kuban-Beckens standen auf dem Spiel. Das verleitete Kolomojskyj dazu, US-amerikanische Direktoren für Burisma einzustellen, Personen mit engen Verbindungen zu den höchsten Ebenen der Obama-Regierung. Diese Maßnahme sollte die Unterstützung der USA im Bürgerkrieg sicherstellen. Unter den Direktoren befand sich auch Hunter Biden, der Sohn von Joe Biden, der so zu einem reichen Mann wurde.[278] Als der ukrainische Generalstaatsanwalt wegen Korruption ermittelte, sorgte der damalige Vizepräsident Joe Biden dafür, dass der Generalstaatsanwalt entlassen wurde.[279] Wie soll ein Präsident für Frieden sorgen, wenn sich seine Familie an der Seite der Kriegstreiber maßlos bereichert?

Aber Kolomojskyj hatte mit den Russen noch andere Hühnchen zu rupfen. Bei der Übernahme der Raffinerie Krementschuk, der wichtigsten in der ganzen Ukraine, gelang es ihm zwischen 2008 und

2010, die russischen Investoren aus der Muttergesellschaft Ukrtatnafta zu verdrängen. Der Großteil der Anteile landete bei Kolomojskyjs Privatbank. Die Ölfirma Tatneft aus Tatarstan, die noch zehn Prozent der Anteile hielt, stoppte daraufhin die Öllieferungen. Als Reaktion darauf nutzte Kolomojskyj die Ölpipeline-Firma UkrTransNafta, die formal dem Staat gehörte, aber unter seiner Führung stand, und wechselte zu Azeri Oil.[280] Auch eine Auseinandersetzung mit dem ihm einst freundschaftlich verbundenen russischen Oligarchen Roman Abramowitsch eskalierte.[281] Kolomojskyj verkaufte ihm fünf Kokereien und Stahlfirmen für eine Milliarde Dollar in bar und eine weitere Milliarde in Anteilen an Abramowitschs Stahlfirma Evraz. Später verschleuderte er die meisten seiner Anteile und behauptete, Evraz werde schlecht geführt. Der Streit endete in heftigen Wutausbrüchen und einer Morddrohung gegen Putin. Der russische Präsident bezeichnete Kolomojskyj daraufhin als Dieb.[282]

Insgesamt wurden drei Dutzend Freiwilligen-Bataillone gegründet. Unter den vielen tausend bewaffneten Mitgliedern waren völlig skrupellose Rechtsextremisten und Kriminelle. Kolomojskyj setzte außerdem Kopfgelder für »russische Spione« aus. Vor dem Massaker in Odessa am 2. Mai 2014, bei dem das Gewerkschaftshaus von faschistischen Banden und dem Bataillon Dnipro 1 in Brand gesetzt wurde, hatte der Oligarch »eine Prämie von 5000 Dollar für jeden bei der Spezialoperation getöteten ›prorussischen Separatisten‹ ausgesetzt«, so Eric Zuesse. »Diese Summe beläuft sich bei geschätzten 116 Toten auf mehr als 500000 Dollar, die vermutlich von seiner Bank der ukrainischen Regierung vorgestreckt wurden.«[283]

Aber Kolomojskyj musste sein Engagement nicht bereuen, denn er bekam seinen finanziellen Einsatz doppelt und dreifach zurück. Nach der Wahl am 22. Mai 2014 unterstützten US-dominierte Finanzinstitutionen das neue Regime in Kiew. Der IWF zahlte noch im Monat der Wahl die ersten 3,2 Milliarden Dollar eines Kredits an die Ukraine aus. Die Bedingungen dafür waren an strenge Sparmaßnahmen geknüpft. Die Auflagen betrafen jedoch nicht den Bürgerkrieg, der eigentlich eine solche IWF-Hilfe hätte ausschließen müssen. Wenig später stützte der IWF auch den Bankensektor des Landes. Kolomojskyjs Privatbank erhielt 1,8 Milliarden Dollar, was etwa 40 Prozent der fast fünf Milliarden Dollar IWF-Hilfe ausmachte, die der Oligarch später durch Pseudo-Verträge mit Offshore-Konten veruntreute. Im Dezember 2016 musste die Privatbank verstaatlicht werden. Die Geldgeber schauten weg.[284]

Hinter dem ganzen Manöver standen der Internationale Währungsfonds und die Vereinigten Staaten, wenn man dem Chefanalysten Neue Märkte der Standardbank glauben darf. Er sprach von einem »Vertrauensvorschuss« für die »Reformbemühungen« der neuen Führung in Kiew zur Durchsetzung einer neoliberalen Sparpolitik. Ein Teil der Kredite westlicher Geldgeber wurde auf Privatkonten in der Schweiz und in anderen Steuerparadiesen umgeleitet, während die Masse der Ukrainer die Zeche zahlen musste. Eric Zuesse fasst zusammen: »Darum geht es also im ukrainischen Bürgerkrieg: dafür zu sorgen, dass die Ukrainer für die Verluste aufkommen, die frühere Regierungen durch die massive Korruption verursacht haben, eine Umleitung des Geldes von den Massen zu den reichen Klassen.« In diesem Spiel war Ihor Kolomojskyj »Washingtons Mann in der Ukraine«.[285]

Die USA und die NATO hatten auch direkte Kontakte mit den Freiwilligen-Milizen. Sie arbeiteten eng mit dem Dnipro-Bataillon von Kolomojskyj zusammen, was dazu führte, dass Oberst Yuriy Bereza, der Kommandeur des Bataillons, Ende 2014 mehrmals den US-Regierungsberater Phillip Karber in Washington besuchte. Im Gegenzug verbrachte Karber Weihnachten im Hauptquartier des Dnipro-Bataillons in der Nähe der Front. Im Januar darauf wurde das Bataillon sogar auf Regimentsstärke vergrößert.[286] Auch das Asow-Bataillon, eine Hochburg der Sozial-Nationalen Versammlung, das von Gordon Hahn als »ultra-faschistisch« charakterisiert worden war, erhielt Unterstützung von US-Beratern und -Freiwilligen. Im Dezember 2015 hob der US-Kongress sogar eine Regelung auf, die die Begrenzung der Ukraine-Hilfe vorsah.[287]

Das Polizei-Bataillon Tornado, das von Innenminister Arsen Awakow für die östliche Ukraine aufgestellt wurde, erlangte wegen seiner Folterpraktiken einen furchterregenden Ruf. Einige Tornado-Offiziere sollten vor Gericht gestellt werden. Ende Mai 2016 musste jedoch ein Inspektionsteam des UN-Unterkomitees zur Verhinderung von Folter eine Inspektion von Gefängnissen des ukrainischen Geheimdienstes SBU abbrechen.[288] Ihnen wurde der Zugang zu den Gefängnissen verwehrt, die unter dem Verdacht standen, Gefangene unmenschlich zu behandeln. Awakow selbst erklärte im Juni 2014, dass es einer der »Vorteile des Krieges ist, dass er für die Nation eine ›reinigende‹ Wirkung haben kann«. Ein weiteres Mitglied der Kriegspartei, der damalige Chef der zivil-militärischen Verwaltung des Donbass, Pawel Schebriwskiy, ermutigte die Ukrainer, »sie sollten einen offenen, ernsten Krieg zwischen Russland und der Ukraine begrüßen«. Zugleich müsse jedoch der »innere Feind« bekämpft werden. Denn es sei das politische Ziel, darüber zu entscheiden, wer als ethnischer Ukrainer gelte und wer nicht.[289] Andriy Biletskiy, der Führer der Sozial-Nationalisten und Asow-Kommandeur, sah seine Truppen bei einer »historischen Mission«, nämlich als »Speerspitze des Kreuzzuges der weißen Rassen für ihr Überleben ... und gegen von Semiten angeführte Untermenschen«[290]. Der Swoboda-Politiker Oleksandr Sych erklärte im Februar 2014 vor dem Europäischen Parlament, dass »eine faschistische Diktatur der beste Weg ist, unser Land zu regieren«. Er wurde nach den Ereignissen auf dem Maidan zum stellvertretenden Ministerpräsidenten ernannt.[291] Die »Gasprinzessin« Julija Tymoschenko, Chefin der Vaterlandspartei, propagierte die Auslöschung aller Russen – nicht nur der in der Ukraine: »Sie müssen mit Atomwaffen vernichtet werden. Ich werde alle meine Verbindungen nutzen und die ganze Welt dazu aufstacheln, sobald ich kann, um das sicherzustellen. Diese Scheißkerle. Von Russland soll nicht einmal verbrannte Erde übrig bleiben.«[292]

Das sind die Leute, für die Kolja jetzt arbeitet, in seiner Uniform, mit seinem Sturmgewehr, und sein Leben einsetzt für ein Linsengericht. Kolja selbst ist kein »reinrassiger« Ukrainer, sondern das Kind einer Huzulin und eines Russen, der davongelaufen ist. Nun kämpft er mit der Waffe in der Hand für die Auslöschung der Russen und für eine reinrassige Ukraine. So präsentiert er sich auf Facebook. So sehr will er dazugehören, nicht mehr abseitsstehen, nicht mehr gegen seine eigene zerrissene Herkunft antrinken und auf den nächsten Rausschmiss warten, nicht mehr als Hirte auf einer Hochalm ein Niemand sein. Slawa Ukrajini!

Ruhm der Ukraine – seit 2018 ist dies der offizielle militärische Gruß. »Slawa Ukraini!« und die Erwiderung »Herojam Slawa« waren auch die Grußformeln der ukrainischen Division der Waffen-SS »Galizien«.[293] Ultranationalismus und Faschismus haben in der Ukraine eine lange Tradition. Beide entstanden – wie in fast allen europäischen Ländern – infolge des Ersten Weltkrieges als Reaktion auf den Krieg, die stärker werdende Arbeiterklasse und die revolutionären Bewegungen in Russland, Deutschland, Ungarn und anderen Ländern. In der Ukraine hat der Stalinismus paradoxerweise keine Zerschlagung, sondern eine – wenn auch lange Zeit verdeckte – Kontinuität ultranationalistischer und faschistischer Bewegungen bewirkt.[294]

Anders als in anderen europäischen Ländern gab es aufgrund der Spaltung des Landes in einen kleinen Habsburger und einen großen russischen Teil sowie der ökonomischen Rückständigkeit keine starke bürgerliche Nationalbewegung. Ein großer Teil der Stadtbevölkerung bestand aus Russen, Juden und Deutschen, während die ukrainische Bevölkerung vor allem auf dem Land lebte. Als schließlich nach der Februarrevolution 1917 bürgerliche Kräfte für kurze Zeit einen ukrainischen Staat errichteten, war das Bürgertum sofort mit der revolutionären Arbeiterklasse konfrontiert, da die russischen Bolschewiki vor allem im Osten breite Unterstützung fanden. Seither ist der bürgerliche Nationalismus in der Ukraine durch Antikommunismus, Pogrome an Arbeitern und Juden sowie das Bemühen gekennzeichnet, Unterstützung bei imperialistischen Mächten im Westen zu erhalten. Nach dem Frieden von Brest-Litowsk marschierten deutsche Truppen ein, setzten die Rada, das bürgerliche Parlament, außer Kraft und etablierten eine Diktatur unter dem »Hetman« Pawlo Skoropadskyj. Skoropadskyj, ein Großgrundbesitzer und zaristischer General, machte Kiew zu einem Sammelplatz für rechtsextreme und antisemitische Kräfte aus Russland.[295] Nach dem Abzug der Deutschen ermordeten die Weißen Truppen unter General Denikin im Russischen Bürgerkrieg allein in der zweiten Hälfte des Jahres 1919 etwa 50 000 Juden. In Kiew übernahm ein Direktorium unter der Führung des Nationalisten Symon Petljura die Macht. Auch er suchte die Unterstützung der Westmächte, kämpfte gegen die Sowjetregierung und war für die Ermordung von mehr als 30 000 weiteren Juden verantwortlich.

Petljura zählt neben Stepan Bandera zu den Vorbildern der heutigen ukrainischen Nationalisten.[296]

Während die Westukraine 1921 unter polnischer Herrschaft blieb, brachte der Sieg der Bolschewiki im Bürgerkrieg der Sowjetrepublik Ukraine einen enormen Gebietszuwachs: Der Donbass wurde ihr zugeschlagen. Im Zuge der Industrialisierung wanderten viele Menschen aus anderen Teilen der Sowjetunion ein, eine wesentliche Grundlage für die heutigen ethnischen Konflikte.[297] Die Menschen in der Ukrainischen Sowjetrepublik erlebten eine spürbare Verbesserung des Lebensstandards: Die Analphabetenrate sank massiv, im gesamten Land wurden Schulen und Universitäten errichtet und die ukrainische Sprache wurde gefördert. Die Westukraine hingegen blieb unter polnischer Herrschaft. Der Stalinismus machte der Leninschen Nationalitätenpolitik ab Ende der 1920er-Jahre ein Ende. Die verheerenden Auswirkungen der Zwangskollektivierung und der Unterdrückung nationalistischer Bewegungen stärkten »nationalistische Untergrundgruppen, die von fanatischen Antikommunisten, Nachfolgern der Petljura-Anhänger und Vorläufern der Bandera-Leute geleitet wurden«[298]. Stalins mörderische Repressionspolitik und der Massenmord des Holodomor spielten den ukrainischen Nationalisten und Faschisten in die Hände, die im westlichen Teil des gespaltenen Landes agitierten und nach dem deutschen Überfall auf die Sowjetunion mit Hitler kollaborierten.

Ein Sammelbecken der Kollaborateure war die Organisation Ukrainischer Nationalisten (OUN), von der bereits die Rede war. Bereits in den 1930er Jahren verübte sie Terroranschläge in der Ukraine, Rumänien, Polen und der Tschechoslowakei. Ihr ideologischer Kopf war Dmytro Donzow (1883–1973), der die These von der »Amoralität« aufstellte und forderte, mit jedem Feind Großrusslands ungeachtet dessen eigener Ziele zusammenzuarbeiten. Dies war die ideologische Rechtfertigung für die Kollaboration mit Nazideutschland und später mit den US-Amerikanern im Kalten Krieg. Im Jahr 1940 spaltete sich die OUN in eine Bandera-(OUN-B)- und Melnyk-(OUN-M)-Fraktion. Ukrainische Milizen ermordeten unter den Augen der Nazis bei etwa 140 Pogromen in Lwiw, Ternopil, Stanislau – dem heutigen Ivano-Frankivsk – und an anderen Orten bis zu 35 000 Juden.[299] Von der

Zusammenarbeit ukrainischer Nationalisten und westlicher Geheimdienste war bereits die Rede. Eine Schlüsselrolle spielte dabei Reinhard Gehlen, der Hitlers Militärgeheimdienst an der Ostfront geleitet hatte und nun seine alten Kontakte zu ukrainischen Kollaborateuren für Washington nutzbar machte. Bis zu ihrer vollständigen Zerschlagung im Jahr 1953 tötete die Ukrainische Aufstandsarmee (UPA) rund 20 000 Ukrainer. Auch in den Folgejahren wurden nationalistische Propagandaschriften, die teilweise von der CIA hergestellt wurden, über das westukrainische Lwiw, Polen und die Tschechoslowakei in die Sowjetukraine geschmuggelt. Nachdem US-Präsident Jimmy Carter den aus Polen stammenden Zbigniew Brzeziński im Jahr 1977 zum Sicherheitsberater ernannt hatte, wurden die Mittel für antisowjetische ukrainische Propaganda aufgestockt. Im Jahr 1983 empfing US-Präsident Ronald Reagan den OUN-B-Führer und Kriegsverbrecher Jaroslaw Stezko im Weißen Haus und versicherte: »Ihr Kampf ist unser Kampf. Ihr Traum ist unser Traum.«[300] Die Unterstützung aus den USA hatte einen großen Einfluss auf Oppositionsgruppen und regierungsfeindliche Aktivitäten in den späten 1980er Jahren. Es kam zu einem Re-Import ultranationalistischer Gedanken aus der ukrainischen Diaspora.

Die Verflechtung des ukrainischen Nationalismus mit dem Atlantischen Block, die auf die Zeit des ersten Kalten Krieges zurückgeht, erhielt nach dem Zusammenbruch der UdSSR eine neue Qualität. Einige OUN-Nationalisten strömten aus den USA und aus Kanada in die Ukraine zurück. Der kommunistische Parteichef Leonid Krawtschuk blieb bis 1994 als Präsident im Amt. Er stützte sich auf die nationaldemokratische Partei Ruch, die bereits in den 1980er Jahren sich in der Westukraine zu organisieren begonnen hatte. Sie war nicht monolithisch ukrainisch-nationalistisch; im Unabhängigkeitslager wurden anfangs auch föderalistische Überlegungen artikuliert.[301]

Auf der anderen Seite schossen nach der Unabhängigkeit der Ukraine im Jahr 1991 rechtsextreme Organisationen wie Pilze aus dem Boden. Russische Historiker zählen mehrere Dutzend neofaschistische Organisationen und nennen 27 namentlich.[302] Noch im Jahr 1991 gründeten OUN-Veteranen und mit ihnen verbundene Nationalisten aus verschiedenen rechtsextremistischen Gruppierungen der Ukraine in Lwiw die Ukrainische Nationalversammlung (UNA), zusammen mit ihrem bewaffneten Arm, der Ukrainischen Selbstverteidigung des Volkes (UNSO). In einem Telegramm der US-Botschaft in Kiew wurde die UNA-UNSO als faschistisch bezeichnet. Es hieß darin, dass sie ab 1992 mit moldauischen Truppen in Transnistrien, auf der Seite Georgiens gegen Abchasien, mit Tschetschenen gegen Russland und an der Seite der Serben im Kosovo gekämpft haben soll.[303]

Der extreme Nationalismus fand seine Stimme auch in der Sozial-Nationalen Partei der Ukraine (SNPU), die in der Tradition von Stepan Bandera steht. Zu den Gründern zählen Oleh Tjahnybok und Andrij Parubij. Ihr Markenzeichen ist das Nazi-Emblem »Wolfsangel«, das während des Zweiten Weltkrieges das Symbol der Waffen-SS-Division »Das Reich« war. Organisierte Skinheads und Hooligans bildeten als »Patriot der Ukraine« ihren paramilitärischen Flügel, der von 1998 bis 2004 von Parubij geführt wurde. Aus der SNPU ging 2004 die Partei Swoboda hervor.[304]

Das Projekt eines ethnisch einheitlichen Nationalstaates entwickelte sich unter Krawtschuk und ab 1994 unter Leonid Kutschma als »aggressive Politik der Ukrainisierung, angetrieben durch eine zunächst antisowjetische, später antirussische Dynamik«.[305] Krawtschuk wollte durch die Fokussierung auf die ethno-nationale Vereinheitlichung den Einfluss der postsowjetischen Staatsklasse neutralisieren. Im Jahr 1996 signalisierte er, dass die Ukraine ihre Unabhängigkeit stärken und sich deutlicher an die NATO anlehnen wolle.[306] Die Verfassung von 1996 definierte die Ukraine als einheitlichen Nationalstaat mit Ukrainisch als der einzigen Staatssprache und Russisch als einer der Minderheitssprachen. Die Zurückstufung des Russischen als Sprache von Wissenschaft und Kultur auf den Status einer Minderheitensprache führte zu weit verbreiteter Unzufriedenheit.[307] Gehaltserhöhungen für Lehrpersonal wurden davon abhängig gemacht, dass von Russisch auf Ukrainisch gewechselt wurde. Anfang 1997 schaffte die staatliche Universität Saporischschja die Fakultät für russische Sprache und Literatur ab, versetzte die Dozenten in andere Fakultäten und reduzierte die Zahl der Studenten. Dadurch betrachtete sich die russischsprachige Bevölkerung allmählich als diskriminierte Minderheit.[308]

Im Jahr der Orangenen Revolution, 2004, wurde die Sozial-Nationale Partei der Ukraine (SNPU) in Swoboda (Freiheit) umbenannt. Parubij verließ die Partei und die Patrioten der Ukraine, um sich Wiktor Juschtschenkos Partei »Unsere Ukraine« anzuschließen, wodurch er große Teile der extremen Rechten hinter sich hatte. Juschtschenko gelangte durch die Orangene Revolution ins Präsidentenamt und betrieb fortan die Rehabilitierung der OUN und UPA. Im Jahr 2010 erklärte Juschtschenko den Faschistenführer Stepan Bandera zum Helden der Ukraine. Ihm zu Ehren wurden in Lwiw und Ternopil Denkmäler errichtet, und auch andere Faschisten wurden mit Sonderbriefmarken und Münzen geehrt.[309] Der Vorsitzende von Swoboda, Oleh Tjahnybok, hatte 2002 erklärt: »Ihr habt gegen Moskali (verächtliche Form für Russen), Deutsche, Zhydy (verächtliche Form für Juden) und anderen Abschaum gekämpft ... Euch fürchtet die jüdisch-russische Mafia in der Ukraine am meisten.« Die Szene ist dokumentiert, aber auf YouTube inzwischen nicht mehr abrufbar.[310] Nationalistische Aufmärsche waren in der Ukraine bereits lange vor dem Krieg Teil des Alltags.[311] Diese nationalistische Stimmung findet auch in akademischen Kreisen ihren Ausdruck, wo die Grenze zwischen Forschung und Propaganda oft verwischt wird. Große Buchläden verkaufen oft antisemitische Literatur, die den Holocaust leugnet. Manches davon findet sogar den Weg in die Mainstream-Forschung.[312]

Die Zusammenarbeit des Juschtschenko-Regimes beschränkte sich nicht nur auf Swoboda. Im Jahr 2022 schloss sich auch der offen antisemitische Kongress Ukrainischer Nationalisten (KUN) Juschtschenkos Block »Unsere Ukraine« an. Swoboda konnte ihre Mitgliederzahl bis 2010 verdreifachen, schnitt aber bei Wahlen nur bescheiden ab. Erst bei den Parlamentswahlen 2012 zog sie mit 10,45 Prozent als viertstärkste Kraft in die Werchowna Rada ein. Anders sah es in der Westukraine aus: In drei Verwaltungsbezirken erreichte Swoboda 30 bis 40 Prozent. In Lwiw kam sie auf mehr als 50 Prozent, in Kiew wurde sie zweitstärkste Kraft. Am 28. April 2011 feierte sie den 68. Jahrestag der Aufstellung der Waffen-SS-Division »Galizien«. Die Teilnehmer skandierten: »Eine Rasse, eine Nation, ein Vaterland!«

Durch das Streben nach einem mono-nationalen Staat haben sich die Wege der Ukraine und Russlands getrennt. Die russische Politik basierte ursprünglich auf dem Geist des Internationalismus und der Autonomie, während die Ukraine nun einen Prozess der Nationenbildung eingeleitet hat. Die Kräfte, die nach dem Maidan an die Regierung kamen, hängen an der Idee fest, Menschen würden durch Blutsbande zusammengehalten und der Status des Fremden sei problematisch, wenn nicht gar illegitim. Diese Kräfte wurden vom Westen unterstützt, obwohl man hätte wissen können, dass ein solches rassistisches Konzept in einem Vielvölkerstaat wie der Ukraine heikel, wenn nicht gar selbstzerstörerisch ist.[313] Aber damit konnte, wie van der Pijl es ausdrückt, der ukrainische Nationalismus anknüpfen an den »gefährlichen Mix aus globalen Herrschaftsansprüchen und militärischem Abenteurertum des anglophonen Westens und seiner EU-Satrapie«[314].

»Dort, wo Kolja herkam«, erzählt Bauer Milo, »wurde auf den Dörfern Ruthenisch gesprochen. Die Lehrer in der Dorfschule haben sich wohl Mühe gegeben, Ukrainisch oder Russisch zu reden. Aber das Sprachengewirr ist hier normal. Tschechen, Slowaken, Ungarn, Polen, Russen waren hier.« Auf den Dörfern in Transkarpatien war man froh, wenn es einen Dorflehrer gab, der den Kindern überhaupt etwas beibrachte. »Ist das nicht verrückt, in einem Land mit so vielen unterschiedlichen Volksgruppen die Nationalität auf ukrainische Blutsverwandtschaft gründen zu wollen? Wie soll das gehen?« »Keine Ahnung. Es geht auch nicht, wie du siehst. Das Land zerbricht daran!«

Es gibt keinen Zweifel, dass die extreme Rechte seit 1991 im Westen des Landes für jedermann sichtbar präsent war. Es war in den westlichen Regionen, wo Maidan-Demonstranten zum ersten Mal große Mengen an Waffen von den Strafverfolgungsbehörden erbeuteten. Später kamen sie bei den Zusammenstößen mit der Polizei in Kiew zum Einsatz. In den westlichen Regionen begann der damalige Regierungschef Janukowytsch die Kontrolle über das Land zu verlieren. In Lwiw wurde das Rathaus von bewaffneten Banden gestürmt. Sie hissten Nazi-Flaggen und plünderten ein Militärdepot. Es wurden öffentliche Gebäude besetzt und Volksräte aufgebaut. Während des Maidan fanden nur 14 Prozent der über 3 000 Protestereignisse in Kiew statt, aber zwei Drittel im Westen und in der Mitte des Landes. Von den konfrontativen und gewalttätigen Vorfällen wurden fast so viele in den westlichen Regionen wie im Zentrum und in Kiew zusammen notiert. Die nationalistischen westlichen Zentren der Revolte waren nicht nur lokale Brennpunkte für die Mobilisierung von Menschen und die Teilnahme an Demonstrationen und an Zeltlagern in Kiew. Ebenso wichtig war die lokale Mobilisierung gegen regional ernannte Gouverneure und Mitglieder von Regionalräten aus Janukowytschs »Partei der Regionen«. In den Oblasten Wolhynien, Lwiw und Ternopil, in denen Swoboda 2009/10 die Mehrheit errungen hatte, wurden neue administrative Strukturen aufgebaut. Die regionalen Zentren der Revolte trugen zur raschen Eskalation der Gewalt bei.[315]

Die faschistischen Banden behielten ihre Waffen über den Maidan hinaus. Am 11. Juli 2015 kam es in Mukatschewo, in der Nähe der ungarischen Grenze in den Karpaten, zu einem Feuergefecht zwischen 21 Mitgliedern des Rechten Sektors und der Polizei. Bei Schießereien auf offener Straße, bei denen Maschinengewehre auf Pick-ups eingesetzt wurden, gab es mehrere Tote und Verletzte. Der Grund dafür waren offenbar Rivalitäten um den Tabakschmuggel in die EU. Sowohl der Rechte Sektor als auch die Polizei sollen davon profitiert haben. Eine Partei wollte offenbar kein Schutzgeld bezahlen. Die Führung des Rechten Sektors erklärte dazu, dass die Bewegung das Recht habe, auch außerhalb des Kampfgebiets im Donbass Waffen zu tragen und einzusetzen. Präsident Poroschenko entsandte daraufhin das Militär und tauschte den Gouverneur aus.[316] Aber der Rechte Sektor stellt Kämpfer für den Bürgerkrieg, die braucht die Regierung. Diese Kräfte sollten jeden versöhnlichen Ansatz gegenüber der russisch-ukrainischen Bevölkerung blockieren und das Land in eine endlose Misere führen. Sie leben vom Krieg, aus ihren Beutezügen. Der Krieg ernährt sie, stillt ihren Hunger und gibt ihnen das Nötige zum Leben für ihre Familien und Ehre, Ruhm, Kameradschaft, Führung. Söldner sind es, die für den Krieg leben und aus dem Krieg. Der Krieg darf nicht enden, niemals, er ist mehr als ein Handwerk, er ist der Vater aller Dinge.

Seit dem Putsch auf dem Maidan kann sich keine ukrainische Regierung ohne Duldung durch die Faschisten halten. Die Milizen haben durch permanente Verletzungen der Waffenstillstandsvereinbarungen die Umsetzung der Abkommen von Minsk blockiert. Nach einem Treffen von Selenskyj mit Asow-Kämpfern in der Stadt Solote an der Kontaktlinie zur »Volksrepublik« Luhansk im Oktober 2019 erklärte Andrij Bilezkij, der Gründer der Organisation und Chef der Partei »Nationales Korps«, dem Präsidenten, dass das Minsk-II-Abkommen nicht umgesetzt werden dürfe. Zehntausende seiner Leute würden sich widersetzen: »Dieses Recht haben sie sich mit ihrem Blut verdient.« Im Mai 2019 warnte Dmytro Jarosch, der Mitgründer des Rechten Sektors, Präsident Selenskyj: »Das ist unser Staat! Und wir werden ihn nicht jedem überlassen, der ihn haben will.« Minsk II sei »eine Gelegenheit zum Manövrieren. Aber nicht mehr als das ... Die Umsetzung der Minsker Vereinbarungen wäre der Tod unseres Staates.« Selenskyj werde »an einem Baum in der Chreschtschatik hängen, wenn er die Ukraine und die Menschen, die in der Revolution und im Krieg gestorben sind, verrät«.[317] Jarosch ist inzwischen Berater des Generalstabs. Ein Teil seiner Miliz wurde im März 2022 in die Spezialkräfte integriert. Ein anderer bildet jetzt den Kern der 67. Separaten Mechanisierten Brigade »DUK«. Dadurch erhalten mindestens 5 000 Kämpfer Zugang zu modernen westlichen Waffen. Sie wollen weiterkämpfen, bis sie den »Sieg über den Ruinen des brennenden Kremls feiern« können. Die Asow-Bewegung unterhält einen eigenen Geheimdienst. Ultrarechte Milizen waren die Treiber der sogenannten »Anti-Terror-Operation« im Donbass. Sie spielen eine Schlüsselrolle beim Terror des Innenministeriums und des Geheimdienstes SBU gegen Oppositionelle und bei der Unterdrückung des Widerstands aus der Bevölkerung gegen die faktische Eingliederung in die NATO. Im Krieg stellen sie die Elitekämpfer dar, die als Antreiber der zwangsrekrutierten Ukrainer in Bachmut und anderen Blutmühlen unverzichtbar sind.

Zur Strategie der Selenskyj-Partei »Diener des Volkes« gehört es offenbar, die Faschisten in den Sicherheitsapparat einzubinden. Dabei treten sie immer wieder als Zwangsvollstrecker des Präsidenten auf. Bei der Schließung der oppositionellen Fernsehsender News One, Zik und 112 am 3. Februar 2021 prahlte Andrij Medwedko, Führer der Neonazi-Schlägertruppe »C 14« und mutmaßlicher Mörder des Journalisten Oles Busyna: »Wir sind Selenskyjs schwarzer Haufen.« Im Mai 2021 tauchten Berichte auf, dass Selenskyj einen ehemaligen Anführer des Rechten Sektors, Serhij Sternenko, zum Leiter des Geheimdienstes SBU in Odessa ernennen wolle. Sternenko war direkt in die Morde im städtischen Gewerkschaftshaus im Jahr 2014 verwickelt. Allerdings musste er 2021 eine Haftstrafe antreten, wurde jedoch schnell wieder auf freien Fuß gesetzt.[318] Mit dem Beginn des Krieges verstärkte sich die Integration faschistischer Milizen in den Staat. Auf Betreiben der NATO und der EU wurden rechte Organisationen durch die Eingliederung in die Armee, die Nationalgarde, den SBU und andere Geheimdienste legalisiert. Dadurch verwandelten sie sich in eine machtvolle politische Kraft. Im Parlament macht die Selenskyj-Partei »Diener des Volkes« in entscheidenden Punkten gemeinsame Sache mit Ultrarechten. Im Dezember 2020 brachte sie gemeinsam mit der Asow-Partei »Nationales Korps« ein »Antikollaborationsgesetz« auf den Weg. Dieses Gesetz wurde im März 2022 von der Werchowna Rada verabschiedet. Damit können praktisch alle Verbindungen zu Russland kriminalisiert werden. Bei Verstößen drohen Gefängnisstrafen von bis zu 15 Jahren.[319]

Der Mitfinanzier der Bataillone Asow, Dnipro und Ajdar, Ihor Kolomojskyj, kümmert sich auch um den Präsidenten. Kritiker werfen ihm vor, zwischen 2012 und 2016 insgesamt 41 Millionen Dollar in Offshore-Firmen wie Heritage in Belize gelenkt zu haben, die Selenskyj gehören – Vorwürfe, die zumindest teilweise durch die »Pandora Papers« belegt werden. Der ehemalige Chef der faschistischen »Ukrainischen Nationalen Selbstverteidigung« UNA-UNSO erklärte im März 2022: »Ich war wütend auf das ukrainische Volk – wie konnten sie einen Juden als eines der nationalen Symbole wählen!? Aber es hat sich herausgestellt, dass es sogar besser ist, wenn er ein Jude ist. Versuchen Sie doch nur einmal zu behaupten, wir würden den Nazismus unterstützen.«[320] »Die Ukraine«, so die exzellente Rechercheurin Susann Witt-Stahl, »ist längst zum Menschenjagdrevier der militanten Rechten und Eldorado für ihre kriminellen Machenschaften verkommen«.[321]

Der Krieg hatte bereits begonnen, da telefoniere ich wieder einmal mit dem Bauern Milo. »Inzwischen stellen die Bauern in den Karpaten am Fuß der Täler Wachen auf. Sie schlagen Alarm, wenn die Polizei kommt. Dann verschwinden die Männer im Wald, damit sie nicht eingezogen werden.« »Hast du noch etwas von Kolja gehört?«, frage ich. »Er hat mich noch eine Weile lang angerufen«, sagt Milo,

»fast wie ein Hilferuf. Du hast mich rausgeworfen, hier, schau, wozu ich gebraucht werde! Du kannst mich rauswerfen, ich bin nicht auf dich angewiesen, ich bin ein Kämpfer.« »Und seit Kriegsbeginn?«, frage ich weiter. »Seither habe ich nichts mehr von ihm gehört. Es sind Jungs wie Kolja, schon lange an der Waffe ausgebildet, bevor die Russen kamen, die als Erstes an die Front geschickt wurden. Nicht alle haben Glück, und mancher Tag ist länger als ein Leben.«

4.5. Kiew: Ein Putsch und die Folgen

Dmitrij Wasilez hat das Kämpfen nicht verlernt. Seinen Augen sehe ich an, dass die Hoffnung auf eine Ukraine der Lohnabhängigen noch nicht erloschen ist. Aber kämpfen muss er vorerst in Moskau. Er erwartet Sergey und mich im Kreis von Freunden und Familie in einem Café in der ersten Etage eines Einkaufszentrums im Norden der Stadt. Jahrelang arbeitete Dmitrij Wasilez als Reporter für den ukrainischen »Kanal-17«. Er war Gewerkschafter und Vorsitzender des Medienrats des Informationsministeriums, wo er sich gegen den Versuch der Regierung wehrte, die Presse stärker an die Kandare zu nehmen. Er gehört der Partei »Staat (ukrainische Macht«), einer sozialistischen Partei, an, eigentlich einer Splittergruppe im Parteiensystem der Ukraine, die sich als Teil eines Bündnisses gegen die Orangene Revolution von 2004 stellte. Er führt diese prorussische Partei seit 2019.

Zwei Jahre und drei Monate verbrachte Dmitrij Wasilez in der Ukraine im Gefängnis. Der Geheimdienst SBU hatte ihn am 24. November 2015 in der Region Schytomyr westlich von Kiew festgenommen: Er habe im Donbass beim Aufbau des Separatisten-Senders Novorossiya TV geholfen – was Dmitri Wasilez bestreitet. Das Bezirksgericht in Andruschewsky verurteilte ihn zu neun Jahren Gefängnis. Das Urteil wurde jedoch aufgrund mangelnder Beweise in der Berufungsinstanz aufgehoben. Ende 2021 ging er nach Moskau ins Exil. Der Journalist und Menschenrechtsaktivist Dmitrij Wasilez kennt den Maidan genau. Er hat mit eigenen Augen gesehen, was sich in jenen Monaten im Winter 2013/14 ereignete: die Demonstranten, die Organisatoren, die Geldscheine, die Waffen, die Toten.

Westliche Beobachter sahen die Ereignisse in der Ukraine 2013/14 als ein Scheideweg zwischen »einer Diktatur nach dem Vorbild von Belarus oder dem Sturz von Janukowytsch«. Sie betrachten den Maidan als »Revolution« oder als »Transformation von unten«, die zu einer Demokratie mit mancherlei Mängeln geführt hat, in der aber »volle Meinungsfreiheit« herrscht.[322] Wenn Dmitrij Wasilez so etwas hört, kann er nur höhnisch lachen. »Ich war jeden Tag auf dem Maidan«, erzählt er. »Ich wollte herausfinden, was dort geschieht. Was ich gesehen habe, war: Dieser Volksaufstand war eine perfekt inszenierte Show. Wenn Pressevertreter einen Kommentar von mir wollten und ich habe mich nicht zustimmend zu den Protesten geäußert, dann haben sie die Kamera wieder abgeschaltet und mich weggeschickt: ›Verschwinde, Junge, wir haben andere Ziele!‹ Das haben sie offen gesagt. Auf der Bühne befand sich keine zufällige Besetzung. Da durfte man nicht einfach so hoch. Diese Bühne war sehr teuer, und wer rauf wollte, musste an zwei, drei Sicherheitskontrollen vorbei.«[323] Wenn das stimmt: Wer hat das organisiert? Die herrschende Meinung im Westen sieht jene »ausgebauten zivilgesellschaftlichen Strukturen« am Werk: Demonstranten und NGOs, die genug hatten »von Korruption, Vetternwirtschaft und der allgemeinen Verarmung«. Die Ukraine habe sich »tatsächlich in einer revolutionären Situation« befunden.[324] Dmitrij Wasilez sah etwas ganz anderes: »Die Sicherheitskräfte auf dem Maidan wurden von ukrainischen Oligarchen bezahlt. Sie waren viel besser ausgerüstet und bewaffnet als die Polizei. Zufälle gab es auf der Bühne nicht. Wenn einer warnen wollte: Das hier wird in einem Blutbad enden, in einem Zerbrechen der Ukraine als Staat, dann durfte er nicht auf die Bühne. Jeder Oligarch, der mitmachte, bekam eine Quote für seine Reden, und für seine Strohmänner in Parlament und Regierung.«

Mit solchen Beobachtungen steht Dmitrij Wasilez nicht allein. Der Schriftsteller und Journalist Denis Simonenko erinnert sich an jene bitterkalten Wintermonate in Kiew: »Freunde von mir haben geglaubt, dass auf dem Maidan ein Volksaufstand stattfindet, und sind nach Kiew gefahren. Dort machte sich Ernüchterung breit. Denn sie haben erlebt, dass ihnen Geld angeboten wurde, dass unter den Demonstranten Thermo-Unterwäsche verteilt wurde, Winterkleidung, dicke Socken, Schuhe mit Heizplatten, damit sie nicht frieren. Das hat eine Menge Geld gekostet. Es wurde meinen Freunden sofort klar, dass dies von amerikanischen Stiftungen finanziert wurde. Das haben alle begriffen, die auf dem Maidan waren. Sie haben erlebt, dass nur eine kleine Gruppe zum Umsturz aufgerufen hat. Die meisten kamen aus der westlichen Ukraine. Diese Westukrainer aus Lwiw waren sehr aggressiv. Von anderen Regionen waren nur wenige Demonstranten auf dem Maidan. Diese Proteste waren gekauft. Meine Freunde haben als klardenkende Menschen sofort begriffen, von wem und wofür das organisiert wurde. Es richtete sich gegen Russland, und man ließ sich das ganze richtig viel Geld kosten.«[325]

Jahre später erzählt die Schriftstellerin Marija Hirt: »Nach meiner Wahrnehmung sehen viele im Osten die Katastrophe nach wie vor auch als bittere Konsequenz des ›Euromaidan‹. Als 2014 mit offener Unterstützung fremder Mächte eine relativ fair gewählte Regierung gestürzt wurde, die dort ihre Basis hatte, roch es nach Krieg. Wie wohl die meisten hatte ich zuletzt nicht mehr damit gerechnet. Doch hat dieser Einschnitt immer ein gewaltsames Zerbrechen des Landes riskiert. Und dass damals in Kiew der harte Kern auf dem Platz bezahlt wurde, weiß in der Ukraine jeder.«[326] Nur in Deutschland will dies niemand hören. Vielleicht hat das nicht nur mit Propaganda zu tun, sondern auch damit, dass man sich unbewusst von der eigenen historischen Schuld entlasten und einfach mal auf der Seite der Guten stehen möchte.

Dass Geld an die Demonstranten geflossen ist, steht außer Frage. Wiederum erwies sich Ihor Kolomojskjy als einer der Hauptfinanziers der Maidan-Bewegung und insbesondere des Rechten Sektors. Aber nicht nur ukrainische Oligarchen unterstützten den Aufstand mit Geld, Nahrungsmitteln und Zelten.[327] Ina Kirsch, die damalige deutsche Geschäftsführerin des European Center for a Modern Ukraine, einer Lobby-Organisation der ukrainischen Regierung in Brüssel, erklärte: »Es gibt allerdings Leute wie den US-Milliardär George Soros, die Revolutionen finanzieren. Soros hat auch den Maidan unterstützt, hat dort Leute bezahlt – die haben in zwei Wochen auf dem Maidan mehr verdient als in vier Arbeitswochen in der Westukraine.«[328] Ein guter Deal im Armenhaus Europas.

Das bedeutet jedoch nicht, dass der ganze Maidan gekauft war. Die Empörung über die Nichtunterzeichnung des EU-Assoziierungsabkommens war echt. Über ein Jahr lang hatte die Regierung den Menschen erklärt, dass Europa die einzige Perspektive sei, und plötzlich wurde diese Vision zunichtegemacht. Die Wut über Korruption und wirtschaftlichen Niedergang trieb viele proeuropäische Ukrainer auf den Maidan. Sie richtete sich insbesondere gegen die Familie Janukowytsch, deren maßlose Bereicherung zum Ansehensverlust des Präsidenten und der hinter ihm stehenden Donbass-Oligarchen beigetragen hatte. »Europa« wurde zu einem Kampfbegriff gegen die Ausplünderung des Landes durch die Oligarchen.

Schon lange saß Präsident Janukowytsch in der Klemme: Seit seinem Amtsantritt im Jahr 2010 hat er laviert. Am liebsten hätte er den neutralen Status der Ukraine beibehalten, aber das Land war zahlungsunfähig und benötigte einen Kredit vom Internationalen Währungsfonds. Dieser machte Auflagen, wie zum Beispiel das Einfrieren der Renten. Das wollte Janukowytsch nicht akzeptieren, da er eine Wiederwahl im Jahr 2015 anstrebte. Gleichzeitig übte Russland Druck aus, da die Ukraine gemeinsam mit der Gemeinschaft Unabhängiger Staaten (GUS) eine Freihandelszone bildete. Moskau fürchtete, dass bei einer weitgehenden Assoziierung der Ukraine mit dem EU-Binnenmarkt westliche und ukrainische Waren den russischen Markt fluten und die Verflechtung mit der Industrie im Donbass abreißt. Janukowytsch wollte Zeit gewinnen, doch die EU drängte ihn zu einer Entscheidung zwischen Moskau und Brüssel. In der westlichen Ukraine wurde die Hängepartie als Absage an Europa verstanden. Der Unmut über die Herrschaft der Oligarchen vermischte sich jetzt mit einem im Westen konzentrierten ethnisch-ukrainischen Aufstand.[329] Es war ein bürgerlicher Aufstand: Viele Studenten waren auf dem Maidan, aber der durchschnittliche Protestler war zwischen 34 und 45 Jahre alt, hatte einen festen Job und gehörte der Mittelschicht an. 92 Prozent der Teilnehmer waren ethnische Ukrainer.[330] Dazu gesellte sich ein mit der Dauer des Aufstandes zunehmendes »lumpenproletarisches« Element: Viele Arbeitslose aus der armen Westukraine, die sich als illegale Wanderarbeiter in der EU verdingten und deshalb ein Interesse an offenen Grenzen nach Westen hatten, wurden zu bezahlten Protesten auf dem Maidan angeworben.[331] Anders als bei der Orangenen Revolution 2004 waren diesmal ethnisch-ukrainische Nationalisten die treibenden Kräfte. Dies ebnete den Weg für faschistische Gruppen, den Aufstand zu kapern. Es gelang ihnen, in enger Kooperation mit den Neokonservativen in Washington und der NATO im Februar 2014 einen Staatsstreich zu organisieren. Es galt, mithilfe der NGOs bürgerliche Minderheiten gegen die eher Russland-affinen Großoligarchen zu mobilisieren, denen die Schwerindustrie im Donbass gehörte.

Die USA, die EU und die NATO hatten längst Sorge getragen, um die Levée en masse bei der Hinwendung zum Westen zu unterstützen. Spätestens seit Anfang März 2013 hatte die US-Botschaft in Kiew Aktivisten darin geschult, soziale Medien zur Vorbereitung von Massendemonstrationen zu nutzen. Am 20. November 2013 enthüllte Oleh Zarjow, ein föderalistisches Mitglied des Parlaments, in einer Rede, er habe Informationen darüber, dass »mit Unterstützung und direkter Beteiligung der US-Botschaft in Kiew das Projekt eines ›TechCamps‹ betrieben wird. Bei diesen Treffen werden Vorbereitungen für einen Bürgerkrieg in der Ukraine getroffen. Das ›TechCamp‹ bereitet Spezialisten auf Informationskriegführung und die Diskreditierung der staatlichen Institutionen durch den Einsatz moderner Medien vor. Potenzielle Revolutionäre sollen organisiert werden, um Proteste zu organisieren und die Regierung zu stürzen. Dieses Projekt wird derzeit unter der Verantwortung von US-Botschafter Geoffrey R. Pyatt betreut.«[332] Oleh Zarjow sparte nicht mit Details. Föderalistische Aktivisten hätten sich verdeckt Zugang zu dem Projekt verschafft, bei dem ihnen US-amerikanische Instruktoren erklärten, wie das Internet und soziale Medien genutzt werden könnten, um die öffentliche Meinung zu manipulieren, Proteste zu organisieren und so gewalttätige Unruhen auszulösen. Insgesamt seien quer durch die Ukraine bislang fünf TechCamps durchgeführt worden. Die etwa 300 ausgebildeten Aktivisten seien nun überall in der Ukraine aktiv: »Die letzte Konferenz fand am 14. November 2013 in der US-Botschaft in Kiew statt.«[333] Der Euromaidan begann in der Nacht des 21. November 2013. Rund 2000 Demonstranten hatten sich über die sozialen Netzwerke organisiert. Die fünf Milliarden Dollar, die Victoria Nuland zufolge in der Ukraine investiert wurden, hatten sich gelohnt.

»Ich habe auf dem Maidan Leute interviewt. Sie haben mir bestätigt, dass sie einer Nichtregierungsorganisation angehören und fürs Demonstrieren bezahlt werden«, Dmitrij Wasilez berichtet weiter von seinen Erlebnissen auf dem Maidan. »Sie sagten: ›Wir sind auf den Maidan gekommen, bleiben zwei Wochen, dann werden wir ausgetauscht, nach zwei weiteren Wochen kommen wir wieder zu den Protesten.‹ Die wichtigste Aufgabe dieser Leute war, den Maidan in den sozialen Medien zu präsentieren. Damit der Eindruck entsteht, die Demonstranten verträten das gesamte ukrainische Volk. Aber faktisch waren das Mitarbeiter von NGOs, die vom Westen und von westlichen Botschaften bezahlt wurden, bis hin zu den Schreibtischtätern, die Bilder von den Protesten gepostet haben. Wie auf Befehl waren alle NGOs, die in der Ukraine mit dem Geld aus den USA und anderen Ländern finanziert worden sind, nach Kiew gekommen. Wie später herauskam, gab es nicht hunderte, sondern tausende solcher Organisationen. Jede bestand aus jungen Leuten, jede hatte Mitarbeiter, die in einer militärisch straffen Rotation auf dem Maidan zwei Wochen gelebt haben und dann ausgetauscht wurden. Ihre Hauptaufgabe war, von früh bis spät auf dem Maidan zu sein. Damals schon hat vieles darauf hingedeutet: Dies ist kein Volksaufstand, sondern das Volk wurde benutzt. Das war gut orchestriert von Oligarchen.«[334]

Ähnlich wie bei der Orangenen Revolution im Jahr 2004 erlaubte die Maidan-Revolte jenen bislang schwächeren Oligarchen, die durch den Aufstieg des Donezk-Blocks an den Rand gedrängt worden waren, sich mit den Demonstranten zu verbünden und die Proteste zu nutzen, um die Staatsmacht zurückzufordern. Dies gelang nur in enger Zusammenarbeit mit der Europäischen Union und den Vereinigten Staaten und stürzte das Land in eine Zerreißprobe. Bereits seit Längerem gab es Bemühungen, die ukrainische Wirtschaft in einen Lieferanten für Primärrohstoffe für die EU umzuwandeln. So waren niederländische Investoren in den Bereichen Saatgut, Biotreibstoffe, landwirtschaftliche Produkte und Energie aktiv. Shell hatte bereits Verträge über die Ausbeutung von Gasvorkommen in der Tasche. Die Hightech-Industrie der Ukraine, einschließlich Unternehmen der Luftfahrt- und Maschinenbaubranche, sowie die Schwerindustrie im Donbass fanden keine Beachtung. Die in die Jahre gekommene industrielle Infrastruktur war eng mit Russland verflochten und wäre nach einer EU-Assoziierung durch die harte westliche Konkurrenz hinweggefegt worden. Besondere Brisanz erhielt die geplante EU-Assoziation, weil der Vertrag wichtige Bestimmungen zur Verteidigungs- und Außenpolitik enthielt und gleichzeitig höchst geheime Verhandlungen über einen Transatlantischen Freihandelsvertrag liefen.[335] Die Priorität lag darin, die Ukraine in den westlichen Einflussbereich zu integrieren und gleichzeitig die Eigentumsrechte der Oligarchen zu festigen.[336] Auf dem Maidan trafen also die Interessen westlich orientierter Oligarchen sowie die der EU und der USA in eine Richtung zusammen.

Doch zunächst tarnte sich der Staatsstreich als Happening. Als Cheerleader erschienen westliche Politiker wie Victoria Nuland, damals Abteilungsleiterin im US-Außenministerium, der deutsche Außenminister Guido Westerwelle, die damalige Sprecherin der Grünen für Osteuropa-Politik Marieluise Beck, US-Senator John McCain und die Außenbeauftragte der EU Catherine Ashton auf dem Maidan. Sie feuerten die Demonstranten an und sendeten so ein Signal westlicher Beteiligung und Unterstützung. Man stelle sich vor, der russische Außenminister Sergei Lawrow wäre in Paris erschienen und hätte die Gelbwesten-Proteste angefeuert. Anders als in Kiew hätte dies zu massiven Reaktionen westlicher Regierungen geführt.[337] Auf dem Maidan konnten westliche Politiker unter den Augen der Regierung die Proteste anheizen. Der scheidende EU-Kommissionspräsident José Manuel Barroso rief die Demonstranten auf, »den Mut zu haben, aufzustehen und zu kämpfen«.[338] 2016 sollte er zum Vorsitzenden des Aufsichtsrates von Goldman Sachs International ernannt werden.

Währenddessen flossen im Hintergrund weiter beträchtliche finanzielle Beträge. Da sind die fünf Milliarden US-Dollar, die Victoria Nuland erwähnte. Zwischen 1991 und 2009 hatten die USA bereits 3,1 Milliarden US-Dollar in die Ukraine investiert. Im Jahr 2010 bewilligte der Kongress noch einmal 118 Millionen US-Dollar. Zwei Drittel dieser Beträge wurden von der US-Agentur für internationale Entwicklung (USAID) verwaltet. Im Jahr 2012 gab die USAID insgesamt 78,4 Millionen US-Dollar für die Ukraine aus, wovon 27 Millionen US-Dollar für die Förderung von Demokratie und Governance vorgesehen waren. Dazu kommen der Milliardär George Soros mit seinen Stiftungen wie der Renaissance Foundation sowie halbstaatliche Akteure wie Freedom House, German Marshall Fund, National Endowment for Democracy, die neben öffentlichen Mitteln auch über Stiftungen der US-Wirtschaft finanziert werden. Das Omidyar Network von eBay-Gründer Pierre Omidyar mischte mit. Offiziell von den USA finanziert wurde das Center UA, eine ukrainische Dachorganisation für NGOs. Auch die NATO war bereits 2006 mit dem »Zentrum demokratische Initiative«, einer PR-Kampagne, und dem »Zentrum für euroatlantische Integration« vertreten. Die EU stellte ebenfalls Unterstützung bereit. Sie zahlte beispielsweise fast 496 Millionen Euro für »Front-Gruppen« – als Teil der 1,3 Milliarden Euro für Entwicklung und Forschung, die insgesamt zwischen 2007 und 2014 an die Ukraine vergeben wurden. Der Europäische Demokratiefonds, eine hauptsächlich von der EU finanzierte Stiftung, unterstützte ebenfalls die Zivilgesellschaft und Medien. Die britische Botschaft startete mehrere Kampagnen für die EU.[339]

All dies war Teil einer Gesamtstrategie, die aus Krediten und finanzieller Erpressung, Einflussnahme über NGOs und Regime Change sowie militärischer Intervention besteht. Auf diese Weise führte eine »Allianz von liberalen Internationalisten, Neokonservativen, Atlantikern, Glucksmann-Fans, deutschen Grünen, osteuropäischen Revanchisten und maßgebenden Europa-Verfechtern eine heilige Mission für die Erweiterung« von EU und NATO, »um den Osten zu bändigen, stellte dabei aber am Ende die eigenen Prinzipien auf den Kopf«.[340] Denn aus militärischer Perspektive geht es dabei nicht um Frieden und Europa, sondern darum, Moskau US-amerikanische Atomraketen vor die Nase zu setzen – und damit den Versuch, Washington einen atomaren Erstschlag zu ermöglichen, verbunden mit einer vorgeschobenen Raketenabwehr, die einen russischen Zweitschlag vereiteln könnte.[341] Dabei wurde die Einhegung der Ukraine offen mit der Destabilisierung von Putins Präsidentschaft verbunden.[342]

»Ich habe selbst beobachtet und kann das auch eidesstattlich versichern«, so Dmitrij Wasilez, »dass der größte Teil des Geldes in bar von polnischen und baltischen Diplomaten verteilt wurde. Wir haben mehrmals polnische Diplomaten bei der Übergabe von Dollarbeträgen an die Organisatoren der Proteste erwischt. Ein Teil des Geldes ging an die Medien, die über das Geschehen auf dem Maidan berichtet haben. Ein anderer Teil wurde für die Organisation verwendet, für die Wärmeversorgung, für Lebensmittel. Es wurden sogar Tischtennisplatten angeliefert, damit die Leute animiert werden, auf dem Platz zu bleiben. Ein Teil des Geldes ist wahrscheinlich an Sicherheitskräfte und Polizei geflossen, um deren Loyalität zu erkaufen. Wahrscheinlich ist auch Schmiergeld an die Beamten des Janukowytsch-Apparates gezahlt worden, damit sie auf ein hartes Durchgreifen gegen die Demonstranten verzichten. Auch, um zu vertuschen, dass es kein Volksaufstand war, sondern eine kriminelle Attacke zum Sturz der Regierung. Da gab es auch sehr gut organisierte Schlägertrupps. Sie haben sich Kämpfe mit der Polizei geliefert, bis vor die Bühne, die von Oligarchen kontrolliert wurde. Natürlich wurden die Organisatoren der Proteste, die auch die Aktivisten zum Maidan gebracht haben, in bar bezahlt.«[343]

Das unbedachte und brutale Vorgehen der Sicherheitskräfte führte mehrfach zu Eskalationen. Als Reaktion auf das Vorgehen der Berkut, einer Aufstandsbekämpfungseinheit der Polizei, begannen antirussische Extremisten bewaffnete Gruppen zu bilden, die ihrerseits Angriffe auf die Polizei verübten.[344] Jedoch kam der zentrale Anlass für das Umschlagen der Proteste in Gewalt aus der Politik. Am 16. Januar 2014 verabschiedete das Parlament scharfe Anti-Demonstrations-Gesetze, die drakonische Strafen für »Unruhestifter« vorsahen. Sie wühlten die Stimmung unter den Protestierenden zusätzlich auf und sorgten für weitere gewaltsame Konfrontationen mit der Polizei. In der Nacht vom 19. auf den 20. Januar kam es zu gewalttätigen Zusammenstößen, die eine explosive Lage schufen. Am 22. Januar wurde der erste Demonstrant getötet. Nun verwandelte sich die Protestbewegung in eine Revolution. Den weiteren Verlauf bestimmten zunehmend rechtsextreme Gruppen. Sie stellten das Rückgrat der militanten Hundertschaften dar, die Ende November 2013 gebildet wurden, und wurden verstärkt aus dem Westen des Landes. Täglich wurden mehrere Hundert bewaffnete Ultranationalisten aus den Regionen Lwiw, Wolyn und Ternopil nach Kiew gebracht.[345] Ab Januar gingen sie in die Offensive und griffen die Polizei mit Metallstangen,

Baseballschlägern und Molotowcocktails an. Aus den geplünderten Militär- und Polizeidepots im Westen, vor allem in Lwiw, Ternopil und Iwano-Frankiwsk, stammten »massive Mengen an Waffen«, so Volodymyr Ishchenko, »die später in den Zusammenstößen mit der Polizei in Kiew zum Einsatz kamen«.[346]

Am 14. Februar 2014 entließ die Regierung 234 Demonstranten und schlug eine Amnestie für alle kriminellen Übergriffe während der Revolte vor. Doch es war zu spät. Vier Tage später, am 18. Februar, warfen Rechtsextreme während eines Marsches auf der Institutskaja Molotowcocktails auf Polizeieinheiten. Sie setzten die Zentrale der Partei der Regionen in Brand und töteten einen Mitarbeiter. Von nun an war die Anwesenheit bewaffneter Faschisten Bestandteil der Proteste. An diesem Tag wurden 1200 zusätzliche Waffen, darunter Kalaschnikow-Sturmgewehre, von den Aufständischen in Lwiw erbeutet und ein Großteil davon nach Kiew gebracht. Dies war der entscheidende Wendepunkt, an dem der Aufstand eine paramilitärische Form annahm und sich in einen Staatsstreich verwandelte.[347] Dass auch viele Neofaschisten aus EU-Ländern auf den Maidan strömten, störte westliche Politiker nicht.[348] Aus einer zivilen Protestbewegung war ein bewaffneter Kampf geworden.

Anführer der Selbstverteidigungskomitees, bekannt als »Kommandant«, war der Rechtsextremist Andrij Parubij, einer der Gründer von Swoboda. Als die Nacht hereinbrach, waren bereits 28 Menschen erschossen worden, darunter zehn Bereitschaftspolizisten. Der Schusswinkel führte zur Philharmonie, wo Parubij das Kommando hatte. Zwei Tage später eskalierte die Gewalt dramatisch. Mindestens 39 Demonstranten und 17 Polizisten wurden von Heckenschützen ermordet. Ihre Basis hatten sie im Hotel Ukraina und in anderen Gebäuden, die unter der Kontrolle von Parubijs Hundertschaften standen. Im Gegensatz zur westlichen Version, der zufolge das Feuer von der Polizei eröffnet worden sei, kommt Iwan Katschanowski in einer detaillierten Analyse zu dem Ergebnis, dass »das Massaker eine Operation unter falscher Flagge war, die wohlüberlegt, geplant und ausgeführt wurde mit dem Ziel, die Regierung zu stürzen und die Macht zu übernehmen«. Katschanowskis Untersuchung nennt »eine Reihe von Beweisen für die Einbindung einer Allianz rechtsextremer

Organisationen, speziell des Rechten Sektors und von Swoboda, sowie oligarchischer Parteien wie Vaterland. Versteckte Schützen und ihre Spotter wurden in mindestens 20 vom Maidan kontrollierten Gebäuden beziehungsweise Bereichen festgestellt«.[349] Basierend auf konkreten Beweisen kommt Katschanowski zu dem Schluss, dass die Morde darauf abzielten, insbesondere in den USA und Polen Unterstützung für den Aufstand zu mobilisieren. Im Juli 2015 brach die Anklage gegen zwei Berkut-Polizisten wegen der Tötung von 39 Demonstranten am 20. Februar 2014 zusammen, als Zeugen aussagten, dass die Schüsse nicht aus Positionen der Berkut abgefeuert wurden, sondern aus Gebäuden, die von der Opposition besetzt waren. Das Kaliber stimmte mit deren Waffen überein. Doch das schien die westliche Presse nicht zu interessieren.[350]

Während dieser Zeit standen die militanten Kräfte kontinuierlich in Kontakt mit Vertretern der EU und der Vereinigten Staaten. Bevor sie im Hotel Ukraina auf dem Maidan Position bezogen, trafen sich drei georgische Scharfschützen unter anderem mit einem ehemaligen US-Soldaten in der Uniform der 101. Airborne Division der US Army namens Brian Christopher Boyenger, der als Instrukteur mitwirkte. Gleichzeitig hatte US-Botschafter Geoffrey Pyatt ständigen Kontakt mit dem Faschistenführer Andrij Parubij, der von Boyenger wusste. Deshalb war auch der US-Botschafter sehr wahrscheinlich informiert. Der kanadische Menschenrechtsanwalt Christopher Black sieht darin den Beleg, dass die Maidan-Massaker eine militärische Operation waren, an der auch Kräfte beteiligt waren, die der NATO nahestehen, und dass sie von US- und NATO-Kräften geplant und organisiert wurden.[351]

Auch Dmitrij Wasilez hat diese Vorgänge beobachtet. Er urteilt kurz und bündig: »Auf dem Maidan haben wir einen Staatsstreich, einen militärisch durchgeführten Putsch erlebt. Im Zentrum von Kiew wurden viele Menschen erschossen. Die Nationalisten haben Regierungsvertreter verfolgt. Für mich ist klar, wer auf dem Maidan geschossen hat. Es sind jene, die nachher die Macht ergriffen haben: Parasjuk, Jazenjuk, Turtschinow, Poroschenko. Diese Gruppen waren direkt verbunden mit westlichen Organisationen und Geheimdiensten. Ich habe gesehen, dass bei diesem Staatsstreich Leute an die Macht kamen, denen es nicht um die Souveränität der Ukraine ging, sondern darum, nur noch Befehle aus Übersee auszuführen.«

In der Nacht vom 20. auf den 21. Februar 2014 verhandelten die Außenminister von Deutschland, Polen und Frankreich, Frank-Walter Steinmeier, Radosław Sikorski und Laurent Fabius, in Kiew mit Janukowytsch über einen Deal, um eine weitere Eskalation zu verhindern. Die Vereinbarung sah einen sofortigen Waffenstillstand, eine Untersuchung der Gewalttaten und einen Gewaltverzicht aller Seiten vor. Doch gleichzeitig arrangierten US-Diplomaten die tatsächliche Machtübernahme. Mit dabei war auch die Vertreterin des US-Außenministeriums Victoria Nuland, die in ständiger Verbindung mit dem NATO-Oberbefehlshaber General Philip Breedlove stand. Auch die deutsche Seite war eingebunden: Ihr Botschafter in Kiew, Christof Weil, der auch jahrelang bei der NATO in Brüssel gearbeitet hat, leitete ein Treffen, an dem US-Botschafter Pyatt, weitere NATO-Diplomaten und der Kopf der Maidan-Ultras und Kommandeur ihres 12 000 Mann starken bewaffneten Arms, Andrij Parubij, teilnahmen. Parubij erschien im Kampfanzug mit Sturmhaube und drohte mit weiterer Eskalation, »wenn die westlichen Regierungen keine entschiedenen Aktionen gegen Janukowytsch unternehmen«.[352] Das war keine leere Drohung. Auf dem Maidan drohte einer seiner Staffelführer und Kommandeur einer der Heckenschützeneinheiten, Wolodymyr Parasjuk, vor einer wütenden Menge mit gewaltsamen Schritten, wenn Janukowytsch nicht bis Samstag, dem 22. Februar, zurücktrete. Dmytro Jarosch vom Rechten Sektor las eine Liste von Waffen vor, mit der man dieser Forderung Nachdruck verleihen könne. Das alles schien Teil einer Doppelstrategie zu sein: Die einen wickeln Janukowytsch ein, die anderen wetzen die Messer.

Im Ergebnis wurden 5 000 Berkut-Polizisten und weitere Spezialkräfte aus der Stadt eskortiert. Die Aufständischen übernahmen die Kontrolle in Kiew und im Parlament.[353] Am Abend des 21. Februar floh Janukowytsch per Hubschrauber nach Charkiw. Allerdings hatte der russische Geheimdienst erfahren, dass ukrainische Ultras unterwegs waren, um ihn zu ermorden. Daher setzte er seine Flucht nach Russland fort. In Rostow rief er Moskau dazu auf, einzugreifen und seine Macht wiederherzustellen. Falls Putin je die Absicht gehabt hätte, einzumarschieren und die Ukraine unter seine Kontrolle zu bringen, wäre dies der ideale Zeitpunkt gewesen. Nichts dergleichen geschah. Damit wurde, so Diana Johnstone, der Maidan zu einem »perfekt ausgeführten Regime Change«: »Die Massen an Demonstranten, deren genaue Forderungen niemals verdeutlicht worden waren und deshalb auch nicht erfüllt werden konnten, lieferten die ›demokratische‹ Rechtfertigung für den Sturz einer gewählten Regierung, während die mysteriösen Heckenschützen für den notwendigen Nebel der Verwirrung sorgten, damit ein nicht verfassungsmäßiger Staatsstreich stattfinden konnte.«[354] Keine der politischen Gruppen, die an der Maidan-Revolte beteiligt waren, hatte einen stabilen Rückhalt in der Bevölkerung – außer der rechtsextremen Swoboda in der Westukraine.[355]

Brüssel und Washington erkannten die neue Regierung sofort an. Unter Aufsicht bewaffneter Kräfte wurde Arsenij Jazenjuk, der den Segen der USA hatte, zum Ministerpräsidenten ernannt. Bei der Etablierung der neuen Regierung wurden die Regeln der Verfassung mehrfach verletzt. Die vorgesehene Dreiviertelmehrheit für ein Amtsenthebungsverfahren wurde nicht erreicht. Von den 21 Mitgliedern des neuen Kabinetts kamen lediglich zwei aus dem Süden und Osten der Ukraine. Dadurch war der russisch-ukrainische Teil des Landes faktisch nicht mehr repräsentiert. Die neofaschistische Swoboda, die nur acht Prozent der Parlamentssitze besaß, stellte fünf der 21 Kabinettsangehörigen sowie fünf Gouverneure, die ein Fünftel des Landes abdeckten. Stellvertretender Ministerpräsident wurde der Neofaschist Oleksandr Sych. Andrij Parubij, Mitbegründer der faschistischen SNPU und Anführer des bewaffneten Aufstands, der am 20. Februar die Machtübernahme mit den US- und NATO-Botschaftern ausgehandelt hatte, wurde zum Sekretär des Nationalen Sicherheits- und Verteidigungskomitees ernannt und war somit für die Aufsicht über das Verteidigungsministerium, die Streitkräfte, die Strafverfolgungsbehörden und die Geheimdienste verantwortlich. Arsen Awakow wurde Innenminister und Kommandeur der Freiwilligenmilizen, die aus den Selbstverteidigungseinheiten des Maidan rekrutiert wurden. Er hatte sich als Verwalter in der Region Charkiw einen Namen gemacht, indem er Hooligans gegen seine Gegner einsetzte. Unter den Oligarchen waren vor allem die US-orientierten Ihor Kolomojsky, Petro

Poroschenko und Wiktor Pintschuk die Gewinner. Auch Achmetow hatte Janukowytsch im entscheidenden Moment die Unterstützung entzogen. Dmytro Firtasch wurde Mitte März ausgeschaltet, als er in Wien aufgrund eines US-Auslieferungsbegehrens verhaftet wurde. Kolomojsky wurde nach dem Putsch zum Gouverneur von Dnipropetrowsk ernannt, und die Schlüsselministerien für Finanzen und Energie wurden mit seinen Vertrauten besetzt. Sie richteten ihre Politik an den Forderungen des IWF aus und kürzten Renten, schafften das Kindergeld ab und entließen Beamte.[356]

Noch einmal der Augenzeuge Dmitrij Wasilez: »Ich habe wirklich einen klassischen Staatsstreich erlebt. Eine Gruppe von Oligarchen wurde mithilfe des internationalen Finanzkapitals gestürzt, eine Gruppe, welche die Schaukelpolitik zwischen Russland und Europa fortsetzen wollte. Das internationale Finanzkapital hat mithilfe seiner politischen Strukturen, in erster Linie mit der US-Botschaft als Lokomotive und einer Reihe von NGOs, die von den USA bezahlt wurden, einen Machtwechsel herbeigeführt, um die Ukraine umzubauen zu einem Bollwerk für eine künftige Konfrontation mit Russland.«

Inmitten der Stimmung des ethnisch-ukrainischen Triumphes schaffte das Parlament am 23. Februar 2014 das Gesetz über die Verwendung von Zweitsprachen ab. Damit wurde Ukrainisch wieder zur alleinigen Amtssprache, auch auf regionaler Ebene. Das brachte das Fass zum Überlaufen: Während bewaffnete Banden die Büros der Partei der Regionen und der Kommunistischen Partei plünderten und Videos kursierten, die Beamte zeigten, die in Mülltonnen geworfen und geschlagen wurden oder noch Schlimmeres erfuhren, wuchs die Angst in der russischsprachigen Bevölkerung. All dies war im Februar nichts Neues mehr: Seit Beginn des Maidan machten Demonstranten Jagd auf sogenannte »Tituschki«.[357] Das waren arme, meist arbeitslose Jugendliche, die von der Regierung als Provokateure angeheuert wurden, um Demonstranten zu bedrohen oder anzugreifen – oft zusammen mit der Polizei. Aber die Jagd auf »Tituschki« war wohlorganisiert.[358] Ende Januar waren die Proteste zu regelrechten Straßenkämpfen eskaliert, bei denen paramilitärische Neonazi-Gruppen auch Gewerkschafter und Anarchisten unter den Demonstranten mit Äxten und Schlagstöcken angriffen.[359] Die Zahl der politischen Morde nahm zu: Im August 2014 wurde Walentina Semenjuk, die Vorsitzende des Fonds zur Privatisierung von Staatsvermögen, ermordet – angeblich Suizid. Im März 2015 starb der ehemalige Gouverneur von Saporischschja, Alexander Pekluschenko – angeblich auch Selbstmord. Am 15. April 2015 wurde Oleh Kalaschnikow, ein führendes Mitglied der Partei der Regionen, erschossen, am Tag darauf der Journalist und Historiker Oles Busina. Viele andere Oppositionelle landeten im Gefängnis, zahlreiche Organisationen, Parteien und Medien wurden verboten. Die ukrainische Menschenrechtlerin Larissa Schessler: »In der Ukraine gibt es heute kein freies Wort. Es gibt keine Freiheit für politische Organisationen. Es wurde eine totale Diktatur errichtet.«[360] Hunderttausende Oppositionelle haben bis heute die Ukraine verlassen und sind ins Ausland geflohen.

Mit der Welle der Gewalt war die Büchse der Pandora geöffnet. Bewaffnete ultranationalistische Gruppen zogen marodierend durch das Land, plünderten Büros der Partei der Regionen und der Kommunisten, bedrohten und schlugen Beamte. Dies versetzte die russischsprachige Bevölkerung in Angst und Schrecken und führte letztendlich zum Referendum auf der Krim. Angesichts der Machtübernahme in Kiew diskutierte das Parlament der Krim am 26. Februar 2014 die Durchführung eines Referendums über eine Trennung von der Ukraine. Es ging vor allem darum, die Krim-Bewohner vor randalierenden ukrainischen Banden zu schützen. In prorussischen Organisationen konnten Freiwillige für Selbstverteidigungsmilizen unterschreiben. Bereits bei der Auflösung der Sowjetunion war die Krim aufgrund der russischen Bevölkerungsmehrheit und der zweifelhaften Übertragung der Halbinsel durch Chruschtschow im Jahr 1954 auf Distanz zur Ukraine gegangen. Im Januar 1991 stimmten 93 Prozent für eine separate Krim-Republik. Die Unabhängigkeitserklärung der Ukraine erfolgte erst im August 1991. Im Dezember wurde dieser Schritt in einem Referendum bestätigt, wobei die Zustimmung auf der Krim deutlich geringer war als im Rest des Landes. Im Mai 1992 erklärte die Halbinsel ihre Unabhängigkeit, jedoch wurde kein Referendum dazu abgehalten. Trotzdem etablierte die Krim Institutionen der Selbstverwaltung. Am 17. März 1995 setzte Kiew die Verfassung der Krim außer Kraft und schickte Spezialkräfte zur Absetzung des dortigen Präsidenten. Dadurch hat die Ukraine selbst den Status der Krim missachtet und die Halbinsel de facto annektiert.[361] In den westlichen Medien findet dies kaum Beachtung. In der Verfassung von 1996 gewährte Kiew der Krim den Status einer Autonomen Republik, den sie bis 2014 behielt.

Die faschistischen Übergriffe bereiteten den Verantwortlichen in Moskau große Sorgen hinsichtlich der Zukunft der strategisch wichtigen Marinebasis auf der Krim, dem Stützpunkt der russischen Schwarzmeerflotte. Ein Auftauchen von NATO-Marineeinheiten vor Sewastopol hätte das Schwarze Meer in eine westliche Domäne verwandelt. Die Vorstellung, dass die Krim zur Basis der sechsten US-Flotte im Mittelmeer werden und Washington dort Kampfbomber oder Atomraketen stationieren könnte, wurde im Kreml als eine äußerst bedrohliche betrachtet. Aus diesem Grund entsandte Moskau bereits Anfang Februar einen geheimen Sondergesandten, Wladimir Surkow, auf die Krim. Am 3. März wurde im engsten Kreis des Kremls die Entscheidung getroffen, der Bitte der Abgesandten des Krim-Parlaments zu folgen und die Halbinsel nach einem Referendum zu übernehmen.[362] Es gab keinen Zweifel daran, dass Russland nach der Unterstützung des Putsches in Kiew durch Washington entschlossen war, seine eigenen Interessen zu wahren und den Schutz seiner eigenen Landsleute ohne Rücksicht auf ukrainische Verfassungsprozeduren sicherzustellen.[363]

Am 28. Februar tauchten an strategisch wichtigen Punkten der Krim Militärs ohne Hoheitsabzeichen auf. Sie gaben vor, lokale Freiwillige zu sein. In Wahrheit handelte es sich jedoch um russische Spezialkräfte. Geführt wurden die »kleinen grünen Männchen« von Oberstleutnant a. D. Dmitry Utkin, der zuvor eine Spezialeinheit des Militärgeheimdienstes GRU geführt hatte und später die Söldnertruppe Wagner mitgründete.[364] 12 500 russische Soldaten waren auf der Krim stationiert, 25 000 waren nach dem Stationierungsabkommen erlaubt. Diese Kräfte sicherten das Referendum am 16. März über die Sezession ab. Der Wahlkommission zufolge nahmen 83 Prozent der Bevölkerung an der Abstimmung teil, wobei 96,7 Prozent für die Vereinigung mit Russland stimmten. Es gab auch in Russland Zweifel am Ergebnis. Unstrittig ist jedoch, dass eine Mehrheit für den Anschluss an Russland gestimmt hat. Am 18. März wurde der Vertrag über den Beitritt zur Russischen Föderation unterzeichnet, am 21. März wurde der Beitritt vollzogen.[365] Als Reaktion darauf sperrte Kiew die Wasserversorgung und vernichtete damit die Reisernte eines Jahres.

Noch einmal Dmitrij Wasilez: »Auf der Krim lehnten viele den Putsch in Kiew ab. Die Menschen wollten nicht hinnehmen, was ihnen von der US-Botschaft aufgezwungen werden sollte. Das Referendum war sehr transparent, es fiel auch kein einziger Schuss. Das zeigt, dass die Menschen wirklich so empfunden haben, wie es das Abstimmungsergebnis zeigt.« Wegen Äußerungen wie dieser wurde auch Dmitrij Wasilez verhaftet und musste schließlich das Land verlassen.

Der Anschluss der Krim markierte eine radikale Wende in der russischen Außenpolitik, aber das Drehbuch dafür wurde von der NATO auf dem Balkan geschrieben: Im Jahr 1992 hatten die Europäische Gemeinschaft und die USA die Loslösung Bosnien-Herzegowinas von der Republik Jugoslawien auf Basis eines Referendums anerkannt, das von der serbischen Minderheit boykottiert worden war.[366] Im Jahr 2010 billigte der Internationale Gerichtshof in Den Haag die Unabhängigkeitserklärung des Kosovo vom 17. Februar 2008, obwohl das Völkerrecht mit der Resolution 1244 des UN-Sicherheitsrates das Kosovo als Territorium Serbiens betrachtet und die Sezession mit dem völkerrechtswidrigen Angriffskrieg der NATO gegen Serbien 1999 erzwungen worden war.[367] Darüber hinaus gab es auch völkerrechtswidrige Angriffskriege und erzwungene Regimewechsel im Irak und in Libyen. Moskau folgte nun dem Beispiel des Westens. Das Referendum stellte einen Bruch der ukrainischen Verfassung dar. Allerdings hatte der Westen selbst zuvor die ukrainische Verfassung verletzt, indem er den Putsch in Kiew unterstützte. Die NATO hatte das Völkerrecht für ihre eigenen Angriffskriege längst außer Kraft gesetzt. Dies hinderte den kollektiven Westen nicht, von einer »völkerrechtswidrigen Annexion« der Krim zu sprechen.[368]

Tatsächlich wurden die internationalen Standards missachtet: Bewaffnete Kräfte spielten eine Rolle, die Abstimmung wurde übereilt durchgeführt, die Auszählung war nicht transparent, unabhängige internationale Beobachter gab es nicht.[369] Allerdings hatten die Behörden der Krim am 10. März 2014 die OSZE um die Entsendung von Wahlbeobachtern gebeten. Doch die Organisation lehnte ab. Dies wurde zur gängigen Praxis des Westens: die Entsendung von Wahlbeobachtern ablehnen, um die Wahlen allein aus diesem Grunde für unrechtmäßig zu erklären.[370] Das Völkerrecht selbst ist widersprüchlich: Es schützt das Selbstbestimmungsrecht der Völker genauso wie die territoriale Integrität der Staaten. Es gibt keine Norm, die das Sezessionsrecht bejahen oder verbieten würde. Deshalb ist seine Auslegung umstritten. Der Strafrechtler Reinhard Merkel: »Sezession, Referendum und Beitritt schließen eine Annexion aus ... Auch die Sezessionserklärung selbst verletzt keine völkerrechtliche Norm und könnte dies gar nicht. Sezessionskonflikte sind eine Angelegenheit innerstaatlichen, nicht internationalen Rechts ... Die Zwangswirkung der russischen Militärpräsenz bezog sich weder auf die Erklärung der Unabhängigkeit noch auf das nachfolgende Referendum. Sie sicherte die Möglichkeit des Stattfindens dieser Ereignisse; auf deren Ausgang hatte sie keinen Einfluss.«[371] Karl Doehring legt das Selbstbestimmungsrecht als Notwehrrecht aus: Wenn eine ethnische Gruppe in fundamentaler Weise diskriminiert werde, dann habe sie ein Recht auf Sezession.[372] Die Debatte zeigt, dass das Völkerrecht selbst zur Waffe im Propagandakrieg geworden ist, genauso wie der Putsch auf dem Maidan: Er war es, der die Ukraine in die Zerreißprobe stürzte und schließlich in den Abgrund des Krieges.

5. Südwärts: Nach dem Angriff

5.1. Donezk: Der Sieger geht leer aus

Bei Perwomajskoj schleicht sich ein Tausendfüßler durch das Gras. Lautlos, Schritt für Schritt, reiben Springerstiefel an den Halmen vorbei, 15 Kilometer westlich von Donezk, irgendwo im Niemandsland nördlich von Marjinka. Der Himmel ist grau und regnerisch, und mancher hat die Kapuze hochgeschlagen, auf den Videos, die Jewgenij Chatsko Anfang November mit seinem Mobiltelefon gemacht hat. Sein Kampfname ist »Brest«. Als Offizier führt er eine Einheit frisch rekrutierter DVR-Milizionäre zum ersten Fronteinsatz. 60 Mann in auseinandergezogener Linie auf Schilf und auf Schlammwegen, Steppe bis zum Horizont, alle mit Stahlhelm und Rucksack. Irgendwo in nicht allzu großer Entfernung müssen die Stellungen der Ukro-Nazis sein, wie sie in der DVR-Miliz genannt werden. Die Stellungen, von denen aus Granaten des Kalibers 155 mm oder die teuflischen HIMARS abgefeuert werden, die der Westen nun auch noch liefert. »Meine Kameraden haben heute viel geleistet«, sagt Jewgenij. »Bald erleben sie ihre Feuertaufe.«

Hier im Donbass begann der Krieg nicht im Februar 2022. Hier hat der Bürgerkrieg bereits im März 2014 begonnen, unter den Augen einer Welt, die wegsehen wollte. Seitdem tragen die Milizen der DVR und LVR die Hauptlast der Kämpfe. Sie stellten zu Beginn des Einmarschs das Gros der etwa 190 000 Soldaten, mit denen die russisch geführte Koalition angetreten ist. Auch diese Tatsache findet im Westen kaum Erwähnung in den Zeitungen.[373] Die Russen liefern die Waffen und stellen ein paar Offiziere. Doch immer ist es zu wenig, sagen die Milizionäre, und immer kommt es zu spät. Denn das Kanonenfutter wird vor allem hier rekrutiert, in Donezk und Luhansk. Die Einheit bewegt sich auf ein Waldstück zu. Dort soll das Lager sein für die Nacht.

Jewgenij Chatsko meldete sich als Freiwilliger zur DVR-Miliz. Zuvor hatte er dafür gesorgt, dass seine Frau und seine beiden Kinder ins russische Rostow gebracht wurden. »Ich habe diesen Krieg nicht gewollt«, sagt Jewgenij. »Ich war leitender Angestellter einer Bank in Donezk. Nebenbei habe ich als Trainer in einem Sportstudio gearbeitet. Ich hatte ein Leben. Aber das ist Vergangenheit. Jetzt bin ich Soldat.«[374] Anfang April 2014 sahen fast zwei Drittel der regionalen Bevölkerung den Rechten Sektor als Bedrohung. Große Teile der Donbass-Bewohner betrachteten die Milizen als eine Art Lebensversicherung, die sie von der Regierung in Kiew nicht mehr erwarteten. Diese paramilitärischen Kräfte begannen direkt mit der örtlichen Polizei zusammenzuarbeiten, organisierten Patrouillen und bewachten Straßen. Insoweit hatten die Führer der bewaffneten Einheiten ein imperatives Mandat.[375] Auch Jewgenij Chatsko sieht sich als Diener seines Volkes. Er wurde am 3. Dezember 1979 in einem Vorort von Donezk geboren. »Ich bin zur Miliz gegangen, weil ich ein Mann bin, der seine Familie verteidigen muss. Meine Mutter, mein Bruder, meine Schwester, sie alle leben hier. Ich habe die Waffe in die Hand genommen, um meine Heimat zu verteidigen. Auch wenn die in Kiew uns Separatisten nennen – hier ist mein Haus, hier sind die Gräber meiner Vorfahren. Ich konnte nicht anders, ich musste mich so entscheiden.«

Wir lernen uns am 26. September 2022 vor dem Hotel Park Inn in Donezk kennen. Dort wartet er morgens um acht Uhr mit seinem weißen Mitsubishi auf Sergey und mich. Auf dem Parkplatz steht in großen russischen Lettern mit weißer Farbe: »OSZE: Eure Blindheit tötet Menschen!«[376] Der Schriftzug richtete sich an die 57 Beobachter der Organisation für Sicherheit und Zusammenarbeit in Europa, die im Park Inn untergebracht waren. Aber Sicherheit und Zusammenarbeit haben sie den Menschen hier nicht gebracht. Die Zivilbevölkerung wurde weiterhin von der ukrainischen Armee beschossen. Bei einer Demo am 23. Juli 2015 halten Frauen Fotos ihrer getöteten Kinder hoch, alte Männer tragen ihre Orden aus dem Großen Vaterländischen Krieg: Schaut her, ihr Friedensstifter, wir wissen, was Krieg heißt! Mütter berichten von den Granaten auf Wohnblocks, Raketen auf Kindergärten, Väter erzählen von ihren Töchtern, die einen Arm oder ihr Leben verloren haben: »Wir wollen Frieden. Aber ihr dient jenen, die uns ermorden wollen!« Die OSZE-Beobachter wiegeln ab.[377] Wer wissen will, warum dieser Krieg begonnen hat, und zwar bereits 2014 und nicht erst 2022, hier kann er Antworten finden, vor diesem Hotel, in dieser Stadt.

Unter der Herbstsonne liegt etwas Geisterhaftes über Donezk. Der Puschkin-Prospekt ist menschenleer. Keine Passanten, kein Kind auf dem Schulweg. Die Banken und Supermärkte mit Spanplatten vernagelt. Kein geschäftiges Treiben, nur Schweigen. Eine Stadt, im Entsetzen verstummt. Vor dem »Informationsministerium«, wo wir unsere Akkreditierungen abholen, laufen wir zickzack um drei Meter hohe Reihen aus Sandsäcken. Mal gibt es Wasser im Hotel, mal nicht. Mal kann man sich waschen, mal bleibt das Klo ohne Spülung. Tag und Nacht rollt ein Grollen durch die Straßen, immer wieder unterbrochen durch ein dunkles Bersten. Das sind die Einschläge französischer und deutscher 155-mm-Artilleriegranaten, US-amerikanischer 777-Haubitzen und der HIMARS-Raketen, die ukrainische Truppen auf die Zivilbevölkerung abfeuern. Sie sind kaum zu hören, immer präziser GPS-gelenkt, seit die US-Amerikaner in einer Etage im Verteidigungsministerium in Kiew ihre Satellitendaten frontgerecht aufbereiten. Das ist das Erste, was hier alle lernen: raus aus dem Netz und immer in Bewegung bleiben! Erst wenn eine andere Häuserfront berstet, vielleicht nur 600 oder 800 Meter entfernt, weiß man, dass man der Detonation entgangen ist. Im Zimmer halte ich die schweren Vorhänge vor den Fenstern geschlossen, auch am Tag. Eine lächerliche Deckung: Bei einem Granateinschlag würden mich die Splitter zersieben. Beim Verlassen des Hotels bleibt der Blick auf die Straße gerichtet: Die Ukrainer feuern Raketen mit Streuminen in die Stadt. Jeder Schritt kann der letzte sein.[378] Das Rathaus um die Ecke wurde am 12. August von mehreren Raketen getroffen. Die Fassade am Hauptportal ist eingestürzt, zwei große Fensterfronten sind zersplittert. Vier Menschen wurden getötet, viele verletzt, kein einziger davon Soldat. Leben im Donbass – das heißt seit März 2014 sterben im Donbass. Unversehens werde ich – wie die Menschen hier – von einem Lebenden zu einem Überlebenden, einem Davongekommenen.

Ich schreibe das, weil es viele Menschen in Deutschland nicht wissen wollen. Sonst könnten sie nicht endlich wieder die Russen hassen und trotzdem zu den Anständigen gehören. Sie müssten lernen, dass sie für die Menschen hier wieder besudelt unter den Völkern sitzen; deutsche Waffen erneut auf den Blutfeldern des einstigen deutschen Vernichtungskrieges. Da hört man sich lieber die Lügen der Regierungen von der Zeitenwende an, ein unprovozierter Angriffskrieg habe begonnen, am 24. Februar 2022, wie aus heiterem Himmel.[379] Jahrzehnte zurück hieß es einmal: »Deutsche Waffen, deutsches Geld morden mit in aller Welt!« Die es gebrüllt haben, sind verstummt. Mundtot gemacht von bürgerlichen Lohnschreibern, die andere vor den Teufel hetzen, aber selbst nur einen Krieg kennen: den mit dem Kaffeelöffel, der beim Trinken hinterm Schreibtisch ins Auge sticht. Wieder einmal enden als Kanonenfutter auf beiden Seiten der Front nicht die Sprösslinge derer, die diesen Krieg befehlen, sondern fast immer die Habenichtse.[380] Auf einer Marmorbank am Rathaus sitzt Alexander Puschkin. Eine Bronze-Plastik, 1969 geschaffen von der Bildhauerin Naum Abramowitsch Ginzburg. Die Beine übereinandergeschlagen, ein einsamer Gast vor menschenleerer Kulisse, schaut er zurückgelehnt zu fernen Himmeln und sieht doch nur Tod und Verderben, ganz nah.

Mit Jewgenij fahren wir zum Stadtrand, in Richtung Perwomajske zur Front. Die Wohnblocks gehen in Vororte und Dörfer über. Ich sitze hinten, das Notizbuch auf den Knien. Sergey vor mir hält die Spiegelreflex und dreht alles mit. Gestern noch sahen wir auf dem Hinweg Sonnenblumenfelder und fuhren durch Dörfer mit verfallenen Häusern, vorbei an windschiefen Zäunen, zwischen denen im Jahr 2014 schwere Kämpfe tobten. Wir passierten den Granit-Tagebau und ein Kohlekraftwerk, das damals die Hauptkampflinie war und heute wieder die Region mit Energie versorgt. Ein Checkpoint der Miliz; unter der DVR-Flagge schauen wir wieder in entsicherte Sturmgewehre. Mit ein paar Worten lotst uns der Fahrer durch. Das endlose, flache Land mündet in die Abraumhalden vor Donezk. Hier lebten einst eine Million Menschen. Nur noch die Hälfte ist übrig geblieben. Die Ukrainer haben die Leitungen zugedreht. Nur jeden dritten Tag bekommen die Einwohner Wasser, und immer nur kalt, berichtet unser

Fahrer, und ohne Druck. Er wohnt im neunten Stock, und nach seiner Schicht trägt er die vollen Eimer aus dem Keller hoch, auch für die Rentnerin nebenan, die nicht mehr tragen kann. Die meisten haben Donezk Richtung Russland verlassen; aber die Alten und Kranken können nicht gehen. Sie bleiben, wo sollen sie auch hin, sie haben sonst nichts. Heute passieren wir auf der Fahrt in die Vorstädte ein stillgelegtes Bergwerk.

Der Donbass war einst das industrielle Herz der Ukraine. Hier wurden ein Achtel des Bruttoinlandsprodukts und 27 Prozent der Industrieproduktion erwirtschaftet. Hier waren die meisten – wie Jewgenijs Vater – Bergleute oder Stahlarbeiter. Das gab der Auflehnung gegen die Putschregierung in Kiew einen besonderen sozialen, einen proletarischen Charakter. Der Protest fand hier bereits im März 2014 breite Unterstützung. Die Atmosphäre der Einschüchterung, die tätlichen Übergriffe und die nächtlichen Besuche nach der Machtübernahme der Ultranationalisten in Kiew waren nicht ohne Folgen geblieben. Schon Ende 2013 fanden Hunderte von Anti-Maidan-Demonstrationen in der Hauptstadt und vor allem in der Ostukraine, in Städten wie Charkiw, Donezk, Luhansk und Dnipropetrowsk statt.[381] Am 1. März 2014 protestierten in Donezk 7000 Menschen gegen gewaltsame Übergriffe der Ultranationalisten und die Abschaffung des Russischen als Amtssprache – mit russischen Fahnen und Bannern der bis dahin unbekannten »Volksrepublik Donezk«[382].

Fast zwei Drittel der Menschen im Donbass lehnten es ab, die Machtübernahme durch die Opposition anzuerkennen – mehr als in allen anderen südöstlichen Regionen mit Ausnahme der Krim. Als Reaktion auf die Militarisierung des Maidan bildeten sich paramilitärische Einheiten zum Schutz der russischstämmigen Bevölkerung vor militanten Nationalisten. Die Ersten dieser Einheiten entstanden im Winter 2013/14 unter Aufsicht der Partei der Regionen in Donezk und Luhansk. Nach dem Sturz von Janukowytsch schossen sie überall im Donbass aus dem Boden. Anfangs bestanden sie hauptsächlich aus Aktivisten lokaler prorussischer Organisationen und »Kosaken«, doch ab März schlossen sich auch Sympathisanten an, darunter ehemalige Afghanistan-Kämpfer und aktive Angehörige der ukrainischen Strafverfolgungsbehörden. Alexander Chodakowski, der künftige Kommandeur des Wostok-Bataillons, war Chef der SBU-Spezialeinheit Alfa in Donezk und beteiligte sich an der Stürmung des Gewerkschaftshauses, der Zentrale des Euromaidan. Seinem Beispiel folgten viele Offiziere und Mannschaften der Berkut-Miliz in Donezk und Luhansk, die zuvor mehrfach auf dem Maidan eingesetzt worden waren und entweder Angst vor Strafverfolgung hatten oder Rache nehmen wollten. Lokale Milizen wurden auch von ehemaligen Anti-Maidan-Aktivisten verstärkt, die zuvor die Straßenkämpfe rund um den Maidan in Kiew miterlebt hatten. Infolgedessen bildete sich im Donbass ein kampfbereiter Kern künftiger militärischer Auseinandersetzungen. Rückhalt fanden sie in der wachsenden Angst der Bevölkerung vor gewaltsamen nationalistischen Kräften.[383]

Ein Bericht der britischen Denkfabrik Chatham House charakterisiert die Donbass-Kämpfer als »einen zusammengewürfelten Haufen von Offizieren der russischen Geheimdienste FSB und GRU, aus Überbleibseln der polizeilichen ›Spezial‹-Einheit Berkut, aus privaten Sicherheitskräften der Oligarchen, Kosaken, tschetschenischen Kämpfern und kriminellen Abenteurern«.[384] Doch tatsächlich sahen sich die Einheiten der von Kiew eingeleiteten sogenannten »Anti-Terror-Operation« einem Aufstand gegenüber, der in erster Linie auf dem Widerstand der Einwohner basierte. Die meisten von ihnen waren Arbeiterinnen und Arbeiter, die durch den Zusammenbruch der Wirtschaft arbeitslos geworden waren. »Einheimische aus dem Donbass bildeten von Anbeginn der Kämpfe an die Mehrheit der Milizen«, schreibt Serhiy Kudelia. »Dies wird durch die Liste der Opfer unter den Freiwilligen (dominiert von Ukrainern) und durch die Datenbank bestätigt, die mit der Unterstützung der ukrainischen Strafverfolgungsbehörden angelegt wurde und zeigt, dass zwei Drittel der Separatisten Ortsansässige sind.«[385] Während die Demonstranten auf dem Maidan überwiegend aus der Mittelschicht kamen und nationalistisch dachten, entsprang die Anti-Maidan-Bewegung der Arbeiterklasse, war antioligarchisch und prorussisch.[386] Der Aufstand im Donbass war eine Reaktion darauf, dass die Putsch-Regierung in Kiew, ermuntert von Washington und Brüssel, mit äußerster Gewalt auf die Anti-Maidan-Bewegung unter den russischsprachigen Ukrainern reagierte. Der nun folgende Terror gegen die Bevölkerung im Donbass ist die Ursache für das prorussische Ergebnis des Referendums in der Ostukraine im September 2022.

Ein schwarzbraunes Etwas zieht sich über den dreckigen Asphalt. Die Blutspur auf der Uliza Schaposchnikowa ist inzwischen trocken; und doch machen Passanten einen Bogen, wie aus Respekt vor den Toten. An der Ecke im Bezirk Kuibyschewski liegen Blumen auf dem Boden, brennende Kerzen in Gläsern, eine Vase mit einem Strauß. Daneben das Foto eines kleinen Mädchens; ein Kinderleben, verweht. Am Bakyns'kych Komisariw Ploschtschad schlugen vor ein paar Tagen ukrainische Granaten ein, mitten im Feierabendverkehr, auf der Uliza Wasnezow und in einem gut besuchten Supermarkt.[387] »Hier sehen Sie die Folgen«, sagt Jewgenij Chatsko. Unwillkürlich legt er die Hand auf seine Makarow am Gürtel. »An dieser Bushaltestelle mitten im Stadtzentrum, in diesem Supermarkt, ist vor sieben Tagen ein Geschoss einer französischen 155-MM-Haubitze eingeschlagen. Hier gibt es weit und breit keine militärischen Einrichtungen. 13 Menschen sind gestorben, darunter zwei Kinder. Die Richtkanoniere peilen diese Ziele an, und sie wissen, dass es keine militärischen Ziele sind. Es gibt dafür nur eine Erklärung: Sie wollen die Menschen im Donbass vernichten.«

Es war ein abgekarteter Bürgerkrieg. Die NATO mischte von Beginn an mit. Wie man den durchgesickerten E-Mails des NATO-Oberbefehlshabers in Europa Philip Breedlove entnehmen kann, begannen die Falken in Washington und Brüssel schon Ende März 2014 damit, die Ukraine zum Testgebiet für eine militärische Kraftprobe mit Russland und China zu machen. Was den Donbass anging, schrieb Breedlove an Nathalie Crawford von der Rand-Corporation am 29. März, »sieht es aus, als ob die Grenze schon bald sehr hässlich sein wird«.[388] Vieles ist noch geheim – aber es gibt Hinweise darauf, dass die NATO die ukrainische Armee im Donbass bereits vor den ersten Besetzungen beraten hatte. Kurz darauf, am 13. April 2014, machte der ehemalige NATO-Kommandeur Wesley Clark in einer Mail an Breedlove deutlich, dass es darum ging, in der Ukraine auch China klarzumachen, dass die USA um jeden Preis ihre »Full-spectrum dominance«, also ihre umfassende militärische Kontrolle, aufrechterhalten wollen: »Wenn wir die Ukraine entgleiten lassen, erhöht sich definitiv das Risiko von Konflikten im Pazifik. Denn China wird fragen, ob die USA sich wohl für Japan, Korea,

Taiwan, die Philippinen, das Südchinesische Meer einsetzen werden … Es ist viel einfacher, jetzt die Frontlinie in der Ukraine zu halten als später anderswo.«[389] Für Breedlove ging es darum, »Russland jetzt abzuschrecken, sich auf einen Kampf vorzubereiten und wenn nötig zu siegen«.[390] Ein geheimes Netzwerk von Brandstiftern rund um den NATO-Chef suchte schon im März und Anfang April 2014 den Stellvertreterkrieg mit Russland. Zu diesem Zeitpunkt war man im Kreml noch damit beschäftigt, eine Lösung für den Donbass zu finden. Pläne für ein militärisches Eingreifen sind nicht belegt. Für den Kreml wäre der Zeitpunkt günstig gewesen, denn die ukrainische Armee war damals noch nicht duellfähig. Moskau rechnete wohl mit einer spontanen Gegenrevolution in den russischsprachigen Gebieten, aber das gelang nur teilweise und nur im Donbass mit verdeckter Militärhilfe.[391]

Schon Mitte März 2014 reiste der ultranationalistische Innenminister Awakow nach Donezk und versuchte, Fußball-Hooligans zu bewaffnen und gegen die prorussischen Kräfte in Stellung zu bringen. Kampfflugzeuge der ukrainischen Luftwaffe donnerten im Tiefflug über separatistische Protestdemos. Von Anfang an war klar: Kiew setzte auf Gewalt. Doch in Donezk übernahmen die Aufständischen die Kontrolle. Am 6. April besetzten Separatisten Regierungsgebäude in Donezk, Gorlowka und Kramatorsk. In Charkiw wurde dagegen am 10. März der frühere Gouverneur Michail Dobkin wegen angeblicher separatistischer Betätigung festgenommen. In der zweitgrößten ukrainischen Stadt wurden am 8. April 70 Anti-Maidan-Demonstranten verhaftet, was weitere Proteste verhinderte. Aber im Donbass weitete sich der Aufstand zum Flächenbrand aus. Oft handelte es sich um zusammengewürfelte lokale Aktivisten. Doch am 12. April wurden in Slowjansk Polizei- und Verwaltungsgebäude von professionellen bewaffneten Kräften besetzt. Das war der Moment, in dem der Volksaufstand in eine bewaffnete Revolte umschlug, möglicherweise mit externer Unterstützung.[392]

Es war die Stunde von Igor Girkin, genannt Strelkow – der Schütze. Der ehemalige Oberst des russischen Inlandsgeheimdienstes FSB hatte in der Nacht vom 11. auf den 12. April mit 52 professionellen Kämpfern die Grenze zwischen Russland und der Ukraine überquert.[393] Einige Quellen ordnen ihn dem russischen Militär-Geheimdienst GRU zu, was Girkin aber bestreitet.[394] Der russische Nationalist hatte bereits in Tschetschenien, Transnistrien und mit den Serben in Bosnien gekämpft. Zudem spielte er eine Rolle bei der Übernahme der Krim. Girkins Wahl fiel auf Slowjansk, den nördlichsten Vorposten von Donezk und einen Verkehrsknotenpunkt zur russischen Grenze. Dort hatten bereits etwa 300 lokale Milizionäre in »stiller Sezession« Verwaltungsstrukturen aufgebaut. Girkin wollte in einer Stadt mittlerer Größe Fuß fassen, wo »mit Unterstützung der Bevölkerung die Macht schnell übernommen werden konnte«.[395] Er wurde eine Schlüsselfigur bei der Militarisierung und Internationalisierung des Konflikts. Girkin hatte nach eigenen Angaben Ende März 2013 den FSB verlassen und war Leiter des Sicherheitsdienstes beim Marshall-Capital Investment Fund des russischen Oligarchen Konstantin Malofejew geworden. Alexander Borodai, der spätere Premierminister der Volksrepublik Donezk, arbeitete als PR-Berater für Malofejew.[396] Ein Jahr später wurde Slowjansk unter Girkins Leitung zu einer Falle für Kiew. Dort gelang es ihm, die ukrainischen Milizen an einem westlichen Vorposten zu binden. Dadurch verschaffte er Donezk und Luhansk, wo am 7. und am 27. April Volksrepubliken ausgerufen wurden, die Zeit für die innere Konsolidierung.[397]

All das wirkte nicht wie ein Alleingang; daher die Version des Westens, dass Moskaus Männer jetzt mitmischten und teilweise die Zügel in die Hand nahmen. In diesem Szenario wäre der bürgerkriegserfahrene Girkin Anfang 2013 als Schläfer vom russischen Geheimdienst zwischengeparkt worden zu einem Zeitpunkt, als sich der innerukrainische Konflikt zuspitzte, um ihn dann bei der Sezession der Krim und einen Monat später im Donbass als willigen Vollstrecker so einzusetzen, dass Moskau eine direkte Einmischung abstreiten konnte. Was dagegen spricht: Girkin warf – wie andere Separatistenführer – dem Kreml öffentlich Betrug vor, weil die russische Regierung den Aufstand zu wenig unterstütze.[398] Der Kommandant der DVR-Miliz Igor Bezler bezichtigte Girkin der Feigheit: Beim Rückzug aus Slowjansk am 5. Juli 2014 habe er sich im Kofferraum eines Autos unter Schutzwesten versteckt, um an den ukrainischen Belagerern vorbeigeschafft zu werden.[399] Nach Beginn des Einmarsches forderte er den Einsatz von Atomwaffen, plante möglicherweise die Gründung einer eigenen Armee und kritisierte Putin: »Der Fisch stinkt vom Kopfe her!«[400] All dies deutet darauf hin, dass es sich um einen militanten, großrussischen Fanatiker handelt, für den Apparat Putins kaum berechenbar. Tatsächlich konnte der Kreml die militanten Separatistenführer nicht unter Kontrolle bringen, denn es gab keine einheitliche Leitung der Aufständischen. Leute wie Girkin stellten den Kreml vor die Wahl zwischen einer schlechten und einer sehr schlechten Lösung: sich militärisch einzumischen und das Verhältnis zum Westen weiter zu belasten – oder die ethnisch-russische Bevölkerung den ukrainischen Ultranationalisten zu überlassen und innenpolitisch unter Druck zu geraten.[401]

Girkin werden in der Ukraine schwere Kriegsverbrechen zur Last gelegt. Er selbst erklärte in einem Interview, dass er Militärtribunale geleitet sowie Folterungen und Erschießungen angeordnet habe.[402] Am 26. April wurde Strelkow von der Führung der Volksrepublik Donezk zum Kommandeur der paramilitärischen Einheiten ernannt. Dies war auch die Geburtsstunde von Wagner. Die Söldnertruppe wurde am 1. Mai gegründet. Manager wurde der Putin-Vertraute Jewgeni Prigoschin. Der Kreml gab ihm den Auftrag, die Aufständischen militärisch zu unterstützen. Unter der operativen Leitung von Dmitry Utkin mischte Wagner ab Mai bei den Kämpfen im Donbass mit.[403] Die Verlegung von russischen Söldnern Mitte April in den Donbass muss von der Armeeführung in Moskau befohlen worden sein. Sie war eine Reaktion auf den Einsatz von 400 Elite-Söldnern der US-Firma Academi (vormals Blackwater), die, wie Mitte März bekannt wurde, in der Ostukraine in der Uniform der ukrainischen Sonderpolizei »Sokol« Einsätze gegen die Aufständischen rund um die Stadt Slowjansk durchgeführt haben. Darüber setzte der Bundesnachrichtendienst die Bundesregierung am 29. April 2014 in Kenntnis.[403a]

Einer der Ersten, die Girkin für seine 2000 Mann starke Rebellenarmee rekrutierte, war Jewgenij Chatsko.[404] Wir stehen immer noch an der Uliza Schaposchnikowa im Bezirk Kuibyschewski. Jewgenij, der DVR-Offizier, schaut mich mit großen Augen an, wie ein Vierzehnjähriger, der etwas ausgefressen hat. »Ich habe diesen Krieg wirklich nicht gewollt. Es war 2014, da hat Übergangspräsident Oleksandr Turtschynow im Auftrag des Schokoladen-Oligarchen Petro Poroschenko die Armee geschickt. Sie haben sofort den Flughafen bombardiert. Bis zu diesem Zeitpunkt gab es hier keine Armee. Erst 2014 wurden die DVR-Milizen aufgebaut. Damals haben wir im Donbass das Referendum über den Status von Donezk und Luhansk durchgeführt.«

Unterstützen Sie die die Schaffung einer Volksrepublik? Das war die Frage. Ganz klar war sie nicht. Das russische Wort самостоятельность (*samostoyatel»nost«*) kann als vollständige Unabhängigkeit oder weitgehende Autonomie übersetzt werden. »Da ging es los«, sagt Jewegenij, »damals bin auch ich der Freiwilligen-Miliz beigetreten.« Am 11. Mai 2014 zogen die Aufständischen in den von ihnen gehaltenen Teilen von Donezk und Luhansk Referenden durch, gegen den Widerstand im Kreml. Putin hatte Tage zuvor eine Verschiebung gefordert.[405] In beiden Separatistengebieten nahmen angeblich drei Viertel der Bevölkerung teil, für die Unabhängigkeit stimmten in Donezk 89 Prozent und in Luhansk 96 Prozent. Weder Kiew noch der Westen erkannten das Ergebnis an. Von einer freien, gleichen und geheimen Wahl konnte keine Rede sein, aber es zeigte die weit verbreitete separatistische Stimmung.[406] Am 12. Mai erklärten sich die beiden Volksrepubliken für unabhängig. Am 24. Mai bildeten sie die Union »Neurussland«. Die Separatisten – und große Teile der Bevölkerung – setzten auf den Schutz Moskaus, zumal die Territorien absehbar wirtschaftlich, politisch und militärisch von Russland abhängig sein würden. Doch der Kreml erkannte das Ergebnis dieses ersten Referendums nicht an – ein Beleg dafür, dass Russland keine Annexion plante.[407] Schien es anfangs so, als ob die Aufständischen im Donbass Moskau vor sich hertrieben, so wurden die Volksrepubliken allmählich zu russischen Protektoraten, zwei ferngesteuerte Militärdiktaturen mit imperativem Mandat.[408]

Einen Monat zuvor, am 13. und 14. April, besuchte CIA-Direktor John Brennan die ukrainische Hauptstadt. Kurz darauf begann Kiew seine »Anti-Terror-Operation« gegen die Separatisten. Der erste Einsatz der 25. ukrainischen Luftlandedivision gegen die Aufständischen am 16. April endete jedoch in einer Farce, mit Blumen und Verbrüderungen. Die Waffen wurden von den Separatisten unter Leitung von Strelkow beschlagnahmt, Fallschirmjäger liefen über.[409] Als Reaktion darauf entsandte die Putschregierung ultranationalistische und faschistische Freiwilligen-Bataillone. Angesichts eines drohenden Bürgerkrieges einigten sich Russland, die EU, die USA und Vertreter aus Kiew am 17. April 2014 in Genf auf eine Vereinbarung über Amnestie, Wahlen und Verfassungsänderungen. Jedoch griff am 21. April der Rechte Sektor unter dem Befehl von Dmytro Jarosch unbewaffnete Zivilisten in Slowjansk an und tötete fünf Menschen. Dieser Angriff von Ultranationalisten und Neonazis stellte die schwerwiegendste Eskalation des Konfliktes dar. Er machte jede Verständigung zunichte.[410] Es blieb nicht der letzte mörderische Angriff. Mit aller Gewalt wollte die Putschregierung die südöstliche Ukraine davon abhalten, sich dem Aufstand anzuschließen. Deshalb plante Übergangspräsident Turtschinow am 24. April während eines Spitzentreffens in Kiew eine Operation in Odessa, wo es ebenfalls brodelte. Im Gegensatz zur Krim, wo die Sezession gewaltsame Übergriffe verhinderte, war die kosmopolitische Schwarzmeerstadt dem Putsch-Regime schutzlos ausgeliefert. Der Rechtsextremist und Vorsitzende des Nationalen Sicherheitsrates, Andrij Parubij, reiste nach Odessa und traf mit Sicherheitskräften und rechten Freiwilligen »angemessene Entscheidungen, um der Destabilisierung der Lage im Raum Odessa entgegenzuwirken«.[411] Am Rande eines Fußballspiels am 2. Mai griffen bewaffnete Kräfte des Rechten Sektors, die als Zivilisten getarnt waren, Fußballfans aus der Westukraine an. Hooligans und militante Rechtsextremisten wurden von der Polizei gezielt zu einem Anti-Maidan-Zeltcamp gebracht. Dort setzten sie die Zelte der Anti-Maidan-Bewegung in Brand und trieben die Bewohner ins Gewerkschaftshaus. Das Gebäude wurde in Brand gesteckt, wobei mindestens 48, wahrscheinlich aber 116 Menschen in den Flammen ums Leben kamen.[412] Die Polizei griff nicht ein.[413] In Mariupol weigerte sich die Polizei am 9. Mai, dem Tag des Sieges über Nazideutschland, eine Anti-Maidan-Demo aufzulösen. In einem Schusswechsel mit der Polizei wurde der Kommandeur des rechtsextremistischen Bataillons Dnipro 1 getötet und der von der Putschregierung neu ernannte Polizeichef der Stadt verletzt. Daraufhin gingen Nationalgarde und Rechter Sektor mit Panzern und gepanzerten Fahrzeugen vor und setzten die Polizeistation der rebellischen Beamten in Brand. Dabei wurden bis zu 100 Menschen getötet.[414] Massaker wie jene in Odessa und Mariupol sind im Osten der Ukraine nicht vergessen.

Auch in Russland erinnert man sich bis heute daran. Deshalb lassen die Lehrer ihre Schulkinder Bilder für die Soldaten an der Front malen. Auch Jewgenij hat solche Bilder bekommen. Sie zeigen Flugzeuge und Flaggen in den Farben Russlands. Auf einem steht mit Buntstiften geschrieben: »Für unsere Kämpfer. Wir glauben an euren Sieg.

Wir warten in der Heimat und hoffen, dass ihr gesund und lebendig wiederkommt. Wir wünschen euch Mut und Stärke.« Drei Bilder liegen auf Holzbohlen, aus denen sich die Soldaten einen Unterstand zimmern, in einem Wäldchen bei Perwomaiskoj. Jewgenij sagt: »Ich danke unseren geliebten Kindern. Das hilft uns sehr. Dafür werden wir standhaft bleiben und unsere Heimat verteidigen.« Das Wäldchen war erst ein paar Tage zuvor erstürmt worden. Ziel der russischen Truppen und DVR-Milizen war es, die Ukrainer abzudrängen, sodass ihre Mehrfach-Raketenwerfer das Stadtzentrum nicht mehr erreichen können. An der Lichtung da vorne beginnt das Niemandsland, hinter dem nächsten Hügel lauert der Feind, hier ist der Frontverlauf unklar.

Im Frühjahr 2014 schwappte eine Welle von Freiwilligen über die Grenze, darunter Kosaken, militante Tschetschenen, russische Nationalisten und neosowjetische Großrussen. Dadurch wurden die Separatisten durch kriegserfahrene und fanatisierte Kämpfer verstärkt. Dennoch ist das Ausmaß der materiellen und personellen Unterstützung durch den Kreml noch längst nicht geklärt.[415] Die ukrainische Armee war – trotz ihrer strukturellen Schwäche – den Milizen in Mannstärke und Bewaffnung zunächst überlegen, insbesondere, was schwere Waffen betraf. In Slowjansk hatte die Miliz weniger als 1 000 Mann mit gerade einmal drei Geschützen. Während der Belagerung setzte die Ukraine Mehrfachraketenwerfer vom Typ BM-21 Grad, mehrere Batterien Haubitzen, Mörser- und Artillerieeinheiten und dutzende gepanzerte Fahrzeuge ein. Das Kräfteverhältnis kippte jedoch in den ersten Sommerwochen, nachdem die Miliz die wichtigsten Grenzübergänge zu Russland unter ihre Kontrolle gebracht hatte. Mitte Juli wurden aus Guerilla-Angriffen und Infanterie-Gefechten Panzerschlachten und Artillerieduelle. Drei Ursachen führten zur Veränderung des Konflikts von einer asymmetrischen Auseinandersetzung zu einem vollwertigen Militäreinsatz: Die Milizen konnten eine große Anzahl von lokalen Freiwilligen rekrutieren, gewannen zusätzliche Kämpfer aus Russland und brachten schwere Waffen aus russischen Beständen in das Gebiet.[416]

All dies waren Vorgänge, deren Ursachen innerhalb der Ukraine lagen, sich der direkten Kontrolle des Kremls entzogen und häufig auch den Interessen der russischen Führung widersprachen, die sich zunächst nicht in diesen Konflikt hineinziehen lassen wollte. Russland hat diese Entwicklungen ausgenutzt, aber nicht bestimmt. Vielerorts unterstützten die örtlichen Sicherheitskräfte die Separatisten, wie bei der Erstürmung der SBU-Zentrale in Luhansk. Dort weigerte sich die Polizei, das Gebäude zu schützen, und die Dienstaufsichtsbehörde bestand darauf, verhaftete Separatisten freizulassen.[417] Einwohner des Donbass bildeten seit Beginn der Kämpfe die Mehrheit der Milizen. Ihre Motive waren offensichtlich: Es ging weniger um materielle Gründe, sondern vielmehr um den Wunsch, ihre eigene Familie und ihre Heimat gegen ultranationalistische Regimenter zu schützen, die von Oligarchen finanziert und von der Regierung in Kiew unterstützt wurden. Pawel aus Kramatorsk erzählt: »Ich habe mich der Miliz angeschlossen. Ich war bei der Arbeit in Kramatorsk, als ich plötzlich hochexplosive 240-Millimeter-Granaten detonieren sah, die aus Karachun abgefeuert wurden. Ich sah es und war entsetzt ... Diese Granaten trafen nicht die Milizen, sondern den Spielplatz, den Kran auf dem Werksgelände, das Wachhäuschen ... Ich bin ein Junge aus der Ukraine. Aber ich nehme diesen Völkermord, Faschismus und Nationalismus nicht hin.«[418]

Die Front – das ist hier das Ende der Straße, während 500 Meter weiter am anderen Ende Rentnerinnen die Einkaufstasche am Rollator hängen haben und mit gesenktem Blick im Schatten der Wohnblocks laufen. Aus ihren Augen ist jegliche Hoffnung gewichen. »Die ukrainischen Truppen waren damals sehr gut ausgeruht. Es war schwer, sie vom Flughafen zu verdrängen. Bis heute gibt es dort schwere Kämpfe. Ein Freund von mir ist in Makijiwka gestorben, weit hinter der Front. Es waren HIMARS-Raketen.« Dort drüben war einmal eine Kneipe. Davor sitzen zwei Frauen mit Schürzen und einem Kinderwagen. Zwischen losen Steinen liegen Straßenbahnschienen, an denen Grashalme wuchern. Die Fenster der Häuser sind mit Presspappe verstopft, Ersatz für zerschossene Scheiben. Daneben ein ausgebranntes Geschäft. Ganz nah hinter der Front sitzt vor einem Laden eine Frau im Jogginganzug. Ein Rudel streunender Hunde passiert einen zerbrochenen Lattenzaun. Wir erreichen den ersten Bunker. Unter einem Tarnnetz steht ein alter 120-mm-Mörser. Ganz in der Nähe pfeifen Granaten vorbei. Zwei Soldaten mit Unterhemd und Stirnband kommen aus einem Unterstand. »Seid ihr wahnsinnig? Da vorne ist die Front. Hier gibt es keine Zivilisten mehr. Seht zu, dass ihr verschwindet, das Feuer hat eben erst aufgehört!« Wir drehen um Richtung Vorstadt. Hinter uns steigen zwei Soldaten aus einem Lieferwagen, schnappen sich ihre Sturmgewehre und machen sich zu Fuß auf zur Hauptkampflinie. Ein paar hundert Meter weiter wischt eine Frau die Fensterbank. In der grauen Zone leben die Menschen auf Du und Du mit dem Tod.

Anfang Juli 2014 starteten ukrainische Milizen eine neue Offensive. Am 5. Juli wurde Slowjansk zurückerobert, der Ort, an dem die Revolte begonnen hatte, zugleich ein wichtiger Umschlagplatz für Erdgas. Am 7. Juli fielen Artemiwsk und Druschkiwka, gefolgt von der Einnahme von Siwersk am 10. Juli. Eine Einkesselung des 100 Kilometer südlich liegenden Donezk schien in greifbare Nähe gerückt. Für die Strategie der Kriegsbefürworter in Kiew und der NATO sei es entscheidend gewesen, so Mike Whitney, »Putin über die Grenze zu locken und in einen Konflikt hineinzuziehen. Andernfalls würde der Plan der Neocons, Putin als ›gefährlichen Aggressor‹ zu dämonisieren, dem man als Handelspartner nicht trauen könne, nicht funktionieren«.[419] Es ging tatsächlich ums Gas. Das von Präsident Poroschenko mit US-amerikanischer Hilfe installierte Marionettenregime sollte Europa vom russischen Gas abschneiden, Putin in einen langwierigen Guerillakrieg hineinziehen, die Energiepreise hochtreiben, die EU in die Rezession schicken und auf diese Weise die politische und wirtschaftliche Führung der USA stabilisieren. Moskau wollte jedoch nicht in die Falle tappen: »Washington hatte nur ein kleines Zeitfenster, um Putin in den Kampf hineinzuziehen«, so Whitney, »deshalb sollten wir mit einem weiteren Vorfall unter falscher Flagge rechnen, größer als das Feuer in Odessa. Washington wird etwas richtig Großes tun und es Moskau in die Schuhe schieben«.[420] Diese neue verdeckte Operation war möglicherweise nur eine Woche später der Abschuss von Flug MH-17 und der Massenmord an 298 Menschen an Bord. Zwar sah ein niederländisches Strafgericht in Den Haag eine Buk-Flugabwehrrakete als Ursache, die aus Russland in das Gebiet der Separatisten gebracht worden war, und verhängte lebenslange Haftstrafen gegen drei beschuldigte Russen in Abwesenheit: den Rebellenkommandeur Igor Girkin, seinen Stellvertreter Sergei Dubinski und den Vize-Geheimdienstchef der Rebellen in Donezk, Oleg Plutanow. Doch was ist eine Ermittlung wert, wenn weder Russland noch die USA und die NATO ihre Satelliten- und Luftüberwachungsbilder offengelegt haben, die Russen von den Ermittlungen ausgeschlossen waren und bei der – ein einmaliger Fall in der Rechtsgeschichte – einem möglichen Täter, der Regierung in Kiew, ein Veto-Recht gegen alle Ermittlungsergebnisse eingeräumt wurde?[421] In der öffentlichen Meinung war entscheidend, dass die Mainstream-Medien zu keinem Zeitpunkt von der Bewertung der NATO und des Regimes in Kiew abwichen, »Putin« sei für den Abschuss verantwortlich. Russland hatte den Propagandakrieg von Anfang an verloren.

Erst Ende August intervenierte die russische Armee direkt. Nachdem Slowjansk gefallen war, gerieten Donezk und Luhansk militärisch in Bedrängnis. Als russische Truppen in die Schlacht um Ilowajsk eingriffen, konnte die Einkesselung der DVR- und LVR-Milizen abgewendet werden. Mehr als tausend ukrainische und etwa 220 russische Soldaten wurden getötet.[422] Dadurch brach die ukrainische Sommeroffensive zusammen. Kiew und seinen westlichen Verbündeten wurde nun klar, dass es vorerst keine militärische Lösung geben würde. Der starke militärische Druck zwang den Westen zu Verhandlungen, die schließlich im Protokoll von Minsk vom 5. September 2014 mündeten. Ziel war ein Waffenstillstand. Allerdings flammten die Kämpfe um den Flughafen von Donezk noch im September erneut auf. Am 12. Februar 2015 kam auf Initiative von Deutschland und Frankreich ein neues Waffenstillstandsabkommen zustande – Minsk II. Durch die Verabschiedung der Resolution 2202 des UN-Sicherheitsrates wurde daraus ein völkerrechtlich gültiger Vertrag.[423] Anders als später vom Westen behauptet, erwachsen Russland aus diesem Abkommen keine Verpflichtungen.

Wenn sich Jewgenij an diese Zeit erinnert, wirkt er verbittert: »Damals wurde das Minsker Abkommen unterschrieben. Die Ukrainer hätten sich an die Vereinbarungen halten müssen, die euer heutiger Präsident Steinmeier mit ihnen ausgehandelt hat. Aber sie haben sie gebrochen und den Donbass immer wieder beschossen. Das ist der Grund, warum wir die Militärische Spezial-Operation begonnen haben. Die Ukrainer sollten sich gut überlegen, welchen Anteil sie an all dem haben, und diesen Bruderkrieg beenden.«

Erklärtermaßen hatte Kiew nicht vor, das Minsker Abkommen umzusetzen, und der Westen ließ die Ukraine gewähren. Man setzte darauf, die Bevölkerung zu drangsalieren: Renten und andere Sozialleistungen wurden nicht mehr ausgezahlt, der Personen- und Güterverkehr wurde stark eingeschränkt und die Zivilbevölkerung jahrelang mit Artillerie und Raketen beschossen. Bis Ende 2021 zählten die Vereinten Nationen mehr als 14 000 Opfer, darunter 3 400 Zivilisten.[424] Viele Menschen im Donbass, die anfänglich für eine föderale Lösung innerhalb der Ukraine eintraten, wurden damit zunehmend in die Arme der separatistischen Führung getrieben und sahen schließlich nach Jahren des Bürgerkrieges nur noch im Anschluss an Russland einen Weg zum Frieden. Dadurch konnten die Führer der Volksrepubliken ihre Macht festigen. Umgekehrt trieben in Kiew Ultranationalisten die Regierung vor sich her und immer tiefer in den Konflikt hinein.[425] Das alles vertiefte die Spaltung der Ukraine und führte zu einem tiefen Riss in der Gesellschaft. Das Minsk-II-Abkommen wurde von der ukrainischen Seite nie eingehalten, und der früheren Bundeskanzlerin Angela Merkel zufolge habe der Westen es ohnehin nur geschlossen, um der Ukraine Zeit zur Aufrüstung zu verschaffen.[426] So war dieser Bürgerkrieg schon 2014 ein Stellvertreterkrieg.

Am späten Nachmittag sitzen wir in einem kleinen Restaurant an einem See im Osten von Donezk. Es ist eine Art kindliche Enttäuschung, die seine Augen befällt, wenn Jewgenij Chatsko an den Kriegsverlauf denkt. »Wir hätten schon viel früher militärische Unterstützung gebraucht. Die Russen kamen viel zu spät, und sie waren am falschen Ort. Hier vor Donezk hätten wir sie gebraucht, wo sich die Ukrainer in Marjinka eingegraben haben und die Stadt beschießen. Aber sie haben auf die falschen Leute gehört und im Norden angegriffen. Sie haben uns hängenlassen.« Schon acht Tage vor dem russischen Überfall, am 16. Februar 2022, verstärkte die ukrainische Artillerie den Beschuss der Republiken Donezk und Luhansk – nach Angaben der damals noch entlang der »Kontaktlinie« tätigen OSZE-Mission um das Vierfache, anderen Quellen zufolge innerhalb weniger Tage um das 34-Fache. Entweder wollte die Ukraine eine Bodenoffensive vorbereiten – oder einen russischen Angriff provozieren.[427] Die Milizen der DVR und LVR konnten dem militärischen Druck kaum noch standhalten und baten in Moskau um militärische Hilfe.[428] Am 19. Februar 2022 erklärte der ukrainische Präsident Selenskyj auf der Münchner Sicherheitskonferenz, sein Land ziehe in Erwägung, den

1994 ausgesprochenen Verzicht auf Atomwaffen zurückzunehmen. Da diese Erklärung vor den Augen Washingtons stattfand, kann es sich nur um eine mit der US-Regierung abgesprochene Provokation gehandelt haben. Am 22. Februar 2022 beschloss die Staatsduma in Moskau die diplomatische Anerkennung von Donezk und Luhansk. Damit gab auch Moskau das Minsker Abkommen auf.

Zwei Tage später ließ Wladimir Putin die russischen Panzer rollen, jedoch nicht in Richtung Donezk, sondern von Belarus auf Kiew zu. Putin verkündete damals drei Kriegsziele: erstens die »Entnazifizierung« der Ukraine – gemeint war ein Regimewechsel in Kiew und die Installierung einer russlandfreundlichen Regierung. Zweitens die »Entmilitarisierung« der Ukraine, später präzisiert als das Ziel, die ukrainische Armee zu verkleinern und ihre Angriffsfähigkeit zu schwächen. Und drittens ein »Ende des Genozids« an den Bewohnern des Donbass. Ein Jahr später hat Russland keines dieser Ziele erreicht. Das Regime Selenskyj sitzt fest im Sattel. Trotz schwerer Verluste wurde die ukrainische Armee umfassend vom Westen modernisiert. Der tägliche Beschuss der Städte und Gemeinden im Donbass mit Artillerie und Raketen geht weiter. Der Überraschungsangriff nördlich von Kiew ist unter hohen Verlusten gescheitert.[429] Putin konnte seine Kriegsziele nicht erreichen, denn sie waren widersprüchlich. Den Donbass zu erobern und gleichzeitig einen Regimewechsel in Kiew zu erzwingen, zwang die russische Koalition dazu, ihr Feuer zu spalten. So konnte sie in einen Abnutzungskampf gezwungen werden.[430]

Aus Sicht von Jewgenij Chatsko kam die Invasion acht Jahre zu spät, und der Kreml glaubte seinen eigenen Illusionen. »Die in Moskau haben sich verschätzt«, sagt er bitter. »Die Oligarchen haben im Kreml erzählt, dass die Russen mit offenen Armen empfangen würden. Für diesen Mist haben sie sich teuer bezahlen lassen – und sie haben gelogen. Es waren wertlose Informationen, und Putin hat den falschen Leuten geglaubt. Deshalb ging alles schief.« Es blieben verlorene Siege. Die Gebiete um Sumy und Tschernihiw – wie gewonnen, so zerronnen, schon im März. Dann im September die ukrainische Gegenoffensive im Gebiet Charkiw im Nordosten, gefolgt vom Rückzug hinter den Dnjepr im Süden bei Cherson. Fest in russischer Hand blieb dagegen der Landkorridor zur Krim, der die Versorgung der Halbinsel mit Wasser und Nachschub unabhängig von der Brücke ermöglichte.[431] Das größte Debakel, wie Jewgenij erkannte, war jedoch eine politische Fehleinschätzung: Die Abspaltung des Donbass und die Aufnahme der Krim in die Russische Föderation stärkten die politische und kulturelle Einheit der westlichen Ukraine. Denn die ethnisch-russischen Gebiete mussten fortan nicht mehr berücksichtigt werden. Zur Aufrüstung durch die NATO kam die Segregation. »Sie wollen die Menschen hier im Donbass nicht mehr haben«, sagt Jewgenij, »die Einwohner von Donezk, die gestern noch Ukrainer waren, wollen sie verjagen.« »Kann dieser Krieg jemals wieder enden?« »Ich hoffe sehr, dass dieser Krieg bald beendet wird. Das wünsche ich auch den Menschen in der Ukraine. Auch dort gibt es vernünftige Menschen, die sich an unsere gemeinsame Geschichte erinnern – die Geschichte des großen slawischen Volkes. Solange der Dritte Weltkrieg noch nicht angefangen hat – möge Gott dies verhindern –, empfehle ich, sich zu besinnen. Dieses Regime in Kiew geht vor wie eine Diktatur: Es verbietet oppositionelle Parteien, stellt abweichende Meinungen unter Strafe, führt Säuberungen durch und schickt Andersdenkende in den Knast. Wenn uns das ukrainische Volk hilft, diese Regierung zu stürzen, dann wird der Beschuss hier aufhören, dann wird es Frieden geben.«

Die Menschen im Donbass vor dem Bombenterror zu schützen, das prowestliche, protofaschistische Regime in Kiew zu stürzen – das bleibt tatsächlich das Ziel des russischen Angriffs. Moskau stellt sich auf einen langwierigen Krieg ein und gruppiert seine Kräfte um für neue Offensiven. Bis dahin werden frisch Einberufene verheizt. Die durchschnittliche Überlebenschance eines Soldaten an der Front beträgt inzwischen nur noch wenige Tage.[432]

Wir verlassen das Hotel und machen uns früher als geplant auf den Weg nach Mariupol. Vorangegangen waren lange Telefonate und Mailverkehr mit Rechtsanwälten. T-Online hatte mich in Deutschland gegen jede Sorgfalt als Wahlbeobachter denunziert. Ein Shitstorm war die Folge. Kurz darauf verfehlt eine 155-mm-Granate das Hotel nur knapp und schlägt auf dem Parkplatz ein. Der Eingang des Park Inn ist wie weggefegt, alle Scheiben zerborsten bis hinauf zu unseren Zimmern. Jewgenij telefoniert mit Artilleriebeobachtern: »Das Geschoss kam aus Marjinka, südwestlich von Donezk. Dort haben sich die Ukrainer verschanzt. Wer zu lange im Netz bleibt, wird angepeilt.«

Sie fanden Jewgenij Chatsko Ende November. Verkohlte Leichen zwischen verbrannten Bäumen, Gestank von Menschenfleisch in jenem Wäldchen, das ihnen als Unterstand diente, irgendwo beim Dorf Perwomajskoj. Sie wussten schnell, dass er es war: die Stahlkrone im Oberkiefer, der Ehering mit Gravur. Der Rest war Asche, verkohlter Körper in Fechterstellung. Eine HIMARS-Batterie hatte seine Einheit geortet. Was bleibt, ist ein Foto von Jewgenij, in Uniform mit kahlrasiertem Schädel, in einem Kranz aus roten Rosen, Nelken und Lilien, an orthodoxem Kreuz die weiße Trauerschleife; ein Grab unter Gräbern.

5.2. Mariupol: Feuersturm mit Vorlage

Wir erreichen Mariupol aus nördlicher Richtung. Hinter uns liegen 110 Kilometer auf der H20. Wer sich von Osten nähert, für den heben sich die Ruinen von Mariupol vom Himmel über dem Asowschen Meer ab – eine schwarze Morgue von Gerippen, in denen der Seewind singt. Von Donezk kommend passieren wir Checkpoint um Checkpoint. An einer gesprengten Brücke stehen zwei Soldaten der DVR-Miliz mit Sturmgewehren vor einem Bunker. Sie winken uns durch. Bis vor Kurzem war hier noch die Front. Hinter den alten ukrainischen Stellungen und dem völlig zerschossenen Zoll steht ein rotes Schild: »Achtung! Minen!« Wer hier pinkeln muss, darf die Straße nicht verlassen; es könnten seine letzten Schritte sein. Ein paar Kilometer weiter werden am Straßenrand Melonen verkauft.

Bei Wolnowacha, 40 Kilometer südlich von Donezk, umfahren wir Straßensperren. Im März war diese Gegend heftig umkämpft, zwei Drittel der Häuser sind zerstört. Hinter Betonplatten sitzen Soldaten an einem schweren Maschinengewehr. Im Straßengraben sind zwei T-72-Panzer unter Tarnnetzen versteckt, die Mündungen der Kanonenrohre schauen uns an. Eine alte Frau schiebt ihren Rollator durch den Dreck. Seitwärts sehen wir die alte ukrainische Verteidigungslinie: doppelreihige Panzersperren und Bunker. Hier war alles ausgebaut; man hat seit Jahren mit einem russischen Angriff gerechnet. Die rechte Spur wird zu einem schlammigen Weg, wir fahren links und weichen einem Lkw mit vier S-300-Raketen aus. An kleinen Brücken sind die Metallgitter im ukrainischen Blau-Gelb gestrichen; ein hilfloser Versuch, den Menschen hier ein Nationalbewusstsein einzutrichtern, das sie verloren haben. Der Rest ist vergammelt. An einem Betonpfosten ist zu lesen: »Stopp! Minen!« Mitten auf einer Kreuzung steht ein zerschossenes Baufahrzeug, am Straßenrand ein Blumenstrauß. Schlammige Schlaglöcher zwingen unseren Fahrer zum Bremsen. Daneben wird die Gegenfahrbahn überteert, das Militär braucht freie Fahrt zur Front. Hinter einem liegengebliebenen Militär-Lkw mit weißem »Z« auf der Kühlerhaube beraten DVR-Milizionäre, wie sie ihre Karre wieder flottkriegen können. Am Denkmal des Stahlarbeiters vor Mariupol halten wir an. Hier begann der Angriff der russischen Panzerspitzen, von hier aus nahmen 40 000 Russen, DVR- und LVR-Milizionäre sowie tschetschenische Nationalgardisten die Stadt in die Zange.[433] Die Ziele: eine Landbrücke zur Krim erzwingen, die Stadt »entnazifizieren« und das faschistische Asow-Regiment vernichten. Hier in Mariupol wurde es ernst, hier ging es um alles. Die russische Koalition setzte doppelt so viele Kräfte ein wie beim Marsch auf Kiew. Dort waren nur knapp 25 000 Soldaten beteiligt – vielleicht auch ein Versuch, ukrainische Truppen zu binden.[434]

Vor Mariupol rollen wir langsam auf einen massiv bewaffneten Checkpoint zu, schlängeln uns an Panzersperren vorbei. Die 30-mm-Kanone eines BTR-80 ist auf uns gerichtet. Schießscharten zwischen Betonplatten. Zwei Soldaten der DVR kommen auf uns zu. Der hintere trägt eine kleine Bazooka RPG-18 »Mucha«, der vordere schiebt den Lauf seiner AK durchs Seitenfenster, den Finger am Abzug. »Was? Ein deutscher Pass? Was wollt ihr hier?« Unser Fahrer diskutiert mit dem Milizionär. Der überlegt: Was soll er tun? Spione aus NATO-Land laufen lassen? Oder die Kerle festnehmen und verhören? Beides könnte Ärger geben. Er hält die Waffe auf uns gerichtet. Was ist ein Menschenleben wert? In einer Ecke dieser Welt, in der schon Tausende ermordet wurden. Kommt es da auf drei mehr oder weniger noch an? Würde jemand Meldung machen? Oder stünde im Tagesbericht: »Am Kontrollposten keine besonderen Vorkommnisse«, während die leblosen Körper im Straßengraben liegen? Der Milizionär nimmt den Finger vom Abzug und lässt uns fahren.

Wir passieren die verlassenen Häuser der Vorstadt: in den zersplitterten Fenstern Presspappe, Zäune aus zerbrochenen Eternitplatten. An einer gelben Wand steht: »Hier ist der Bunker.« Daneben war einmal eine Kneipe, es blieb ein Loch in der Wand. Davor sitzen zwei Frauen mit Schürze und Kinderwagen. Wir passieren eine Tram, die von einer Granate aus den Schienen gehoben wurde. Eine Grad-Rakete steckt zur Hälfte im Asphalt, ein Blindgänger, der Passanten gleichgültig lässt. Zerschossene Plattenbauten, deren ausgebrannte Fensterhöhlen höhnisch auf uns herabschauen. Auf der Hebebühne einer Werkstatt am Straßenrand ein völlig ausgebranntes Polizeiauto. Neben Einschusslöchern russische Flaggen. An der Seite ein Schild: »Russland steht hinter uns!«

Zwischen Ruinen Schlangen vor einem Verkaufsstand am Straßenrand. Drei Jungs begegnen uns auf Mountainbikes. Sie überholen einen Verwundeten in einem vergammelten Rollstuhl. Hier gibt es mehr Menschen auf der Straße als in Donezk. Denn hier ist der Krieg vorbei. Die verbliebenen Einwohner kehren zurück in eine bedrückende, freudlose Normalität. Die Menschen reden wieder miteinander, nicht mehr diese Stille wie in Donezk. Doch ihre Gesichter haben jegliche Hoffnung verloren: Was soll bloß werden? An einer Mauer steht mit Farbe: »Sdez Detje!« – hier leben noch Kinder![435] Daneben zeigt ein weißer Pfeil Richtung Keller. Doch der Keller ist ausgebrannt. Hier lebt niemand mehr. Darüber schaut ein blauer Himmel gleichgültig durch Fensterhöhlen in einer halbzerfallenen Fassade, hinter der nichts mehr ist. Bizarre, schwarze Straßenschluchten aus Ruinen. Mariupol, schätze ich, ist zu 80 Prozent zerstört.

In einem Seitenweg finden wir eine Schule, in der bereits neue Fenster eingesetzt wurden. Dort kommen wir ins Gespräch mit einem älteren Herrn in einem braunen Pullover, an den er eine Kokarde in den Farben Russlands gesteckt hat. Er führt uns hinter einen halb ausgebrannten Wohnblock, in dem nur noch wenige Fenster heil sind. Darunter hausen Überlebende in Kellern. Im Hinterhof haben sie sich mit Backsteinen eine Feuerstelle gebaut und daneben eine Plane gegen den Regen gespannt. »Seit März haben wir kein Gas, kein Wasser, keine Heizung. Diese Feuerstelle hat uns über den Winter gerettet. Hier haben wir uns Tee gekocht, die Mädels haben Makronen und Bratkartoffeln gemacht. Inzwischen schicken die Russen Hilfstransporte, sonst kämen wir nicht durch.« »Wohnen Sie noch in Ihrer Wohnung?« »Ja, Gott sei Dank ist meine Wohnung halbwegs heil geblieben. Das war reiner Zufall, die Schule nebenan wurde schwer getroffen. Hier waren Häuserkämpfe.« »Wo haben Sie sich versteckt?« »Während der Kämpfe saßen wir im Hausflur. Wenn auf uns geschossen wurde, haben wir alles fallen lassen und rannten nach hinten ins Treppenhaus. Sie sehen dort die Einschläge der Bombensplitter in der Fassade. Andere saßen in ihren Wohnungen fest. Wir konnten das Haus nicht verlassen und fliehen.« »Warum war gerade diese Ecke so heftig umkämpft?« Er zeigt mit der Hand hinter das Haus. »Hier vorne war eine Polizeikaserne. Die Polizisten haben sie aufgegeben, um keine Straßenkämpfe zu provozieren. Doch dann haben Asow-Leute hier Stellung bezogen. Ich habe es mit eigenen Augen gesehen. Sie haben dort eine Verteidigungsstellung für ein ganzes Bataillon aufgebaut, mehr als 500 Mann, an die 40 Schützenpanzer und ein Dutzend Panzer. So wurden wir zur Zielscheibe. Wie konnte man das zulassen? Mitten in einem Wohnviertel!«

Hinweise, die von weiteren Augenzeugen bestätigt werden. Die russische Offensive hat die Menschen buchstäblich in die Stadt hineingedrückt. Raketen- und Artilleriebeschuss zerstörte schon Anfang März die Versorgung mit Wasser, Strom und Heizung. Alles wurde zum Problem. Manche tranken das Wasser aus der Heizung, andere rannten im Kugelhagel zum Hydranten. Es gab auch kein Essen. Anwohner berichten von Plünderungen.[436] Ein Milizionär der DVR erzählt uns, dass sich die Asow-Leute auch im riesigen Stahlwerk »Iljitsch« am nördlichen Stadtrand verschanzt hatten. Von dort seien Flüchtende unter Feuer genommen worden, um sie daran zu hindern, die Stadt zu verlassen. Sie sollten bleiben, als lebende Schutzschilde.[437] Auf der Hauptstraße nach Norden habe es an die 60 Opfer gegeben. »Wie kann das sein?«, fragt der Mann an der Feuerstelle. »Das ist Faschismus. Das, was uns Hitler damals aufzwingen wollte, erwacht jetzt wieder zum Leben.« Während der deutschen Besatzung von 1941 bis 1943 wurde Mariupol schon einmal zu einem Friedhof. Viele Einwohner wurden verschleppt und ermordet, tausende Juden erschossen, die Stadt zerstört.[438] »Das ist es, was die Asow-Leute weiterführen«, erregt sich der ältere Herr mit Kokarde. »Offener Faschismus. Sie können nicht anders, sie sind so erzogen!«

Auf »Iljitsch« waren einst 14 000 Menschen beschäftigt. Das Werk wurde vollständig zerstört und am 15. April von DVR-Soldaten erobert. Zu diesem Zeitpunkt, nach sechs Wochen russischer Bombardements und Sturmangriffe, berichtet der Bürgermeister von Mariupol, Wadym Bojtschenko, dass es bereits mehr als 10 000 zivile Opfer gegeben habe, »deren Leichen in den Straßen liegen«.[439] Es sollten noch viel mehr werden.

Die Asow-Milizionäre zwangen die Leute in den Keller und platzierten Scharfschützen in den oberen Etagen. Dies wird von Anwohnern, DVR-Milizionären und Angehörigen des Asow-Regiments selbst übereinstimmend berichtet.[440] Daher wurden die oberen Stockwerke komplett zerschossen. So geriet die Zivilbevölkerung ins Kreuzfeuer. »Wie hätten wir die Stadt verlassen sollen? Wohin hätten wir fliehen sollen?«, fragt der Alte vor dem zerschossenen Wohnblock. »Ich bin hier geboren. Ich halte mich nicht für besonders tapfer, aber ich wollte diesen Krieg unbedingt überleben. Die Asow-Soldaten wollten uns auf die Knie zwingen. Sie wollten mich, meine Familie, meine Kinder, zwingen, im Faschismus zu arbeiten. Sie wollten uns Angst einflössen. Aber wir haben keine Angst, weil wir Russen sind!«

Die Russen, von denen er schwärmt, setzten im Häuserkampf neben Artillerie und Bombardements aus der Luft auch TOS-Raketenwerfer ein. Eine solche »Buratino« verschießt in wenigen Sekunden 30 Raketen. Wenn die Gefechtsköpfe im Zielgebiet einschlagen, verteilen sie einen explosiven Film in der Luft, der gezündet wird. Das Ergebnis ist ein riesiger Feuerball, und danach eine massive Druckwelle. Ihr folgt sofort ein Vakuum-Unterdruck mit verheerender Wirkung. Im Flammenbereich werden alle Personen ausgelöscht. Weiter entfernt erleiden Opfer schwerste Verletzungen, innere Organe reißen. In der Zone des Feuerballs kann niemand der Wirkung entkommen, auch nicht in Bunkern und Kellern. Die Salve eines Werfers deckt eine Fläche von 200 bis 400 Metern ab. Eine US-amerikanische HIMARS-Rakete erzeugt beim Einschlag im Umkreis von 25 Metern eine Temperatur von 1400 Grad Celsius. Im Umkreis von 50 Metern gibt es kaum eine Überlebenschance; wer sich dort aufhält, verglüht. Die HIMARS wird GPS-gesteuert und trifft ihr Ziel auf den Meter genau. Die »chirurgische Kriegsführung«, einst von der NATO erfunden, um die Welt zu täuschen, hier ist ihr Resultat zu besichtigen. Die Russen haben vom Westen gelernt. Gelernt von US-Oberstleutnant John Wardens »Fünf-Ringe-Theorie«: Zuerst werden Kommandozentralen und

Befehlsstände angegriffen, um den Feind zu enthaupten. Dann ist die Produktion dran, die Fertigung wichtiger Güter, Serverfarmen, Kraftwerke, Pumpstationen und Treibstofflager. Danach kommt die Infrastruktur an die Reihe, Brücken, Bahnhöfe, Straßen, Schienen und Leitungssysteme. Danach fliegen die Bomben und Raketen in Wohnblocks, um die Bevölkerung zu zermürben. Erst wenn nichts mehr steht, gehen Bodentruppen vor und durchkämmen Haus für Haus.[441]

Die russische Armee erweist sich als gelehriger Schüler. Während des Irakkrieges haben die US-Amerikaner Mossul in Schutt und Asche gelegt. Wo einmal 1,5 Millionen Menschen lebten, wurden 138 000 Häuser zerbombt und mindestens 40 000 Zivilisten getötet.[442] Im Kampf gegen den Islamischen Staat in Syrien und dem Irak zerstörte die US-geführte Koalition Rakka mit mehr als 120 000 Bomben und Raketen, dem schwersten Bombardement seit dem Vietnamkrieg. Amnesty International sprach von einem »Vernichtungskrieg«.[443] Seit 2001 haben die USA und ihre Verbündeten mehr als 337 000 Bomben und Raketen auf neun Länder abgefeuert, das sind im Schnitt 46 pro Tag. US-Geheimdienstexperten erklärten, das russische Bombardement in der Ukraine sei in den ersten 24 Tagen nicht so vernichtend gewesen wie der erste Tag des US-Angriffs auf den Irak im Jahr 2003.[444] Die Ukraine wirft Russland vor, in Mariupol Phosphor-Brandbomben eingesetzt haben – das Pentagon hat dies auch 2004 in Falludscha getan, ebenso wie die Israelis in Gaza und die Saudis im Jemen.[445] Niemand wird vom Leichenzählen wieder lebendig. Doch Heuchelei darf dem zur Last gelegt werden, der nur auf die Kriegsverbrecher in Moskau zeigt.

Der Krieg ist ein Krieg gegen die Zivilbevölkerung. Ihr Tod ist eingepreist, ja erwünscht, liefert er doch schicke Bilder für die Propagandaschlacht. Ende August addiert ein Journalist aus Mariupol die Berichte der Leichenhäuser und kommt auf 113 750 Opfer unter der Zivilbevölkerung. Der US-Analyst Eric Draitser schätzt etwas vorsichtiger die Zahl der Ermordeten auf 57 000 – bei knapp einer halben Million Einwohner mehr als ein Zehntel der Vorkriegsbevölkerung. Zu diesem Zeitpunkt waren zusätzlich noch 27 650 zivile und militärische Opfer nicht identifiziert.[446] Dem proukrainischen Sender Mariupol TV zufolge waren im Spätsommer in den Leichenhäusern 87 000 Tote dokumentiert.[447] Demnach wäre von den Einwohnern Mariupols jeder siebte getötet worden. Doch die ukrainische Propaganda nennt überhöhte Zahlen. Das UN-Hochkommissariat für Menschenrechte registriert Mitte Dezember 2023 für die gesamte Ukraine seit Beginn des russischen Angriffskrieges mehr als 10 000 getötete und 18 500 verletzte Zivilisten, sowie 142 Fälle von willkürlichen Exekutionen von Zivilisten in russisch kontrollierten Gebieten.[447a] Die Zahlen weichen voneinander ab. Im November 2022 hatte US-Generalstabschef Mark Milley von 40 000 zivilen Opfern in der Ukraine gesprochen. Eine unveröffentlichte Studie des Experten für Sicherheitspolitik bei der Stiftung Wissenschaft und Politik Oberst a. D. Wolfgang Richter spricht von der »zur Hälfte zerstören Stadt Mariupol« und deutlich weniger zivilen Toten: »Den Kämpfen waren Hunderte von Zivilisten zum Opfer gefallen.« Damit ist die Zahl der getöteten Zivilisten deutlich geringer als zunächst geschätzt. Doch jeder Tote ist einer zu viel.[447b]

»Jesus Christus lebt!« Der alte Herr an der provisorischen Feuerstelle schaut zum Himmel. »Er schaut auf uns, und er hat uns gerettet! Wir haben diesen Krieg überlebt! Unser christlicher Glaube hat uns beschützt! Glauben Sie es oder nicht: Ein höheres Wesen wacht über uns. Es gibt einen Gott, er hält seine Hand über uns. Und natürlich schützen uns unsere geliebten russischen Jungs, die hier die ukrainischen Faschisten gestoppt haben, die uns beschossen haben!« Seine Augen sagen mir etwas anderes: »Mein Gott, warum hast du mich verlassen?« Es kommt der Punkt, an dem egal ist, wer zuerst geschossen hat. Die halbverhungerten, verdreckten und verstörten Menschen in den Kellern wollen nur noch, dass es endlich aufhört. Mariupol – ein einziges Kriegsverbrechen. Eine Stadt wie ein Schlachthaus. Es verrecken nie jene, die solche Kriege befehlen. Immer sind es die armen Schweine, von deren verwesenden Leichen die Krähen fressen.

Wir nähern uns dem Asow-Stahlwerk über einen alten Schrottplatz direkt am Asowschen Meer. Das verbrannte Skelett gegenüber war einmal ein Haus. Von der eingestürzten Decke hängt an einem Stahlträger ein Betonteil herunter und knarzt gespenstisch im Wind. Der Wohnblock gegenüber Asow-Stahl ist völlig ausgebrannt und zerschossen. Hier verlief einst die Hauptkampflinie. Asow ist ein riesiges Gelände, mehrere Quadratkilometer groß, ein Werk aus der Sowjetzeit mit eigenem Sportplatz und fünf Etagen unter der Erde – Bunkeranlagen für Schutzsuchende in einem Krieg. Heute Ruinen, soweit das Auge reicht. Wir klettern über Trümmerberge ins Werk. Bis auf die unterirdischen Bunker ist es völlig zerstört. Dort hatten sich im Frühjahr etwa 3 000 Asow-Kämpfer verschanzt. Die Gesamtstärke des Asow-Regiments ist weit größer.[448] Nur wenige Hundert kamen lebend raus.

Asow wurde am 5. Mai 2014 in der Hafenstadt Berdjansk im Oblast Saporischschja nahe dem Asowschen Meer gegründet. Initiatoren der Einheit waren Oleh Ljaschko, Dmytro Kortschynskyj und Andrij Bilezkyj. Der erste Kommandeur glaubt an die Überlegenheit der weißen Rasse und behauptet, dass die Ukraine von Juden und anderen Untermenschen gesäubert werden müsse. Das Regiment rekrutierte sich zunächst überwiegend aus rechtsextremistischen Maidan-Kämpfern – im Grunde eine Art Freikorps. Es waren vor allem die Asow-Milizionäre, die den Angriff auf die selbsternannten Volksrepubliken im Osten des Landes durchführten. Sie kamen am 9. und am 16. Mai 2014 im Rahmen der »Anti-Terror-Operation« in Mariupol gegen Separatisten zum Einsatz, verübten im Sommer Massaker an Zivilisten und beteiligten sich auch im Juni 2014 am Kampf um Mariupol, bei dem die Stadt wieder vollständig unter ukrainische Kontrolle gebracht wurde. Im Oktober 2014 wurde die Einheit in die Nationalgarde überführt. Das Asow-Regiment rekrutiert weltweit Rechtsextremisten als Kämpfer und setzt sich für eine reinrassige Ukraine ein. Obwohl immer wieder versucht wird, die Miliz als unpolitische Eliteeinheit darzustellen, ist ihr Anteil an organisierten Rechtsextremisten mit 20 Prozent hoch.[449] Zu Beginn wurde Asow hauptsächlich privat finanziert. Aber sehr bald stellte der ukrainische Staat ebenfalls finanzielle Mittel bereit. Der prominenteste Geldgeber war der Oligarch Kolomojskyj. Die Kämpfer erhielten anfangs umgerechnet etwa 400 Euro monatlich – das ist deutlich mehr als der Durchschnittslohn in der Ukraine.[450] Später wurde das Hauptquartier von Asow von Berdjansk nach Ursuf 35 Kilometer südwestlich von Mariupol verlegt. Insbesondere in dieser Stadt ist die Freiwilligeneinheit für ihre Brutalität bekannt. Man kann über den Begriff »faschistisch« vielleicht streiten, aber unbestritten ist das Regiment ultranationalistisch, gewalttätig und antisemitisch. Es knüpft in seiner Symbolik an die SS an – sein Abzeichen ist die Wolfsangel, die auch das Symbol der 2. SS-Panzerdivision »Das Reich« war.[451]

Die Ukraine hat große Teile der Armee und der paramilitärischen Kräfte in den Südosten verlegt. Schließlich befanden sich dort 90 Prozent der Streitkräfte, dazu kamen noch weitere Milizen und Privatarmeen. Sie sollten die russlandfreundliche Bevölkerung unter Kontrolle halten. Bestrebungen, diese Freikorps einschließlich schwerer Waffen mitten in den Städten zu stationieren, ihre Übergriffe und Menschenrechtsverletzungen verstärkten die Ressentiments der Einheimischen.[452] Da sie keinerlei emotionale Bindung zur örtlichen Bevölkerung hatten, konnten diese Milizen ohne Rücksicht auf zivile Opfer kämpfen. Kommandeuren war es erlaubt, die Rechte der Einheimischen einzuschränken und Geschäfte sowie Fabriken zu schließen.[453] Die Kräfte von Asow standen in Mariupol wie eine Besatzungsmacht im eigenen Land. Es war der falsche Weg, Loyalität zum ukrainischen Staate zu fördern. Das rückt vielleicht den Zorn des alten Herrn mit Kokarde auf die »Faschisten« in ein anderes Licht. Es zeigt, dass in großen Teilen der Bevölkerung im Südosten der Ukraine dieser Staat immer unpopulär war; Bürgerkrieg und Krieg verstärkten die weit verbreitete Ablehnung weiter.[454]

Auf unserem Weg durch das Asow-Stahlwerk bleiben wir auf ausgetretenen Pfaden und halten uns von Gräben und Gesteinshaufen fern – dort könnten noch Minen liegen. Neben einem drei Meter tiefen Bombentrichter steht ein ukrainischer Radpanzer, dessen Turm einst ein Maschinengewehr trug. Hinter dem Turm ist der Stahl nach innen gebogen, dort hat eine Rakete ein 70 Zentimeter weites Loch gerissen. Es handelte sich um ein präzisionsgesteuertes Geschoss, das den Schützenpanzer von oben traf und der Besatzung kaum eine Chance ließ. Am Heck sehen wir die Wolfsangel des Asow-Regiments. Es besteht kein Zweifel: Hier haben schwere Kämpfe gewütet. Mitte April, nach sechs Wochen, befindet sich die Stadt fast vollständig in der Hand der Russen. Nur noch wenige ukrainische Kräfte leisten Widerstand, wie die 36. Marineinfanterie-Brigade im Komplex Asow-Masch und die Kämpfer des Asow-Regiments im Komplex Asow-Stahl. Dort verschanzen sich 2500 ukrainische Verteidiger, 400 ausländische Söldner und Zivilisten, insgesamt ungefähr 3500 Menschen.[455] Die Kräfte der russischen Koalition kesseln das Stahlwerk ein. Sie setzen 500-Kilo-Bomben ein, die alles zermalmen. Anfang Mai gelingt es, etwa 500 Frauen und Kinder in ukrainische Gebiete zu evakuieren. Das Areal wird weiter bombardiert, da die Verteidiger eine Kapitulation ausschließen. Der Kampf des Asow-Regiments wird vom Regime in Kiew zum Symbol für den ukrainischen Widerstand gemacht.[456]

In der Nacht vom 16. auf den 17. Mai ergeben sich mehrere hundert Verteidiger. Einen Tag später verkündet Russland, dass sich weitere 700 Milizionäre ergeben hätten und die Zahl der Gefangenen bei 969 liege. Am 20. Mai 2022 gibt der ukrainische Kommandant die Kapitulation bekannt.[457] Dies löst eine Welle von Meutereien in der ukrainischen Armee aus, viele Einheiten verweigern den Kampf. In den USA macht sich Kriegsmüdigkeit breit. Wolodymyr Selenskyj wird deshalb von US-Präsident Biden gedrängt, einen »Durchhaltebefehl« zu lancieren und eine Offensive im Raum Cherson zu starten – die politische Unterstützung im Westen dürfe nicht nachlassen.[458] Nach der Kapitulation werden die Kriegsgefangenen am ganzen Körper auf faschistische Tätowierungen untersucht – ein Hinweis darauf, dass es die russischen Truppen mit der »Entnazifizierung« der Ukraine ernst meinen. Im Westen starten die Medien daraufhin eine Kampagne zur Reinwaschung von Asow.[459]

Russischen Quellen zufolge wurden am 16. Mai bei Kämpfen im Raum Rubischne, westlich von Luhansk, sieben US-Bürger getötet. Die Verteidigung der Stadt wurde von US-amerikanischen und polnischen Militärberatern geleitet. Einen Tag zuvor gab es Hinweise, dass sich ein britischer Oberstleutnant, ein US-General und vier NATO-Instrukteure in Mariupol russischen Truppen ergeben hätten. Dies kann als direkte Kriegsbeteiligung der NATO verstanden werden. Damit hat US-Präsident Biden die Welt näher an ein atomares Inferno gebracht als alle seine Vorgänger.[460]

Ukrainische Hubschrauber, die offenbar jene westlichen Militärberater aus der belagerten Stadt herausbringen sollten, wurden von US-amerikanischen Stinger-Raketen abgeschossen. Sie waren den Russen in die Hände gefallen, wie schon zuvor beträchtliche Mengen Javelin-Panzerabwehrraketen in den Besitz der DVR geraten sind. Wie Jewgenij Chatsko erwähnte, wurden sie von den prorussischen Milizen auf dem Schwarzmarkt erworben. Andere Lieferungen dieser Raketensysteme haben ukrainische Regierungsbeamte im Darknet für 30 000 Dollar pro Stück verkauft. Dort werden auch Antipanzer-Raketen vom Typ NLAW für 15 000 und Switchblade-600-Kamikaze-Drohnen für 7 000 Dollar angeboten. Darüber hinaus fanden französische CAESAR-Artilleriesysteme, bestimmt für die Ukraine, den Weg in die russische Fabrik Uralwagonsawod. HIMARS-Raketenwerfer tauchten bei DVR-Milizen und russischen Einheiten auf. Der Waffenhandel auf dem Schwarzmarkt blüht. In Mariupol waren vor dem Krieg die Anlaufzentren für die Händler des Todes. Das Land ist voller Waffen – noch aus Sowjetzeiten, jetzt kommen moderne NATO-Waffen dazu. Die Ukraine war und ist eine Drehscheibe für den internationalen Waffenhandel. Der Beginn der Kämpfe belebte den Schwarzmarkt weiter.[461] Der Krieg ist ein lukratives Geschäft.

Im Kessel von Mariupol lässt sich wie unter einem Brennglas der dreckige Charakter von Kriegen im digitalen Kapitalismus beobachten. Beide Seiten setzen präzisionsgesteuerte Distanzwaffen ein: Drohnen, Hyperschall-Raketen, Marschflugkörper, Satelliten, per GPS endphasengelenkte Raketenwerfer und Artillerie. Dies verringert die durchschnittliche Überlebenszeit eines Infanteristen an der Front auf wenige Tage und erklärt die massiven Verluste. US-Generalstabschef Mark Milley schätzte die Verluste bis Anfang November 2022 auf jeweils 100 000 Tote und Schwerverletzte, dazu etwa 40 000 getötete Zivilisten. Im Dezember 2022 rutschte der Chefin der EU-Kommission, Ursula von der Leyen, die Zahl von 100 000 gefallenen ukrainischen Soldaten heraus. Im Januar 2023 sprachen US-amerikanische Geheimdienstler von russischen Verlusten in Höhe von 188 000 Mann, davon 47 000 Gefallene – so viele, wie die US-Amerikaner im gesamten Vietnamkrieg verloren hatten, bei einem Verhältnis von Verletzten zu Toten von 3:1.[462] Das sind aber nur die militärischen Verluste. Dazu kommen tausende von zivilen Opfern. Raketenwerfer im Häuserkampf, lebende Schutzschilde, Fluchtverhinderung, Schützennester in Wohnblocks: Der Krieg richtet sich gegen die Zivilbevölkerung, weil zivile und militärische Infrastruktur gar nicht zu trennen sind – ja, eine Trennung absichtlich vermieden wird.[463] Die USA haben erstmals mit der Operation »Desert Storm« im Persischen Golf gezeigt, wie das funktioniert – mit 110 000 Luftangriffen, 250 000 Bomben, einschließlich Clusterbomben, die mehr als zehn Millionen Sprengkörper verteilt haben. Diese Strategie wurde von den USA und der NATO mehrfach wiederholt – in Jugoslawien 1999, Afghanistan 2001, im Irak 2003, in Libyen und in Syrien 2011.[464] Die russische Armee hat die Kampftechniken der NATO adaptiert. Das macht aus Putins Angriffskrieg keine Friedensmission, nimmt ihm aber sein Alleinstellungsmerkmal.

Es ist ein Krieg in Schattenwelten: Wer im Osten der Ukraine an einem Checkpoint vorfährt, weiß nicht, wer das Sturmgewehr auf ihn richtet: reguläre ukrainische oder russische Truppen; Milizen von DVR oder LVR; privatfinanzierte Freiwilligenbataillone wie Asow oder Dnipro, bei denen Kopfgelder ausgelobt werden; Söldner-Einheiten wie Wagner auf der russischen, »Mozart« auf der ukrainischen Seite oder Männer der US-Söldnerfirma Blackwater/Academi, die ebenfalls im Donbass im Einsatz sind. Hinzu kommen regionale bewaffnete Gruppen, Partisanen und Sondereinsatzkräfte hinter den feindlichen Linien sowie Militärgeheimdienste. Insbesondere der Einsatz von Söldnern zeigt den Zerfall des staatlichen Gewaltmonopols und damit die Rückkehr des Faustrechts.[465] Die Privatisierung des Krieges – auch dies ein aus dem Irak und Afghanistan bekanntes Phänomen – führt zu seiner völligen Verwilderung. Zygmunt Bauman schreibt: »Wenn der Staat sein Gewaltmonopol verliert ..., dann bedeutet das nicht, dass die Gewalt in der Summe, einschließlich ihrer völkermörderischen Konsequenzen, abnehmen wird; möglicherweise wird Gewalt nur ›dereguliert‹, sickert von der Höhe des Staates hinab auf die Ebene der (neotribalen) ›Gemeinschaft‹.«[466] Der Krieg entzieht sich der staatlichen Kontrolle. Nach der Deregulierung folgt, ganz im neoliberalen Sinne, die Kommerzialisierung des Tötens. Söldner wollen weitere Kopfgelder einstreichen; lokale Milizen haben noch Rechnungen offen; Rüstungskonzerne machen Profite; der Schwarzmarkt blüht – all dies zeigt sich in Mariupol im Frühjahr 2022. In der Ukraine kehrt der Dreißigjährige Krieg zurück. Ein Krieg, der den Krieg nährt, solange noch Beute gemacht werden kann.

Ich werfe einen letzten Blick auf die Mondlandschaft des Asow-Stahlwerks. Trümmer und Zerstörung, soweit das Auge reicht. Ob aus dieser Erblast tatsächlich ein Innovationspark entstehen kann, wie die Propaganda verspricht – daran habe ich Zweifel. Bei all der Zerstörung geht es in diesem Krieg auch um wirtschaftliche Interessen. Russische Luftangriffe haben Treibstofflager, Generatoren, Stromtrassen und Gasleitungen zerstört. Doch bereits jetzt wird daran gearbeitet, Europas größtes Atomkraftwerk bei Saporischschja ins russische Stromnetz zu integrieren. Das Wasserkraftwerk in Kachowka und das Fernwärme-Kraftwerk in Luhansk stehen unter russischer Kontrolle. Dies hat den Bemühungen Grenzen gesetzt, die Ukraine stärker in das westeuropäische Versorgungsnetz zu integrieren. Ohnedies wäre der ukrainische Energiesektor ohne westliche Hilfe längst zusammengebrochen, was eine Fortsetzung des Krieges unmöglich gemacht hätte. Den Eroberern sind die Industriezentren mit ihren enormen Kohle-, Öl- und Gasvorkommen in die Hände gefallen. Nach ihrem Vormarsch kontrollieren die Russen auch die Gasvorkommen im Schwarzen Meer und die Häfen am Asowschen Meer. Auf diese Weise will Moskau auch seinen Einfluss auf die Energieversorgung Europas und seine Energie-Dominanz in der Eurasischen Union festigen.[467] Schon kurz nach Beendigung der Kämpfe hat der Hafen von Mariupol seinen Betrieb wieder aufgenommen.[468] Dieser Krieg ist auch ein Sperrkauf.

Zwei Mädchen mit fehlenden Vorderzähnen weisen uns den Weg zum Dramaturgie-Theater. Die Armut ist ihrem Gebiss eingeschrieben: Es gibt Geld für den Krieg, aber nicht für bezahlbare Ärzte. Sie lachen, doch ihre Augen sind schwarz vor Trauer. An einer halbzerschossenen Tankstelle stehen Autos Schlange, weil es dort noch etwas Benzin gibt. Als wir die Ruine des Theaters erreichen, machen sich gerade Bauarbeiter und Bagger in den Trümmern zu schaffen. Die Decke des Theatersaals ist eingestürzt, Betonteile sind heruntergebrochen bis in den Keller, Stahlträger hängen in der Luft. Links und rechts davon eine weiße Wand mit leeren Fensterhöhlen. Sie unterscheiden sich von den ausgebrannten, schwarzumrandeten Löchern, auf die der Raketenbeschuss von außen eingewirkt hat. Mein Eindruck ist: Hier schlugen die Flammen von drinnen nach draußen. Im Inneren ist das Gebäude völlig ausgebrannt, überall Splitter, zerstörte Decken, heruntergestürzte Trümmer, die Wendeltreppe ein Skelett. 300 Zivilisten, die im Bunker unter dem Dramaturgie-Theater Schutz suchten, sollen durch einen russischen Raketenangriff am 16. März 2022 abgeschlachtet worden sein. Associated Press meldet unter Berufung auf Überlebende und Augenzeugen gar 600 Opfer – die tödlichste Attacke in diesem Krieg.[469] Anfang Mai begannen die russischen Truppen mit der Räumung. Bereits am 29. März betrat Dmitrij Maslak, ein russischsprachiger Journalist, der für den von der Kommunistischen Partei kontrollierten chinesischen Sender CGTN arbeitet, die Ruine, obwohl das Viertel zu diesem Zeitpunkt noch unter Beschuss stand. Am 7. April kehrte er dorthin zurück, noch vor der Räumung. Dmitrij Maslak berichtet, dass es im Theatersaal nach verbranntem Menschenfleisch roch. In den Logen, Büros und Balkonen lagen noch die Matratzen und Decken der Flüchtenden. Er findet zwei verbrannte Leichen, allerdings nicht im Keller. Dort sieht er nur Trümmer, Matratzen, Kleider und Wasserflaschen. Wir fragen einen der Bauarbeiter. »Nein«, sagt er, »da wurden nur wenige Leichen gefunden.« Die Menschen hätten erfahren, was geplant war, und seien weggeblieben. Das passt zur russischen Version, wonach die Ukrainer Sprengstoff in die Halle gebracht und gezündet hätten, um dies den Angreifern anzulasten.[470] Was ist Wahrheit, was Lüge? Wer sich nur auf die Medien verlässt, mag eins schon für das andere halten.

Am Stadtrand verkaufen zwei Frauen an einem mobilen Stand Kaffee. Einige junge Leute und ein paar Bauarbeiter aus dem Kaukasus lagern drum herum im Gras und schwatzen. Links die Kulisse des Krieges: hinter ein paar Bäumen restlos ausgebrannte Plattenbauten mit schwarzgeränderten Fensterhöhlen. Gegenüber sehen wir den Kontrast: fünf fast bezugsfertige Wohnblocks, weißes Gestein, doppelt verglaste Fenster, Loggias – aber massive Baumängel. Russische Baufirmen ziehen hier insgesamt 35 Neubauten hoch, Wohnraum für 3400 Menschen. Für die Westpresse eine Propaganda-Siedlung, aber im Meer des Grauens immerhin ein Lichtblick. Die Vielzahl der Neubauten zeigt, dass Moskau hier investiert – und die eroberten Gebiete nicht aufzugeben gedenkt.[471]

Mariupol ist ein Menetekel des Krieges im digitalen Zeitalter. Auf beiden Seiten nehmen die Militärs Tausende Opfer unter der Zivilbevölkerung bewusst in Kauf. Der Staat überträgt sein Gewaltmonopol in die Hände von Milizen, Söldnern und Banden. Der Krieg wird privatisiert und kommerzialisiert. Begleitet wird das Kampfgeschehen von massiven Propagandaschlachten. Massaker werden zu Propagandazwecken ausgenutzt. Allein das Pentagon hat 27000 PR-Berater unter Vertrag und investiert jährlich 4,7 Milliarden Dollar.[472] Auf beiden Seiten polieren PR-Profis das Image des Krieges auf – als ein Kampf um Werte, um die Heimat, Menschenrechte und die regelbasierte Ordnung. Sie halten ihre Bürger bei der Stange mit Sätzen wie: »Unsere Waffen retten Leben!«[473] Wie betäubt von solchen Lügen schauen die Menschen in den nuklearen Abgrund. Dabei vergessen sie, dass es um Absatzmärkte, Rohstoffe und Profite geht. Der Krieg soll erst enden, wenn alle so erschöpft sind, dass sie ihre Profitinteressen nicht mehr durchsetzen können. Putin wird zum Jahrhundertverbrecher stilisiert. Doch den 1800 russischen Luftangriffen im ersten Kriegsmonat, die ukrainische Stellen zählen, stehen in den 78 Tagen NATO-Krieg gegen Serbien 380 000 Luftangriffe gegenüber – überwiegend auf zivile Ziele.[474] Putin und seine Berater haben die Ideologie und Taktik des räuberischen Neoliberalismus kopiert, einschließlich seiner Propaganda, mit der Angriffskriege als Schutz- und Friedensmissionen verkauft werden. Es sind die Ansichten und Phrasen von Politikern wie Bush, Cheney, Rumsfeld, Condoleezza Rice und anderen Neokonservativen in den Vereinigten Staaten und Großbritannien, von denen Putin gelernt hat. In seiner Propaganda wird die Ukraine zum Nazi-Staat, die Beschießung des Donbass zum Völkermord und der Krieg zur »Spezialoperation«. Doch Putins Blaupause ist das Strategieheft der US-Neocons, wie es in Jugoslawien, Afghanistan, im Irak, in Syrien und Libyen zu besichtigen ist. Putin spielt auf dem imperialen Schachbrett nach Regeln, die andere Kriegsverbrecher erfunden haben – und die vor keinem Tribunal in Den Haag zur Verantwortung gezogen werden. Der US-Militäranalyst Eric Draitser formuliert trocken: »The Kremlin goes Neocon.«[475] Es ist die Politik der blutigen Hände im Dienst der Macht und des Profits.

Am Dramaturgie-Theater haben wir einen belebten Spielplatz gesehen, der wie durch ein Wunder den Feuersturm überstanden hat. Doch etwas ist anders an diesem Spielplatz unter der Herbstsonne, an diesen Kindern, die an Klettergerüsten hängen und Sandburgen bauen und Rutschbahn fahren. Es liegt ein Schleier über diesem Ort: Kein Kind lacht. Sie alle schweigen. Ihre Augen schauen beim Spiel ins Leere. In der Dunkelkammer ihrer Seele wütet der Krieg weiter. Ein Leben lang schauen diese Kinder in ihren Träumen dem Tod zu, wie er seine Arbeit macht. Wenn der Krieg die Fortsetzung des Freihandels mit anderen Mitteln ist, was ist dann noch ein Menschenleben wert?[476]

5.3. Melitopol: Tanz auf dem Vulkan

Wir erreichen Melitopol bei Einbruch der Dämmerung. Die Uhr zeigt kurz vor acht, um zehn beginnt die nächtliche Ausgangssperre. Wir haben noch nichts gegessen, noch kein Bett für die Nacht. Die beiden Hotels in der Stadt sind belegt, Militärs wurden einquartiert. Man fragt nicht lange im Kriegsgebiet, und die Soldaten wollen sich nach Tagen im Feld mal waschen. In einem armenischen Restaurant essen wir einen Spieß und erhalten die Nummer einer Frau, die Zimmer vermietet. Wir gehen die Uliza Lomonosowa entlang, die Nummern der Plattenbauten im Blick. In einer abgedunkelten Wohnung der ersten Etage drückt eine Frau die Nase gegen die Scheibe. Lara prüft ihre verwegenen Gäste von oben. Ich lache und winke ihr zu.

Der Treppenaufgang befindet sich, wie bei den meisten sowjetischen Wohnblocks, hinter dem Haus. Wir gehen durch eine verrostete Stahltür, dann über eine alte sowjetische Steintreppe. Rechts daneben die Briefkästen aus verzogenem Blech mit den Wohnungsnummern. An der Tür empfängt uns eine resolute, kräftige Blondine Mitte 50 mit kurzen Haaren und kantigem Gesicht: »Aber Schuhe ausziehen!« Lara stemmt die Fäuste in die Hüften und zeigt sofort, wer hier das Sagen hat. Sie ist die Herrin im Haus, die Männer dürfen draußen kommandieren. Drei abgerissene, verschwitzte und verdreckte Gestalten in Klamotten irgendwo zwischen Outdoor-Look und Militaria-Shop erhalten erst einmal eine Standpauke wie Schuljungen, die einen Einlauf brauchen. »Die Schuhe bleiben im Flur. Die Tür schließt ihr hinter euch ab. Die Wohnung wird so verlassen, wie ihr sie vorgefunden habt. Abends wascht ihr euch den Hals und putzt die Zähne. Ich will saubere Männer im Bett. Und besoffen herumschreien gibt es auch nicht, klar?«

Erst bietet sie uns ihr Ehebett und zwei Sofas an. Sergey stellt mich als Freund aus Deutschland vor. Vielleicht helfen meine grauen Haare ein wenig, vielleicht auch, dass Sergey mit ihr über Sibirien plaudert, wo er geboren ist. Jedenfalls findet sie Gefallen an den drei Straßenräubern, die da vor ihr stehen. »Wenn euch das zu eng ist, Jungs, dann können zwei auch drüben schlafen. Ich vermiete nämlich noch eine Wohnung!« Warum sie die vermietet, verrät sie nicht. Wir zahlen, Sergey legt noch etwas drauf, dann ist das Eis gebrochen. Sie führt uns zum Wohnblock schräg gegenüber. Durch den Hintereingang geht es wieder in die erste Etage. Wir sehen eine Wohnung mit einem Zimmer mit Doppelbett und Couch, eine Küche mit Sitzecke, Flur und Bad nach innen. Von den Wänden schauen uns Tapeten-Tiger an. Ich überlasse Sergey das Ehebett und nehme das Sofa. Dann holen wir das Gepäck aus dem Auto. Auf der Treppe fragen wir Lara, wie die Lage in Melitopol ist. Sie sagt: »Meine Stimmung ist gut, seit die Russen hier sind. Ich komme aus Moskau.«

Unterwegs waren wir durch Manhusch zehn Kilometer westlich von Mariupol gefahren. Das Dorf wurde kampflos übergeben; dort gibt es kein einziges zerschossenes Gebäude. Einstöckige Steinhäuser zwischen Bäumen und Gemüse in den Gärten, bestellte Felder. Eine Kleinstadtidylle inmitten von Checkpoints und ausgebrannten Autos vor Wiesen und Sonnenblumenfeldern. Manhusch liegt in einer Talsenke in leichtgeschwungener Hügellandschaft, über die der Krieg spurlos hinweggegangen ist wie ein böser Traum, der schon am Morgen wieder vergessen wird. Wir fahren weiter durch das Saporischschja-Gebiet in Richtung Melitopol. Vor den Dörfern grasen Kühe, ein alter Mann hackt irgendwo Kartoffelbeete. Häuser mit Blechdächern, dazwischen Sträucher. Ein paar Kilometer weiter westlich werden Kartoffeln mit intakten landwirtschaftlichen Maschinen geerntet.

An einem Kreisel vor Melitopol wieder ein Checkpoint mit Bunkern in den Farben Russlands. Sergey sagt: »Die Fledermaus-Abzeichen kenne ich. Das sind Sturmeinheiten des Militärgeheimdienstes!« Danach sehen wir wieder weiße Bänder: »Für Russland!«. Kilometer um Kilometer fahren wir auf Rollsplitt, die Steine spritzen. Zwei Baumaschinen reißen den alten Asphalt herunter. Die Verbindungswege zur Front werden im Eiltempo ausgebaut. Das zeigt: Die Russen denken nicht an Rückzug. Ein Transporter mit einer 240-mm-Haubitze zwischen den Abraumhalden. Auf der Straße liegt eine tote Katze. Hinter einem Feldweg ein Zaun aus alten Autoreifen. Neue Plakate verkünden: »Wir sind ein Volk!« und »Zukunft: Referendum!« Ein Versuch, einen Militär-Lkw rechts zu überholen, scheitert an einem geparkten Tanklaster. Wieder ein Checkpoint: Ein Soldat mit einem grauen Bart schaut ins Auto und winkt uns durch. Teils gibt es eine Straße, dann endet sie und wird zum Feldweg, dann wieder Asphalt. Ein Falke zieht Kreise über dem Stoppelfeld. Am Straßenrand ein Baum, der von einer Granate zerrissen wurde. Noch 40 Kilometer bis Melitopol. Wir fahren mitten im Partisanengebiet.

Die Partisanen operieren nachts und aus dem Hinterhalt. Wir lassen Berdjansk hinter uns und erreichen das Dorf Konstjantyniwka. Dort wurde Mitte August eine strategisch wichtige Brücke gesprengt, über die der Nachschub Richtung Front läuft. Sie wurde inzwischen repariert, doch schon im Dezember wird es erneut krachen. Wieder wird die Brücke nicht ganz zusammenbrechen – ein Zeichen, dass es den Partisanen an starkem Sprengstoff fehlt.[477] Dennoch gelingt es ihnen Anfang Februar 2023, ein russisches Militärdepot in Nowobogdanowka, ungefähr 20 Kilometer nördlich von Melitopol, anzugreifen. Nach Angaben des von den Russen abgesetzten Bürgermeisters Iwan Fedorow mussten etwa 150 russische Soldaten im Wasiliewsky-Kreiskrankenhaus behandelt werden.[478]

Allerdings steht der Bürgermeister auf der Seite der ukrainischen Partisanen. Schon kurz nach Beginn des Krieges wurde er von der DVR-Miliz verhaftet, und der Generalstaatsanwalt von Luhansk leitete gegen Iwan Fedorow wegen Unterstützung einer terroristischen Vereinigung ein Verfahren ein. Ihm wurde zur Last gelegt, dem in Russland verbotenen Rechten Sektor finanziell und organisatorisch bei Verbrechen gegen Zivilisten geholfen zu haben. Offenbar hatte er versucht, Partisanen in die Stadt zu schleusen. Daneben wollte er Schulleiter zwingen, den Unterricht in Melitopol zu boykottieren. Das russische Militär verschärfte die Sicherheitsvorkehrungen, »um solche Anschläge von ukrainischen Nationalisten und Sonderdiensten zu verhindern«.[479] Nach sechs Tagen Haft wurde Iwan Fedorow ausgetauscht. Nun unterstützt er mit seiner präzisen Ortskenntnis den Widerstand von Saporischschja aus. Auch auf der Karte des Institute for the Study of War (ISW), das dem Pentagon nahesteht, ist die Region Melitopol als Partisanengebiet ausgewiesen.[480] Klar ist: Der Ukraine ist es gelungen, ein Untergrund-Netzwerk von Guerillakämpfern aufzubauen, das sich bis auf die Krim erstreckt. Dort griffen beispielsweise Partisanen eine Luftwaffenbasis an und zerstörten nach ukrainischen Angaben acht Kampfflugzeuge. Melitopol ist ein Zentrum des Widerstandes. Dort befinden sich auch geheime Waffenlager und Untergrundzellen, die unabhängig voneinander arbeiten.[481]

Das zeigt: Den Besatzungstruppen ist es nicht gelungen, die Region Melitopol vollständig unter ihre Kontrolle zu bringen. Zwar wurden antirussische Proteste nach der Besetzung der Stadt auseinandergetrieben. Aber ob es um Anschläge auf Brücken oder Züge geht oder um die Sprengung von Militär-Depots – im Umland von Melitopol dauert die Aktivität von Partisanengruppen an. Bereits vor Beginn des russischen Überfalls hat sich die Ukraine auf diesen Widerstand hinter den feindlichen Linien vorbereitet. »Wir haben Putins Plan, die Ukraine von innen heraus zu ruinieren, buchstäblich vereitelt«, schreibt die Freie Ukrainische Widerstandsbewegung auf ihrer Website. »Schon Monate vor der großen Invasion haben wir begonnen, Kräfte zu mobilisieren und zu trainieren für alle Formen des Widerstands – militärisch, nachrichtendienstlich, humanitär oder diplomatisch.«[482] Das Training wurde vom Rechten Sektor und dem Nationalkorps, einem Ableger des Asow-Regiments, durchgeführt.[483] Bei der Aufstellung der Partisanentruppe hat auch die NATO die Finger im Spiel: In der Nähe von Odessa, so belegen dem Portal The Grayzone zugespielte Dokumente, hat der britische Militärgeheimdienst zusammen mit dem ukrainischen SBU eine geheime Partisanen-Einheit für Sabotage- und Aufklärungsmissionen trainiert. Das Konzept wurde von einem ehemaligen Offizier namens Hugh Ward im Auftrag des Geheimdienstlers Chris Donnelly entwickelt, mit der Umsetzung wurde die Söldnerfirma Prevail Partners Ltd. des früheren Royal Marine Special Boat Service-Kommandeurs Justin Hedges beauftragt. Diese Schattenarmee führte auch einen Drohnenangriff auf die Marinebasis Sewastopol durch – mithilfe des britischen Geheimdienstes. Die verdeckten Aktivitäten eskalierten den Krieg und torpedierten mögliche Verhandlungslösungen.[484]

Waren es unmittelbar nach dem russischen Angriff nur wenige Hundert, so spricht das Verteidigungsministerium in Kiew nun von Tausenden Partisanen in den besetzten Gebieten, insbesondere in den Oblasten Saporischschja und Cherson.[485] Am 22. Mai sprengten sie in Enerhodar am Dnjepr das Haus des von den Russen eingesetzten Verwaltungschefs Andrij Schewtschik.[486] Einen Tag später zerstörten ukrainische Spezialkräfte und Partisanen bei Melitopol mehrere Stationen der Russen für elektronische Kampfführung. Dies war Teil einer Serie von vier Anschlägen, zu der auch die Beschädigung einer Bahnlinie gehörte. Einige Tage zuvor soll in Melitopol ein hoher russischer Offizier getötet worden sein. Im Geschäftszimmer des Stadtkommandanten explodierte eine Granate.[487] Da die Front im ersten Winter festgefahren ist, wird der Untergrundkrieg mit Autobomben, gezielten Tötungen und Sprengfallen intensiviert.

Auch wenn diese Operationen die Besatzungstruppen nicht wirklich herausfordern, setzen sie dennoch ein Zeichen. Denn Partisanen können nur aktiv werden, wenn sie zumindest teilweise Unterstützung in der Bevölkerung finden. Die Beispiele zeigen, dass es sich meist um eine Kombination von militärischen Spezialkräften und lokalen Unterstützern handelt. Diese Einsätze werden vom ukrainischen Militärgeheimdienst HUR und den ukrainischen Spezialkräften in Saporischschja koordiniert.[488] Es gibt jedoch auch eigenständig operierende lokale Widerstandsgruppen. Sie sammeln Informationen über russische Truppenbewegungen und die Lage in den besetzten Gebieten, hissen die ukrainische Flagge oder verteilen antirussische Flugblätter. Diese Partisanen können die Nachschublinien zerstören, dem ukrainischen Militär Informationen zuspielen oder die russischen Truppen demoralisieren. »Partisanen gewinnen normalerweise nicht den Krieg«, sagt der Politikwissenschaftler Alexander J. Motyl von der Rutgers University-Newark, »aber sie können hinter den Linien Chaos anrichten. In der Südukraine scheint die Partisanenbewegung Fahrt aufzunehmen, sie konzentriert die meisten Aktivitäten auf die Städte im Oblast Cherson sowie Melitopol und Berdjansk in Saporischschja«.[489] Motyl zählt vom 6. Juli bis zum 2. August 33 Widerstandsaktivitäten, davon 16 gewaltsame. Auch wenn die tatsächliche Zahl der Operationen kaum festzustellen ist, so dürfte den Russen das nicht gefallen. Denn es zeigt, dass sie die Lage nicht vollständig im Griff haben. Die Partisanen sorgen für Unruhe in einer strategisch wichtigen Gegend – und sie binden Kräfte, die an der Front dringend gebraucht werden.

Die Russen investieren in die vier besetzten Oblaste Luhansk, Donezk, Saporischschja und Cherson. Sie bauen Straßen und Schulen und verbessern die Energieversorgung. Damit wollen sie die prorussische Einstellung der Bevölkerung fördern und die Integration in die Russische Föderation vertiefen.[490] Sie zeigen damit, dass sie bleiben werden und ein Rückzug nicht mehr infrage kommt. Doch in die Steppe südöstlich von Saporischschja stoßen immer wieder ukrainische Kommandoeinheiten vor. Am 9. Februar 2022 wurden Spezialkräfte gefangengenommen, die einen Anschlag auf den stellvertretenden Bürgermeister und den Stadtkommandanten von Berdjansk am Asowschen Meer verüben wollten.[491] Vier Tage später explodierte dort eine Autobombe.[492] Vor dem Krieg war Berdjansk der Standort des Asow-Regiments. Die Partisanen finden dort lokale Unterstützer. Ukrainische Kommandoeinheiten überqueren immer wieder in der Nacht den Dnjepr, so auch im Januar 2023 bei Nowa Kachowka, und greifen russische Militäreinrichtungen an. Ihr Ziel ist es, einen Brückenkopf am Ostufer der Flüsse Cherson und Dnjepr zu erreichen.[493] Das strategische Ziel ist Melitopol auf halbem Weg zum Asowschen Meer. Insgesamt gibt es für die Partisanen keine flächendeckende Unterstützung in der Bevölkerung und nur wenige Schläferzellen. Die Guerilla-Aktivitäten werden von außen gesteuert, vom ukrainischen Geheimdienst.[494] Doch die Region kommt nicht zur Ruhe: In der Nacht lauern hier Untergrundkämpfer, Geheimdienste und Spezialkräfte hinter den russischen Linien auf ihre Chance.

Am Tag liegt Melitopol friedlich auf einem Hügel. Anders als Mariupol wurde diese Stadt mit 150 000 Einwohnern kurz nach Kriegsbeginn weitgehend kampflos übergeben, und deshalb ist sie heil geblieben und unzerstört. In Melitopol kreuzen sich die Wege von der Krim nach Donezk, von Mariupol und der russischen Grenze Richtung Cherson, von Saporischschja südlich zum Asowschen Meer. In den Planungen der Militärs nimmt sie deshalb eine Sonderrolle ein. Sie liegt tief im russisch besetzten Hinterland und doch nahe genug an der festgefahrenen Front am Dnjepr, um eine Spaltung des russischen Korridors genau dort ins Auge zu fassen. Melitopol, das ist die trügerische Ruhe vor dem Inferno. So friedlich, wie eine Traube Frauen mit ihren Einkaufstaschen und Kopftüchern am Wegesrand geht, wie sich die Anwohner mit russischen Soldaten unterhalten, wie die Menschen im warmen Herbst nach dem Regen auf der Straße stehen und die jungen Mädchen nach jungen Männern Ausschau halten, die vielleicht morgen schon an der Front sterben werden, liegt Melitopol da wie eine Fata Morgana. Melitopol, das ist das Drehkreuz zur Krim, der Schlüssel zum Asowschen Meer.

Unterwegs halten wir in einem Dorf und kaufen Wasser in einem »Produkte-Magazin«. Darin sind zwei Läden, einer links und einer rechts, und sie sehen genau gleich aus. Beide bieten das gleiche Angebot, nur an zwei verschiedenen Kassen und bei zwei unterschiedlich gekleideten Verkäuferinnen. Die Verkäuferin rechts fragt: »Zahlt ihr in Rubel oder in Hryvna?« Es ist ein Land am Scheideweg, auf beiden Seiten dasselbe Elend, egal ob in Rubel oder in Hryvna. Ein paar Hundert Meter weiter steht ein Schild: »Melitopol – entscheide dich!«

Es ist diese heile, friedliche Steppenlandschaft südöstlich von Saporischschja, von der die Militärs sagen, sie sei »panzergünstig, denn überwiegend offen und flach und bis auf die Stadt Melitopol nur mit kleineren Ortschaften durchzogen«[495]. Hier erwarten Militärs die erste große Panzerschlacht mit hundert westlichen Panzern auf ukrainischer Seite, darunter auch deutsche Leopard-Panzer. Die Amerikaner liefern moderne Bradley-Schützenpanzer: »Die Ukraine könnte die Bradleys nutzen, um Kräfte über die Hauptstraßen wie die M14 zu bewegen, die Cherson, Melitopol und Mariupol verbindet«, erklärt Seth G. Jones vom Center for Strategic and International Studies. Die ukrainische Infanterie würde in dieser Gegend auf massives russisches Feuer stoßen, und Bradleys bieten nützliche Feuerkraft und Schutz für die Truppen.[496] Das Ziel: von Saporischschja über etwa 100 Kilometer zum Asowschen Meer durchzustoßen und so die Versorgung der Krim zu Lande zu unterbinden. »Wenn Melitopol fällt«, so der Berater des ukrainischen Präsidenten Wolodymyr Selenskyj, Oleksij Arestowytsch, »bricht die gesamte Verteidigungslinie bis nach Cherson zusammen. Die ukrainischen Streitkräfte erhalten einen direkten Weg zur Krim«.[497] Wieder werden deutsche Panzer gegen Russland rollen. 80 Jahre nach dem Sieg der Roten Armee in der Schlacht bei Stalingrad ist dies für ausnahmslos jeden Russen das größtmögliche Trauma: ein Hauch von Hitler! Nach all den Angriffskriegen der NATO und der Osterweiterung von Washingtons Vasallen-Bündnis sieht Moskau darin den endgültigen Beweis, dass der Westen keinen Frieden will.[498]

Wieder könnten sich deutsche Panzer als rollende Särge erweisen. Wie der gescheiterte russische Vormarsch auf Kiew zeigt, hat sich der Panzerkrieg verändert. Gegen Verteidiger, die endphasengelenkte Panzerabwehrraketen einsetzen, haben sie kaum eine Chance. Der US-amerikanische Militäranalyst Scott Ritter spricht von einem »Selbstmord-Pakt«.[499] Ein Dreivierteljahr später haben die Lieferungen des Westens den Weg in eine Niederlage geebnet, der von ausgebrannten Panzerwracks gezeichnet ist: Die Sommer-Offensive der Ukrainer steckt fest; ein großer Teil der Bradleys und Leopard-Panzer ist zerstört. Das russische Verteidigungsministerium beziffert die ukrainischen Verluste für Juni 2023 mit 313 Panzern und 815 gepanzerten Fahrzeugen. Auch wenn dies zu Propagandazwecken überhöht sein dürfte, bleibt eine erhebliche Anzahl zerstörter Fahrzeuge.[500]

In dieser Steppe um Melitopol wehren im Sommer 2023 die Truppen der russischen Koalition die ukrainische Offensive ab – Angreifer, die zu Verteidigern geworden sind. In einem Krieg, so der US-Politologe John Mearsheimer, den die Vereinigten Staaten ausgelöst haben und die russische Koalition begonnen hat, weil der Kreml die westliche Politik als existenzielle Bedrohung ansieht. Für die Russen geht es um alles. Aber vor allem darum zu verhindern, dass die Ukraine der NATO beitritt, wie es Washington will, und US-amerikanische Atomraketen vor ihrer Haustür stehen. Hier, auf diesen Feldern, will die NATO Russland entscheidend schlagen und nachhaltig schwächen. Washington, so Mearsheimer, habe kein Interesse an Diplomatie. Daher könnte der Krieg hier noch jahrelang weitergehen.[501] In dieser Steppe bezahlen junge Soldaten den Preis für das Versagen der Diplomatie mit ihrem Leben. »Wird jemand für das vergossene Blut zahlen?«, fragte Michail Bulgakow in der Zeit des Russischen Bürgerkrieges. »Nein. Niemand. Der Schnee wird tauen, das grüne ukrainische Gras wird heranwachsen und die Erde bedecken, die Saaten werden üppig aufgehen, darüber werden Hitzewellen flimmern, und kein Blut wird zu sehen sein.«[502] Die NATO lässt die Ukrainer sterben und behandelt sie als Kanonenfutter, deren Leben geopfert werden kann. Das Land wird weiter zerstört werden. Der Mittelpunkt Europas – eine Ruinenlandschaft. Immer tiefer ziehen die Vereinigten Staaten die Europäer in einen Krieg hinein, der nicht ihrer ist, immer weiter unter den Vulkan eines atomaren Infernos. Wahrlich, wir leben in finsteren Zeiten.

Im September begannen die russischen Truppen damit, sich aus Teilen der eroberten Gebiete zurückzuziehen. Die Ukrainer stießen im Raum Charkiw in südliche und östliche Richtung vor. Im Süden gaben die russischen Truppen die Gebiete westlich des Dnjepr auf und räumten schließlich Cherson. War dies die Wende im Krieg? Kiews Armee konnte große Gebietsverluste wieder wettmachen. Dennoch kontrollierte die russische Koalition nach wie vor ein Fünftel des ukrainischen Staatsgebiets. Der Generalstab sprach von einer »Umgruppierung«. Das trifft insofern zu, als dass Moskau wohl Zeit gewinnen wollte, um die frisch mobilisierten Kräfte in die Fronteinheiten zu integrieren. Allerdings ging es auch um eine neue Strategie: Die Kontrolle über die eroberten Gebiete sollte gefestigt werden. Südlich von Saporischschja begann der Bau tiefgestaffelter Verteidigungsanlagen. In Luhansk und Donezk gingen die schweren Kämpfe um jede Handbreit Boden aber weiter.[503]

Der israelische Geheimdienst Mossad, der ausgezeichnete Kontakte zu beiden Kriegsparteien unterhält, meldete Mitte Februar 2023 folgende Verluste: auf russischer Seite 889 Panzer, 427 Haubitzen, 18 480 Tote und 44 500 Verletzte; auf ukrainischer Seite 6 320 Panzer, 7 360 Haubitzen, 157 000 Tote und 234 000 Verwundete. Darüber hinaus nennt er 234 Tote unter den NATO-Militärausbildern und 2 458 Tote unter den verdeckt kämpfenden NATO-Soldaten aus Deutschland, Polen, Litauen und anderen Ländern.[504] Die Herkunft der Meldung konnte verifiziert werden; allerdings sind die genannten Zahlen übertrieben. Dass die Verluste der Ukraine deutlich höher sind, ergibt sich allerdings aus der russischen Überlegenheit bei Artillerie und Drohnen, je nach Frontabschnitt von 1 : 5 bis 1 : 10. Demnach dürften die ukrainischen Verluste mindestens fünfmal so hoch sein wie die russischen. Ein ukrainischer Mobilfunkanbieter errechnete im August 2023 aus der Zahl der stillgelegten SIM-Karten die Zahl von 400 000 Gefallenen.[504a] Die russischen Oppositionsportale Meduza und Mediazona berechneten mit dem Statistiker Dmitry Kobak von der Universität Tübingen die Zahl der russischen Toten: »Nach unseren Berechnungen handelt es sich um rund 47 000 Männer. Nach einer Analyse vorhandener Berichte über veröffentlichte Todesanzeigen, Sterbedaten des russischen Föderalen Staatlichen Statistikdienstes und umfangreicher Aufzeichnungen des Nationalen Nachlassregisters schätzen wir, dass bis zum 27. Mai 2023 zwischen 40 000 und 55 000 russische Männer unter 50 Jahren im Kampf in der Ukraine gefallen sind.«[504b] Ein ukrainischer Militärkommissar hat das Ausmaß der Verluste in seiner Abteilung preisgegeben. Dem kommissarischen Leiter des Militärkommissariats Poltawa, Oberstleutnant Witali Bereschnoi, zufolge haben die ukrainischen Streitkräfte bis zu 90 Prozent des Personals verloren, das im Herbst 2022 zu den Einheiten gestoßen sei.[504c] Kiews ehemaliger Generalstaatsanwalt Jurij Lutsenko erklärte im Januar 2024 in einem ukrainischen TV-Sender, sein Land habe seit Beginn der Invasion bereits eine halbe Million Soldaten verloren.[504d] Das Ungleichgewicht zeigt, dass die Rechnung des Westens, Russland in der Ukraine ausbluten zu lassen, nicht aufgeht. Vielmehr gehen der Ukraine offenbar die Soldaten aus.

Ende Januar 2023 zeigte sich der BND wegen der hohen Verluste der ukrainischen Armee beim Kampf um Bachmut alarmiert.[505] Dort waren die Kämpfe nach dem Jahreswechsel besonders hart. Die Ukrainer nutzten ein unterirdisches Tunnelsystem und ausgebaute Stellungen. Trotzdem gelang es der russischen Koalition und Wagner-Söldnern Anfang 2023, Bachmut zu erobern.[506] Das Vorstandsmitglied des Darmstädter Signal, Oberstleutnant a. D. Jürgen Rose, analysiert: »Wir sehen, dass von Seiten der russischen Streitkräfte der Krieg vorsichtig geführt wird. Die Russen – ganz im Gegenteil zu ihrer Tradition – aßen nicht mehr mit ihren Soldaten herum, sondern sie versuchen, so geringe Verluste wie möglich in den eigenen Reihen zu haben. Das heißt, sie setzen massiv auf den Einsatz von Artillerie und gehen ganz systematisch und geduldig vor. Sie führen einen Abnutzungs- und Zermürbungskrieg. Die ukrainischen Streitkräfte haben in der Tat Ende letzten Jahres im Raum von Charkow im Nordosten eine relativ erfolgreiche Offensive geführt und dann auch dafür gesorgt, dass die Russen gezwungen waren, sich aus der Stadt Cherson westlich des Dnjepr zurückzuziehen auf die Ostseite des Dnjepr. Das waren aber Pyrrhussiege für die ukrainischen Streitkräfte, die dabei massive Verluste erlitten haben, die dabei ausgeblutet sind.«[507]

Deshalb setzt die russische Koalition die Ukrainer bei Bachmut unter Druck. Dort oben greift sie nur langsam an und lässt vielmehr die ukrainischen Kräfte ins Messer laufen. Auch deshalb der Vormarsch auf Kiew im Frühjahr 2022. Es ging auch darum, im Nordwesten und bei Charkiw Kräfte zu binden, die dann hier, vor der Krim, nicht eingesetzt werden konnten.[508] Es ist ein asymmetrischer Krieg: Die Ukrainer führen ihn politisch und propagandistisch; die russische Koalition reibt den Gegner langsam auf.[509] Das Hauptziel ist der Donbass, wo die russischsprachigen Oblaste vollständig erobert werden sollen. Weil es dem Westen jedoch mehr um Russland als um die Ukraine geht, lässt man die Ukrainer verbluten.

Mit dieser Strategie ist es der russischen Koalition im Verlauf des ersten Kriegsjahres immerhin gelungen, einen Teil des Donbass und im Süden die Gebiete östlich des Dnjepr unter ihre Kontrolle zu bringen. Zum ersten Mal markiert eine natürliche Grenze, der Dnjepr, die Trennlinie zwischen den von Kiew und von Moskau kontrollierten Gebieten. In der Zeit nach dem Ersten Weltkrieg war der Mangel an natürlichen Grenzen bereits der Grund dafür, dass alle aufeinanderfolgenden Mächte in der Ukraine scheiterten. Jetzt aber ist Russland in der Lage, sich zu halten.[510] Die jetzt eroberten Gebiete entsprechen teilweise den Grenzen der Donezker Sowjetrepublik von 1918/19 – Gebiete, die später der Sowjetrepublik Ukraine zugeschlagen wurden, die 1922 entstand. Die Westukraine ging durch den Frieden von Riga an Polen.[511]

Nun werden von der NATO und den USA immer mehr Waffen ins Land gepumpt, um die Russen wieder rauszuwerfen. In weniger als einem Jahr hat der US-Kongress die Rekordsumme von 100 Milliarden Dollar an Waffenhilfe bewilligt, wobei die verdeckten Summen diesen Betrag noch übersteigen dürften. Der russische Militäretat beträgt 65 Milliarden Dollar im Jahr. Sie wollen Moskau in der Ukraine niederwerfen – eine Regimewechsel-Operation, die sich diesmal nicht im Nahen Osten, sondern mitten in Europa abspielt: »Die Ukraine lieferte das Schlachtfeld, auf dem Washington das unvollendete Geschäft des Kalten Krieges wiederaufnehmen kann ..., um dem alten Drehbuch der USA zur umfassenden militärischen Dominanz neues Leben einzuhauchen.«[512] Ein Konzept, vor dem US-amerikanische Russlandexperten wie George Kennan, William Burns, John Mearsheimer und Stephen Cohen stets gewarnt haben.

Die größte Dummheit ist aber politischer Natur: Offensichtlich geht es den USA darum, Deutschland tiefer in den Krieg zu verwickeln. Aus Sicht Washingtons ist das schlau: Es bleibt ein Stellvertreterkrieg, in dem die Europäer die Kastanien aus dem Feuer holen müssen, die US-Neocons mit der Aufrüstung der Ukraine zum Frontstaat gegen Russland hineingeworfen haben. Doch dies ist lebensgefährlich für die Menschen in Deutschland und Polen und in all den anderen Vasallenstaaten, die in selbstverschuldeter Unmündigkeit Washington hinterherlaufen. Es könnte sein, dass auch sie den Kopf hinhalten müssen und nicht mehr nur die Ukrainer. Nicht umsonst warnt der frühere Generalinspekteur der Bundeswehr Harald Kujat: »Was mir fehlt, ist eine klare westliche Strategie, die das Ziel hat, erstens eine geografische Ausweitung dieses Krieges auf NATO-Territorium zu verhindern, zweitens eine nukleare Eskalation zu verhindern und drittens zu einer Friedenslösung beizutragen, die sowohl die Sicherheit der Ukraine gewährleistet als auch die Voraussetzung schafft für eine europäische Sicherheits- und Friedensordnung, in der alle europäischen Staaten – einschließlich der Ukraine und Russlands – ihren Platz haben ... Dieser Krieg findet ja nicht in Kalifornien statt oder in Texas, sondern in Europa. Und das Risiko, dass er auch auf Deutschland oder Polen oder die baltischen Staaten übergreift, ist sehr real.«[513]

Vorbei an Kontrollposten mit Radpanzern steuern wir einen Lebensmittelladen an. Sergey stößt mir den Ellenbogen in die Rippen: »Es gibt Gezapftes! Hörst du: Gezapftes!« Tatsächlich sind hinterm Tresen sechs kurze Zapfhähne zu sehen. Dort wird eine Drei-Liter-Plastikflasche festgeklemmt. Langsam füllt sie sich mit kaltem Bier. Dann sitzen wir in Laras Küche mit der Plastikflasche und trinken gegen die Angst an. »Ich habe diesen Krieg nicht gewollt«, sagt unser Fahrer. Das kenne ich schon, ich habe es auf meinen Reisen oft gehört, auf beiden Seiten der Front. Im Grunde von allen. Aber wenn keiner diesen Krieg gewollt hat – warum führen wir ihn dann?

Das Ziel ist die Krim. »Die USA neigen dazu, Kiew bei der Einnahme der Krim zu helfen«, schreibt die *New York Times* im Januar

2023 unter Berufung auf hohe Regierungsbeamte. Denn sie sei eine wichtige Basis des russischen Angriffskrieges. Daher brauche die Ukraine Langstreckenraketen und Kampfpanzer. »Die Befürchtungen, dass der Kreml mit einer taktischen Nuklearwaffe Vergeltung üben könnte, haben sich nach Ansicht von US-Beamten und -Experten gelegt, obwohl sie darauf hinwiesen, dass dieses Risiko weiter besteht.«[514] Die Zeitung zitiert Dara Massicot, eine Mitarbeiterin des Thinktanks Rand Corporation, die sich mit »Strategien zur Destabilisierung Russlands« befasst: »Die Krim wurde bereits mehrfach getroffen, ohne dass es zu einer massiven Eskalation seitens des Kremls kam.«[515] Diese Behauptung ist jedoch falsch: Unmittelbar nach den Angriffen auf die Krim begann Russland mit den Raketenschlägen gegen die ukrainische Infrastruktur. Für den Kreml ist die Krim die roteste aller roten Linien. Die meisten Russen halten sie schlicht für urrussisches Gebiet. Das ist der Unterschied: Ein Angriff auf die Krim stellt für Moskau – wie für Kennedy einst russische Raketen auf Kuba – eine existenzielle Bedrohung dar und rechtfertigt einen Atomschlag.[516] Deshalb ist der Ausblick von John Mearsheimer düster: Russland sieht sich in einem existenziellen Kampf mit dem Westen, hat Teile der Ukraine annektiert und wird sie nicht wieder aufgeben. Der Westen strebt danach, die Russen von den ukrainischen Territorien und der Krim zu vertreiben, Russland eine Niederlage zu bereiten, das Land wirtschaftlich zu schwächen und einen Regimewechsel herbeizuführen. Wenn beide Seiten auf einen totalen Sieg setzen, gibt es keine diplomatische Lösung. Russland wird daher Teile der Ukraine behalten, die Infrastruktur des übrigen Landesteils zerstören und aus der Westukraine einen dysfunktionalen Rumpfstaat machen. Aber wenn Moskau eine Niederlage droht, führt dies zu einem Paradox: Je erfolgreicher das ukrainische Militär vorgeht, desto größer wird die Gefahr, dass Russland Atomwaffen einsetzt. Mearsheimer rät deshalb zu einem für beide Seiten schmerzhaften Kompromiss. Deutschland sollte sich von der Strategie der Hardliner in Washington lossagen, die Waffenlieferungen stoppen und so einen ersten Schritt zur Deeskalation unternehmen. Ähnlich wie beim Irakkrieg 2003 sei eine eigenständige Politik erforderlich. Denn Europa trage die Hauptlast der Sanktionen und das Risiko eines atomaren Infernos: »Die Fortsetzung der in Deutschland von hochmoralischen, aber entweder verantwortungslosen oder strunzdummen Politikern wie Annalena Baerbock, Anton Hofreiter oder Marie-Agnes Strack-Zimmermann lautstark vertretenen Politik ist russisches Roulette mit einer unbekannten Zahl von Kugeln in einem Revolver mit unbekannt großer Trommel.«[517]

Der Glaube, Putin werde schon nicht so weit gehen, beruht allein darauf, dass er bisher noch nicht so weit gegangen ist. Die Annahme, die Katastrophe werde schon nicht eintreten, weil sie bisher noch nicht eingetreten ist, obwohl man alles dafür tut, dass sie eintreten könnte, ist schlicht eine Wette von Hasardeuren. Eine Wette, von der unser aller Leben abhängt. Eine Wette, bei der Washington das Leben der Europäer aufs Spiel setzt, denn die USA sind weit weg – und unsere Politiker machen mit. Wir werden regiert von Hütchenspielern.[518] Wenn dieser Schritt Richtung Abgrund nicht in einen Atomkrieg führt, werden die Kriegstreiber sagen: »Wir haben's ja gleich gesagt, davon geht die Welt nicht unter!« Wenn sie aber doch untergeht – dann gibt es niemanden mehr, der sie zur Verantwortung ziehen kann.[519]

Am nächsten Morgen tun wir, was Lara angeordnet hat: Wir räumen die Zimmer auf und bringen ihr den Schlüssel. Unterwegs tanken wir. Sergey fragt die Frau an der Kasse, warum ein Schloss vor dem Schrank mit den Wasserflaschen hängt. »Was glauben Sie, was hier los war, als die Russen kamen? Da wurde geplündert!« »Wer hat geplündert? Die Russen?« »Nein, die nicht, die Einheimischen. Da hat man mal gemerkt, mit wem man jahrelang zusammengelebt hat! Da hab' ich die Menschen kennengelernt!« An einem Checkpoint trinken wir mit Lkw-Fahrern Kaffee und essen Hotdogs. Sie kommen von der Krim und bringen Lebensmittel ins zerstörte Mariupol. »Sind die Straßen in Deutschland genauso schlecht wie hier?« Wir lachen und fragen nach Partisanenkämpfen hinter den Linien. »Schießen wir etwa aufeinander? Das ist nicht unser Krieg!« Das stimmt, denke ich, das ist der Krieg weit entfernter Schreibtischtäter. Es wird nur Verlierer geben – außer den beinharten Neocons in Washington und der Rüstungsindustrie. Simferopol, 168 Kilometer. Der Himmel grau in grau. Der Regen prasselt auf die Windschutzscheibe.

5.4. Tschonhar: Gesiebte Luft im Niemandsland

»Was? Feindlicher Ausländer? Was hast du denn hier verloren? Der Pass ist eingezogen. Das Gepäck ist beschlagnahmt. Ihr folgt dem Wachhabenden zum Käfig! Dawai!« Sergey und ich hatten uns zu früh gefreut. Wir dachten, den Krieg überstanden zu haben. Doch auf die Grenzer der Berkut-Miliz waren wir nicht vorbereitet.

Stunden zuvor: Unser Fahrer bringt uns zum Grenzübergang Tschonhar am Fuß der Krim. Unterwegs sehen wir an einem Kontrollpunkt im Straßengraben ein Zelt, aus dem eine russische Fahne und ein Ofenrohr ragen. An der E 105 ukrainische Straßenschilder. An einer Mauer steht mit Farbe: »Wir sind mit Russland!« Endlose Schlaglochpiste. Links ein Stand mit Kartoffelsäcken und Kohlköpfen, darüber eine Plastikplane gegen den Regen. Aus einer Panzerwerkstatt kommt uns ein BTR entgegen, der Kommandant steht im Turm. Über uns fliegt eine Mi-8. Slalom um tiefe Pfützen und Schlammlöcher. Auf Tiefladern werden eine Panzerhaubitze und ein Bergepanzer transportiert. Am Asowschen Meer ein Checkpoint mit Stacheldraht, Bunkern und Kontrollen. Rechts eine zweigleisige Bahnlinie. Beim Blick nach links flimmert die See unter der Mittagssonne. Wir fahren über Inseln, die Orte heißen Mykolajiwka, Nowyj Trud und Dschankoi. Als es die Brücke noch nicht gab, konnte man nur so auf die Krim gelangen. Wir fahren durch Fischerdörfer, am Straßenrand hängen Netze, daneben Stände mit Räucherfisch, es gibt auch gesalzene Heringe. Zerschossene ukrainische Grenzhäuser dort, wo der Krieg angefangen hat. Militärkolonnen mit Radpanzern kommen uns entgegen. Vor der russischen Grenze lange Lkw-Schlangen. Unser Fahrer hilft uns, Gepäck und Kameraausrüstung zur Zollstation der DVR-Miliz zu schaffen. Vorbei an Sattelschleppern erreichen wir die Schlange der Wartenden. Sergey inspiziert, einem dringenden Bedürfnis folgend, das hölzerne stille Örtchen 20 Meter vom Wegesrand. Kopfschüttelnd macht er den Verschlag wieder zu und kommt unverrichteter Dinge zurück: »Das kannst du dir gar nicht vorstellen!« Entschlossen marschiert unser Fahrer vorbei bis zum Container der Grenzer, wir folgen dicht hinter ihm und ziehen unsere Koffer durch den Schlamm. Dort angekommen, spricht unser Fahrer gestikulierend mit einem Offizier und zeigt auf Sergey und mich. Zum Abschied umarmen wir unseren Fahrer herzlich. Wir sollten ihn nie wiedersehen.

Dann werden wir seitwärts der Schlange platziert, bis ein weiterer Grenzsoldat eintrifft, der sich nun um unsere Ausreise aus dem Kriegsgebiet kümmert. Es gibt ein längeres Hin und Her unter den misstrauischen Augen der anderen Ausreisenden, unsere Pässe lösen Verwunderung aus. Warten. Eine Dreiviertelstunde vergeht. Ein höherer Dienstrang muss entscheiden, was mit den unerwarteten Besuchern aus dem feindlichen Ausland geschehen soll. Sergey besteht darauf, dass ich eine neue Kartotschka bekomme. Dann muss ich die neue Einreisekarte ausfüllen, ein Grenzbeamter legt sie in den Pass. Es folgen ein paar Telefonate, dann wird die Kartotschka abgestempelt.

Wir nehmen Gepäck und Ausrüstung vom Kontrollband. Dann stolpern wir hundert Meter über Sandwege durchs Niemandsland auf den Kontrollpunkt der Russischen Föderation zu. Dort lief dann nichts mehr wie geplant. Die Berkut-Miliz nimmt uns fest, ein Wachhabender führt uns in den »Käfig«. Das ist ein acht mal zehn Meter großer Verschlag aus Eisengittern, in dem die Verdächtigen einsitzen und auf ihre Befragung warten – oder auf ihren Abtransport zur Sonderbehandlung. Die Grenzer wollen offenbar Spione und Terroristen herausfiltern. Beim Blick in den Himmel über der Krim sehen wir durch Metallstäbe. Wir müssen stehen, dürfen nicht reden. Es gibt kein Wasser, keine Gelegenheit, die Notdurft zu verrichten. Nur stehen und warten. Warten und den Mund halten. Warten auf das Verhör. Es ist der 28. September 2022 im Niemandsland zwischen dem russisch besetzten Oblast Cherson in der Ukraine und den Sywasch-Sümpfen auf der Krim. Wir werden »filtriert«.

Die Zeit vergeht. Wie lange stehen wir hier schon? Erschöpfung und Angst verwirren die Sinne. Das Zeitgefühl geht verloren. Niemand weiß, was passieren wird. Niemand beachtet uns. Gegenüber befinden sich Baracken der Miliz, Soldaten mit Sturmgewehren lösen einander ab. Offiziere beraten über meinen Pass. Keiner will entscheiden. Keiner will einen Anschiss, keiner will diplomatische Verwicklungen. Aber ein deutscher Pass hier, das geht nicht: ein feindlicher Ausländer. Sind das Spione? Lassen wir sie über Nacht in Gewahrsam, bis ein Offizier mit der Patrouille kommt. Dann kann der entscheiden. Aber der Typ hat eine russische Kartotschka, wie das?

Wenige Wochen zuvor: Ein Frachter aus Bulgarien läuft in den georgischen Hafen Poti ein. In einem Seecontainer befinden sich 22 Paletten mit Rollen von Bau-Polyethylenfolie, insgesamt 22,8 Tonnen. Sie waren Anfang August vom Seehafen Odessa an eine Firma in der Freihandelszone des bulgarischen Donauhafens Russe verschifft worden. Zugrunde lag ein Vertrag vom 2. August zwischen der Firma Translogistics UA LLC in Kiew und Baltex Capital S.A. in Bulgarien – einem NATO-Land. In Poti machen sich ausländische Spezialisten an den Paletten zu schaffen; die Fracht wird umgepackt.[520]

Der Frachtvertrag steht im Zusammenhang mit einem Maßnahmenplan des ehemaligen britischen Offiziers Hugh Ward. Angefordert hat ihn Chris Donelly, ein ehemaliger Mitarbeiter des Militärgeheimdienstes Ihrer Majestät und hochrangiger NATO-Berater.[521] Wards Pläne befassen sich mit einer »kühnen Unterstützung für ukrainische Angriffsoperationen zur See«. Die Ziele: »Russlands Fähigkeiten zur Blockade der Ukraine schwächen«, »Russlands Seekräfte auf der Krim isolieren und ihre Versorgung zur See und auf dem Landweg über die Brücke von Kertsch verhindern« sowie »die Verluste der Schwarzmeerflotte erhöhen und die russische Kriegsführung behindern«. Das Papier wurde schon im April 2022, kurz nach Kriegsbeginn, dem Portal »The Grayzone« zugespielt. Es liest sich wie ein Werbeprospekt für ein Himmelfahrtskommando und zeigt, dass die NATO von Beginn an in diesen Krieg verwickelt ist.[522]

Im Käfig sind wir nicht allein. Hier stehen auf engstem Raum mindestens zwei Dutzend Männer zwischen 20 und 50 Jahren, denen man ansieht, dass sie in eine ungewisse Zukunft blicken. Sie scheinen sich ihrem Schicksal ergeben zu haben, noch immer die Angst im Nacken. Die meisten sind fahnenflüchtig, aus der Ukraine geflohen und warten darauf, in die Russische Föderation eingelassen zu werden, um sich dem Dienst an der Waffe zu entziehen. Jeden Tag kommen neue an, und jede Woche sind es Hunderte. Irgendwie haben sie es durch die feindlichen Linien geschafft. Sie sind auf der Flucht hier im Niemandsland gestrandet, haben nur das, was sie am Leib tragen, sind untergetaucht und haben sich versteckt vor den »Todesboten«, den ukrainischen Militärs, die Einberufungsbescheide aushändigen. Diese Soldaten fahren mit Kleinbussen vor, riegeln einen Marktplatz oder eine Straße ab und ergreifen alle Männer zwischen 20 und 60 Jahren. Von solchen Szenen berichtet Wjatscheslaw Asarow, der Gründer der Union der Anarchisten der Ukraine, in seinem Telegram-Kanal. Er hat mit eigenen Augen gesehen, wie Arbeiter eines Internet-Anbieters beim Kabelverlegen einen Armeewagen sahen und sich sofort unter ihrem Fahrzeug versteckten. Dort warteten sie, bis die Luft wieder rein war, um sich aus dem Staub zu machen. Er schildert, dass in Odessa das Militär Krankenwagen benutzt, um sich unauffällig ihren Opfern zu nähern und ihnen Vorladungen auszuhändigen. Im Januar 2023 berichtete der ungarische Außenminister, er habe erschreckende Aufnahmen von Zwangsrekrutierern gesehen, die Angehörigen der ungarischen Minderheit am Rande der Karpaten unbarmherzig nachstellten. Dort führten ukrainische Behörden nach der Jahreswende die größte Rekrutierungskampagne seit Beginn des Krieges durch. In Mukatschewo sperrten Soldaten und Polizisten einen Marktplatz ab und kassierten jeden ein, der diensttauglich aussah. Seit Kriegsbeginn gibt es in der ganzen Ukraine Telegram-Kanäle, in denen Bürger vor Kontrollen und Zwangsrekrutierungen warnen. Immer wieder wird Männern geraten, nur im Rollstuhl oder auf Krücken das Haus zu verlassen. Dennoch wurde in Drohobytsch in der Region Lwiw ein Behinderter einberufen, der ohne Arme geboren wurde. Im westukrainischen Ternopil regte sich öffentlicher Unmut, weil ein von der Bushaltestelle weg eingezogener Mann an die Front geschickt wurde und nach vier Tagen fiel. Am Rande der Karpaten stellen Bauern am Fuß der Täler Wachen auf, um die Männer auf den Höfen und Feldern zu warnen, damit sie in die Berge fliehen können.[523]

Das alles zeigt die Grenzen des ukrainischen Heldentums, wie es von deutschen Medien bejubelt wird. Eine Verordnung des Verteidigungsministeriums in Kiew vom 23. Januar 2023 verpflichtet Männer, die bisher noch keinen Einberufungsbescheid erhalten haben, sich beim zuständigen Kreiswehrersatzamt zu melden. Dabei müssen sie auch Führerscheine und gleichwertige Dokumente vorlegen. Ein Hinweis darauf, dass es um mehr geht, als Listen von »toten Seelen« zu bereinigen. Ein Wohnsitzwechsel soll nur noch mit Zustimmung der Wehrbehörden erlaubt sein.[524] Bereits Mitte vergangenen Jahres demonstrierten Frauen vor einem Rekrutierungsbüro in Chust, weil ihre Männer an die Front geschickt worden waren. Die örtliche Militärverwaltung schob die Proteste dem russischen Geheimdienst, der orthodoxen Kirche und der ungarischen Minderheit in die Schuhe. Doch das sind Hinweise, dass große Teile der Bevölkerung diesen Krieg ablehnen.[525]

Die Wut wurzelt auch im Klassencharakter der Einberufungen. Arme Landbewohner und Arbeiter wie in Chust werden zwangsweise an die Front gebracht. Wer kein Geld hat, kann die Beamten nicht schmieren. Grenzschützer verlangen fürs Wegschauen bei der Ausreise Bestechungssummen von bis zu 10 000 Dollar. Der Handel mit gefälschten Befreiungen vom Wehrdienst blüht. In Schytomyr wurde Anfang Januar eine Gruppe festgenommen, die Wehrpflichtigen für jeweils 3 500 Dollar fiktive Vaterschaftsdokumente über im Ausland lebende Kinder unverheirateter Ukrainerinnen verkauft hatte. Im ärmsten Land Europas können sich das nur wenige leisten. Mitarbeiter von Organisationen, die von westlichen Gebern finanziert werden, sind freigestellt. In dem Telegram-Kanal »Media Killer« heißt es: »Trotz der Masseneinberufung verzeichnet die ukrainische Armee einen großen Personalmangel. Blickt man auf die hohen Verluste, versteht man, welch düsteres Bild sich ergibt – die Rekrutierungskampagne wird also noch verschärft werden.«[526] Aus immer mehr ukrainischen Städten werden Razzien gegen Männer im wehrpflichtigen Alter bekannt. Auch auf den Skipisten in den Karpaten sind die Rekrutierungsbeamten unterwegs und verteilen Einberufungsbescheide an Winterurlauber.[527] Nach zwei bis drei Wochen Ausbildung werden die Rekruten an die Front geschickt. Soldaten ohne ausreichendes Training an der Hauptkampflinie, wo sie oft als »Artillerieradar« dienen: Sie sollen das gegnerische Feuer auf sich ziehen, damit der Standort der feindlichen Geschütze ausgemacht werden kann, sie unter Feuer genommen werden können.[528] Das alles spricht sich herum – bis zu den Männern, die hier in Tschonhar mit uns im Käfig stehen, die der Einberufung entgangen, dem Tod von der Schippe gesprungen sind. Sie vertrauen ihr Schicksal der Berkut-Miliz an, genauso wie wir, in der Hoffnung, nicht als Schmuggler verhaftet, als Diversanten zurückgeschickt oder als Spione erschossen zu werden.

Inzwischen nimmt der Seecontainer mit den 22 Paletten Bau-Polyethylenfolie seinen Weg. Über den Rollen liegt seit dem Umpacken im bulgarischen Hafen Russe eine Plastikfolie. Wieder befindet sich der Container an Bord eines Schiffes, unterwegs von Bulgarien zu dem georgischen Hafen Poti. Dort wird die Ladung auf einen Lkw mit ausländischem Kennzeichen gepackt und rollt auf dem Landweg nach Armenien. Ein paar Tage später passiert die Sendung im Transalliance-Terminal in der armenischen Hauptstadt Jerewan den Zoll. Ein Video zeigt den Lastwagen bei der Kontrolle. Auf dem Röntgenbild ist nichts Verdächtiges zu sehen. Doch in Jerewan werden die Frachtbriefe nach der Abfertigung ausgetauscht. Der Absender ist nun die LC GU ARJ Group im armenischen Alawerdi, der Empfänger die Firma LLC Leader in Moskau. Von Jerewan aus reist die Fracht auf einem weißen DAF-Lkw weiter. An der armenisch-russischen Grenze wird der DAF gemäß den Regeln der Eurasischen Zollunion abgefertigt. Die Route ist Standard für Lkw-Fahrer auf dem Weg nach Russland. Dann kehrt der Lkw wieder zurück nach Georgien und erreicht den Kontrollpunkt Werchny Lars in Nordossetien.[529] Das ist derselbe, den Tausende von Russen in entgegengesetzter Richtung auf der Flucht vor der Einberufung passieren. Am Grenzübergang wird die Fracht erneut geröntgt, der DAF passiert problemlos. Später erklärt der Experte Ilja Rybaltschenko: »Die Farben auf dem Bildschirm zeigen uns: Gelb ist organisch, Blau ist Metall, Grün ist eine Mischung. Aber Polyethylen, insbesondere Polyethylen mit dem Zusatz von Bor, ist ein viel interessanteres Material, denn es genügt, ein Objekt in Polyethylen einzuwickeln und es wird fast völlig undurchsichtig.«[530] Das bedeutet, dass es auf die Qualität der Röntgengeräte ankommt, aber auch auf die Fähigkeit des Bedieners, den Inhalt zu analysieren. Doch für wen ist die borhaltige Polyethylen-Folie auf der Ladefläche bestimmt? Normalerweise wird sie zum Verpacken von Waren verwendet. Wer sendet also Packmaterial von Odessa über Bulgarien, Georgien, Armenien, Russland, wieder zurück nach Georgien und dann über Nordossetien wieder nach Russland?

Der Maßnahmenplan des ehemaligen britischen Offiziers Hugh Ward gibt darauf keine Antwort. Dort heißt es: »Die Seeherrschaft vor der ukrainischen Küste ermöglicht es Russland, Odessa und andere

Häfen zu bedrohen und Marschflugkörper in die Westukraine abzufeuern. Die Seeblockade zu durchbrechen, wird sowohl die Versorgung der Welt mit Nahrungsmitteln und die ukrainische Wirtschaft optimieren als auch den militärischen Vormarsch Russlands beeinträchtigen.« Der Autor analysiert weiter: »Die Krim hat sich zu einem strategischen Drehkreuz für die russischen Streitkräfte entwickelt und stellt eine klare Bedrohung für die Ukraine, Georgien, Moldau und die NATO-Länder dar ... Die russische Schiffsabwehr hat die Fähigkeit, jedes Schiff im Schwarzen Meer zu erreichen. Die Krim weist weltweit die höchste Konzentration von Anti-Schiffs-Raketen auf. Sie sind in den Klippen der Halbinsel versteckt ... Es liegt im Interesse der Ukraine und der NATO, diese Standorte zu beschädigen oder als langfristiges Ziel zu zerstören.«[531]

Die Zeit verrinnt. Unsere Spannung weicht der Erschöpfung. Sie wird zur Gleichgültigkeit. »Herkommen!« Wir schrecken auf. Gemeint sind Sergey und ich. Wir treten an den Zaun und schauen durch die Gitterstäbe. Dahinter steht ein Berkut-Oberleutnant mit zwei Soldaten. Der Offizier sieht aus, als wäre er direkt von der Militärakademie in Moskau hierher versetzt worden: frisch rasiert, kurz geschnittenes Haar, die Uniform gebügelt und sauber, noch keine Orden. Das ist kein Frontschwein, denke ich, vielleicht hat er noch kein Blut gesehen, vielleicht ist er noch nicht von Tod und Teufel verdorben. Ich sehe ihm an, dass er nachdenkt, wie er sich am schlausten aus der Affäre zieht. Schwäche darf er nicht zeigen vor seinen Leuten, sonst hat er verkackt. Er muss jetzt entscheiden – schnell, schmerzlos, überzeugend. Dieser verflixte deutsche Pass. Was haben diese Typen hier verloren? Wenn ich sie festhalte, ein paar Tage oder länger, werden sie bei nächster Gelegenheit ihre Botschaft anrufen, und ich bekomme Ärger. Und meine Karriere ist vorbei, wenn ich diesen Krieg überlebe. Jetzt stehen sie vor mir. Wenn ich sie laufen lasse, dann könnten vielleicht zwei Spione ins Land gelangen. Auch das kann böse für mich enden. Da ist guter Rat teuer. Was wollen die bloß hier, im Niemandsland vor der Krim?

Dann blickt er noch einmal in meinen Pass. In seinen Augen lese ich: »Die Visage kenne ich doch.« »Warst du nicht der Typ auf der Pressekonferenz beim Referendum?« Wir nicken beide heftig und kramen unsere Akkreditierungen vom Informationsministerium in

Donezk heraus. Die will er gar nicht sehen. Er hat für sich den Ausweg schon gefunden. »Lasst sie laufen, das sind Wahlbeobachter!« Wir werden einer Grenzbeamtin übergeben. Mit steinernem Gesicht bringt sie uns zum Gepäck. Dann öffnet sie das Tor zur Krim. Beim Hinausgehen drückt sie mir den Pass in die Hand – und kann sich am Ende ein Lächeln nicht verkneifen. Uns sind die dummen Witzchen allerdings vergangen. Wir sehen zu, dass wir durch den langen, umzäunten Gang verschwinden. Zehn Minuten später setzen wir uns vor eine Bretterbude mit ein paar Bänken. Dort gibt es Pelmeni und Tee. Neben uns lagern Soldaten aus dem Kaukasus in verdreckten, bunt zusammengewürfelten Uniformen und rauchen. Sie sind ebenso froh wie wir, dass sie den Krieg fürs Erste hinter sich haben. So hat uns am Ende die Falschmeldung im russischen Fernsehen geholfen, gesiebter Luft im Käfig und tagelangen Verhören zu entkommen.

Auf der Großhandelsbasis in Armawir bei Krasnodar wird der Lkw mit den 22 Paletten Polyethylenfolie ausgetauscht. Jetzt fährt nicht mehr der DAF den Container, sondern, wie auf den Bildern bei der Kontrolle zu sehen ist, ein amerikanischer Transporter. Die Frachtpapiere wurden erneut geändert. Als Absender wird jetzt ein Unternehmen in Uljanowsk angegeben, als Empfänger eine nicht existierende Firma in Simferopol auf der Krim. Der neue Fahrer, Mahir Jusubow, sollte laut Plan vom 6. auf den 7. Oktober starten. Doch irgendwas kommt dazwischen, Jusubow fährt erst am 8. vom Hof. Was immer die Polyethylen-Folie verbirgt, bleibt auch in Armawir unentdeckt.

Das Papier von Hugh Ward für den britischen Geheimdienst enthält auch ein Konzept für den Angriff auf die Brücke zur Krim: »Die Zerstörung der Brücke über die Straße von Kertsch würde eine Batterie Marschflugkörper erfordern, um die beiden Betonpfeiler auf beiden Seiten des zentralen Stahlbogens zu treffen und so einen bautechnischen Zusammenbruch auszulösen. Dies wird dann jegliche Versorgung der Krim vom russischen Mutterland unterbinden und den Schiffsverkehr zeitweise unterbrechen … Der Auftrag: die Brücke von Kertsch mit einer kühnen Aktion unbrauchbar machen und so den Straßen- und Schienenzugang zur Krim und gleichzeitig den Seezugang zum Asowschen Meer unterbrechen. Der Plan: Von geschätzt 20 Stahlträgern müssen zehn zerstört werden. Ein jeder hat einen Durchmesser von

1,4 Metern mit einer Seitenwand von 40 Zentimetern. Ein Team von Kampfschwimmern und/oder Unterwasserdrohnen mit Haftminen oder linienförmig angebrachten Sprengladungen (könnte) die Stützpfeiler des entscheidenden Brückenteils zerstören.«[532]

Tatsächlich erfährt auch der Rechercheur Pepe Escobar aus einer vertraulichen russischen Quelle, dass der Lkw von Mahir Jusubow ohne sein Wissen Sprengstoff in den Rollen mit Polyethylenfolie Richtung Krim transportierte. Offenbar eine Täuschungsaktion, um eine falsche Spur zu legen. Denn die Hauptladung von 450 Kilogramm Sprengstoff war schon längst an den Brückenpfeilern angebracht worden oder näherte sich per Drohne. Gleichzeitig war es Hackern gelungen, in das elektronische Netz der Eisenbahn einzudringen. Ein Zug mit Kraftstoff sollte am Ort der Haftladungen mit einem falschen Signal gestoppt werden. Auf dem weißen Lkw waren möglicherweise nur der Zündsatz, das Primär-Zündmittel und die Booster-Ladung. Die eigentlichen Tertiär-Sprengladungen seeseitig sind offenbar gar nicht explodiert. Während wir uns im noch sommerlich warmen Simferopol in Sicherheit wähnen und im Pyatnic auf der Puschkina zum Borschtsch Bier trinken, organisieren britische Spezialkräfte und der MI6, offenbar mit technischer Unterstützung durch die USA und in Zusammenarbeit mit dem ukrainischen Geheimdienst, die Sprengung der Brücke von Kertsch.[533] Der Presse fällt später nicht auf, dass mit einer Sprengladung auf einem überfahrenden Lkw eine so massive Brücke nicht zum Einsturz gebracht werden kann.

6. Nordwärts: Im Propaganda-Krieg

Am 25. September 2022 stehe ich am Fenster meines Zimmers im fünften Stock des Hotels Park Inn in Donezk. Ich beobachte, wie eine Artilleriegranate ein Wohnhaus trifft. 800 Meter von mir entfernt kracht ein Teil der Fassade herunter. In diesem Moment erreicht mich eine Textnachricht von T-Online. Der Redakteur Lars Wienand will wissen, ob ich als Wahlbeobachter bei den Referenden in den von Russland besetzten Gebieten tätig bin. Ich stelle klar, dass ich als Journalist recherchiere. Offenbar hat er nur pro forma angefragt. Denn mein Dementi interessiert ihn nicht weiter.

Was nun folgt, ist ein Sittenbild des selbsternannten Qualitätsjournalismus und der akademischen Leitkultur. Es geht dabei um den Propagandakrieg, die Zerstörung des demokratischen Debattenraums in Deutschland und die Aushebelung des Grundgesetzes. Es geht darum, wie im Dienst der Propaganda Schreibtischtäter versuchen, öffentliche Meinung zu zensieren, akademisches Leben politisch zu säubern und Existenzen zu vernichten; und so ein Exempel zu statuieren, um durch die Erzeugung von Angst vorauseilenden Gehorsam zu erzwingen.

Während wir im Donbass versuchen, Milizen, Scharfschützen, Artilleriegranaten und Minen zu entgehen, blasen Sitzredakteure und Schreibtischtäter in Deutschland zum publizistischen Angriff. Ein Wahlbeobachter sei ich gewesen bei Putins Scheinreferenden, ein Apologet des Kremls, ein Journalist auf politischen Abwegen. In der Folge kündigen die Christian-Albrechts-Universität zu Kiel und die Hochschule für Medien und Kommunikation in Berlin meine Lehraufträge. Sie fallen auf eine Falschmeldung herein, die fabriziert wurde, damit jemand darauf hereinfällt. Denn solche Denunziationskampagnen, für die T-Online bekannt ist, wirken nur, wenn andere mitmachen. Geprüft hat niemand. Dies verweist auf den Kotau akademischer Eliten vor der Propaganda der Kriegshetzer. Hier die Fakten:

In Luhansk und Donezk habe ich auf Bitte der örtlichen Behörden an zwei Pressekonferenzen teilgenommen. Das habe ich auch bei meinen Recherchen im Kosovo-Krieg 1999 oder in Afghanistan 2002 getan – beides ebenfalls völkerrechtswidrige Angriffskriege. Mandate des Sicherheitsrates der Vereinten Nationen lagen nicht vor. Dennoch habe ich deutsche Soldaten bei ihren Einsätzen begleitet, an militärischen Briefings und Pressekonferenzen teilgenommen, meinen Recherche-Auftrag erläutert und über meine Erfahrungen berichtet. Dies ist allein schon deshalb nichts Ungewöhnliches, weil man in einem Kriegsgebiet darauf angewiesen ist, sich etwa darüber auszutauschen, wo Minen noch nicht geräumt wurden oder versprengte Freischärler unterwegs sind. Jeder, der wie ich einmal in ein Minenfeld hineingeraten ist (bei Orahovac) oder unter Beschuss gelegen hat (bei Prizren), weiß um die Bedeutung solcher Abstimmungen. Damit war ich in die KFor »embedded«. Niemand wäre auf die Idee gekommen, mir dies zur Last zu legen oder gar zu behaupten, ich könnte nicht unabhängig berichten, würde gar KFor-Propaganda verbreiten oder einen völkerrechtswidrigen Angriffskrieg rechtfertigen.

Informationen auszutauschen, auch über die Stimmung in der Bevölkerung, ist in einem Kriegsgebiet geradezu eine Überlebensfrage. Deshalb rede ich auch mit Russen. Das ist Kern meiner Arbeit. So werden Informationen recherchiert. Niemand wäre auf die Idee gekommen, Peter Scholl-Latour, der 1973 im Vietnamkrieg als Erster auf der Seite des Vietkongs gedreht hat, vorzuwerfen, er verbreite kommunistische Propaganda. Der Reporter Egon Erwin Kisch trat im Spanischen Bürgerkrieg 1936 gar in der Uniform der republikanischen Truppen auf, ohne dass ihm jemals vorgehalten wurde, einseitig zu berichten. Gerd Ruge berichtete als Korrespondent über den Putsch in Moskau 1991 und war dabei auch auf enger Tuchfühlung zu den Putschisten. Dennoch hat ihm niemand vorgeworfen, mit den Drahtziehern gemeinsame Sache zu machen. Die Reporterin Martha Gellhorn hat mehr Kriege überlebt als alle anderen (Spanien 1937, Finnland 1939, China 1940, Italienfront 1943, Invasion in der Normandie

1944, Vietnamkrieg 1966, Sechstagekrieg 1967, Bürgerkrieg in El Salvador ab 1980). Im Zweiten Weltkrieg war sie ebenfalls »embedded« in die US-Streitkräfte (im Rang eines Hauptmanns).[534] Niemand ist je auf die Idee gekommen, ihr einseitige Berichterstattung vorzuwerfen. Eine Berichterstattung aus einem Kriegs- und Krisengebiet ist ohne Kontakt zu den Akteuren nicht möglich – auch dann, wenn sie Blut an den Händen haben.

Und noch etwas: Dieser Krieg in der Ukraine wird am Verhandlungstisch enden – oder wir fliegen alle in die Luft. Da darf man sich an den Gedanken gewöhnen, mit Russen zu verhandeln. Seit drei Jahrzehnten spreche ich mit Menschen aus Russland. Darunter sind Mitarbeiter der Regierung genauso wie Oppositionelle. Auf beiden Seiten der Front, in Russland und der Ukraine, habe ich Freunde. Aus Russland bringe ich seit mehr als 20 Jahren Filme mit, die sich kritisch mit Missständen in Putins Staat befassen. Diese Recherchen haben mir zwei unangenehme Begegnungen mit dem Inlandsgeheimdienst FSB beschert. Einmal sind wir der Verhaftung knapp entgangen. Für diese Vorgänge gibt es Zeugen.[535] Es ist einigermaßen dreist, wenn Schreibtischtäter in Universitäten und Sitzredakteure in Online-Medien, die von den Zuständen in Kriegs- und Krisengebieten keine Ahnung haben und mit eigenständigen Rechercheergebnissen noch nicht weiter aufgefallen sind, mir, der ich für unabhängige Informationsgebung den Kopf hingehalten habe, Propaganda vorwerfen.

Zu Beginn der Pressekonferenz habe ich deutlich gemacht, dass ich nicht als Wahlbeobachter spreche, sondern als Journalist für ein Buchprojekt recherchiere. Dies hat Sergey Filbert korrekt ins Russische übersetzt. Wir waren beide ordnungsgemäß akkreditiert. Die Planung der Reise hatte im Frühjahr 2022 begonnen, da war von Referenden noch keine Rede. Der Termin wurde uns erst drei Tage zuvor in Moskau mitgeteilt. Die Rechercherreise habe ich selbst finanziert, irgendwelche Bestechungsangebote erhielten wir nicht. Im Kriegsgebiet konnten wir uns vollkommen unabhängig bewegen. Die örtlichen Militärbehörden haben keine Auflagen gemacht.

Während der Pressekonferenz habe ich dargelegt, dass dieses Referendum den Anforderungen einer freien und geheimen Wahl nicht entspricht. Ich habe allerdings auch erklärt, dass die Ergebnisse die

Stimmung der Bevölkerung abbilden. Warum das so ist, habe ich in diesem Buch ausführlich beschrieben. Das alles war für die journalistischen Satrapen der Machteliten zu viel: Die Wahrheit über den Donbass darf deutsche Wohnzimmer nicht erreichen; sie könnten die Propaganda-Narrative unterlaufen.

T-Online präsentierte mich als Wahlbeobachter, obwohl ich deutlich erklärt habe, dass ich kein Wahlbeobachter bin. Das Portal insinuierte, Putins Angriffskrieg sei mir wohl egal. Dagegen bin ich juristisch vorgegangen. Es wäre die Aufgabe von T-Online gewesen, den Vorgang zu prüfen. Medien sind ein Filter, der aussieht wie ein Fenster. Im Journalismus reicht es eben nicht, am Schreibtisch zu sitzen und in den Computer zu gaffen. Denn im Internet findet sich nur, was jemand anderes hochgeladen hat – nach eigener Auswahl und eigenen Interessen. Wer das weiß, sucht eine Referenzquelle in der realen Welt.

Sie wäre leicht zu finden gewesen: Ein Anruf bei der, laut Verfassung, zuständigen Zivilkammer der Russischen Föderation hätte genügt. Die Kontaktdaten stehen auf ihrer Website. Dort findet sich eine Pressemitteilung vom 29. September 2022 über ein Hearing vor der Zivilkammer in Moskau mit allen Wahlbeobachtern. Ich war weder Teilnehmer des Hearings, noch werde ich in der Pressemitteilung genannt.[536] Zeitaufwand für eine solche Gegenrecherche: vielleicht 15 Minuten. Auch auf meiner Website patrikbaab.de oder dem Portal Vimeo sind meine Reportagen aus Russland einsehbar. Der Aufwand für diese Bemühungen hätte vielleicht zehn Minuten betragen. T-Online hat jedoch auf eine zweite Quelle in der realen Welt verzichtet und damit seine Sorgfaltspflicht verletzt. Ad acta gelegt wurde auch der handwerkliche Grundsatz: »Audiatur et altera pars« – weswegen ich auf beiden Seiten der Front recherchiert habe.

Es fallen zwei Dinge auf: Zum einen haben die Akteure kaum Kenntnisse über die Ukraine und Russland, die regionale Kultur und die Konfliktgeschichte. Zum anderen handelt es sich um Sitzredakteure, die den Bildschirm mit der Realität verwechseln. Sie verhalten sich wie journalistische Drohnenpiloten, die aus großer Entfernung ein Ziel anvisieren, ohne die Lage vor Ort überhaupt zu kennen. Klickzahlen sind wichtiger als sauberes Handwerk.[537] All dies zeigt, dass es offenbar nicht um Recherche ging, sondern um Denunziation. Denn solche Denunziationskampagnen sorgen für Klicks und steigern die Werbeeinnahmen.

Umso eiliger hatte es T-Online, bei den genannten Universitäten anzurufen. Die Darstellung von Helge Buttkereit trifft es wohl: »Der Journalist erfährt von Baabs Anwesenheit vor Ort, recherchiert in dessen Umfeld und stellt eine Presseanfrage an die Berliner Hochschule für Medien, Kommunikation und Wirtschaft (HMKW). ›Wissen Sie, was Ihr Lehrbeauftragter dort treibt? Bei den Scheinreferenden? Der legitimiert die doch! Finden Sie das gut?‹ So könnte es gewesen sein. Wie genau, spielt keine Rolle, denn laut eigener Aussage telefoniert die Hochschule mit dem Delinquenten, der durch seine bloße Anwesenheit am falschen Ort zur falschen Zeit zu einem solchen gemacht wurde. Und dann wird eine Stellungnahme eiligst auf der Homepage veröffentlicht. Tenor: Wir verurteilen und trennen uns ... Unterdessen ist der Artikel im Netz erschienen. Autor Wienand kann den Vollzug seiner Mission gleich noch einbauen, online lässt sich vieles rasch ändern und erweitern.«[538]

Der Anruf der HMKW ließ tatsächlich nicht lange auf sich warten. Wir stehen am Rande der Grauen Zone und sind direktem Beschuss gerade entgangen. Die Leitung ist voller Störgeräusche. Ich höre nur: »Wir werden uns scharf von Ihnen abgrenzen ... Was Sie da vor Ort sehen, ist Scheinobjektivität!« Dass die Granaten, die uns gerade um die Ohren flogen, nur zum Schein abgefeuert wurden – darauf wäre ich nicht gekommen. Jemand, der bestenfalls Zeitungswissen besitzt, will per Ferndiagnose aus einer Distanz von 2100 Kilometern die Wahrheit im Kriegsgebiet kennen. Das wäre selbst für Osteuropa-Experten eine Herausforderung. Aber der Kanzler der HMKW, Ronald Freytag, ist kein Osteuropa-Experte; sein Fachgebiet ist die Psychologie. In seinem Fach nennt man so etwas eine Projektion.

In der Pressemitteilung der HMKW wird mir vorgeworfen, ich hätte die Scheinreferenden legitimiert und mich zum Feigenblatt der Aggressoren gemacht. Mit den Grundprinzipien der HMKW sei es unvereinbar, mich weiter zu beschäftigen. Wenn aber eine Recherche vor Ort die örtlichen Machthaber legitimiert, dann darf die Presse die Propaganda der Kriegsparteien nicht mehr an der Realität prüfen und wird darauf beschränkt, deren Propagandalügen zu verbreiten. Denn nur vor Ort ist etwas möglich, was am Schreibtisch – und damit in Redaktionen oder Akademien – gar nicht geht: die Realitätsprobe.[539] Was hier passiert, ist also ein Angriff auf die Pressefreiheit und ein Versuch indirekter Zensur. Ganz abgesehen davon, dass Journalisten dann auch nicht mehr über Missstände oder Gesetzesverstöße in Russland berichten dürften, wie ich es getan habe. Das bedeutet: Diese Universitäten unterstützen die Desinformation einer Kriegspartei und werden damit selbst zur Kriegspartei. Sie verstoßen damit gegen Art. 5 des Grundgesetzes und die darin verankerte Meinungs-, Forschungs- und Lehrfreiheit.

Ronald Freytag war ein angepasster DDR-Bürger und ein Mitläufer des SED-Systems. Dann kam die Wendezeit, und er wechselte die seine Rolle. Nun machte er sich für die Demokratie stark und beschwor die neuen Freiheiten. So kam er als Wendehals bis ganz nach oben. Er war einer der Redner bei der großen Demo am 4. November 1989 auf dem Berliner Alexanderplatz, die den Anfang vom Ende des SED-Staats einläutete.[540]

Ein Wendehals aus der DDR wie Ronald Freytag will mir, der ich nachweisbar in unterschiedlichen Systemen widerständig gewesen bin, aus der Ferne die Wirklichkeit erklären, die ich gerade vor Ort recherchiere. Dieses Verhalten gehört ins Lehrbuch des vorauseilenden Gehorsams. Denn hier haben wir es nicht nur mit einem sachfremden Besserwisser zu tun, sondern mit dem Primat der Propaganda, wenn auch der westlichen. Herr Prof. Freytag hat offenbar im SED-Staat viel gelernt: vor allem, sein Fähnlein in den Wind zu hängen. Die Haltung ist: Wenn die herrschende Meinung nicht zur Realität passt – umso schlimmer für die Wirklichkeit.

Auch die Universität Kiel hat meinen Lehrauftrag sofort gekündigt. Im Unterschied zur HMKW war der Lehrauftrag aber bereits ausgefertigt. Dies ermöglicht den Klageweg. Die Kündigung erfolgte im Eilverfahren, denn es drohe Gefahr im Verzug. Deshalb wurde auf die verwaltungsrechtlich vorgesehene Anhörung verzichtet. Die Christian-Albrechts-Universität sah ihren Ruf gefährdet, weil ich mir im Donbass die Rolle eines Wahlbeobachters angemaßt oder zumindest diesen Eindruck erweckt hätte. Auch hier keine sachgemäße Prüfung der Falschbehauptung. Der Dekan der Wirtschafts- und Sozialwissenschaftlichen Fakultät, Professor Christian Martin, schreibt, so die Verwaltungsakte: »Ich weiß auch nicht, was es im Donbass großartig zu schauen gibt.« Dies ist die Absage an jede Form von Wissenschaft. Denn ihre Erkenntnisse werden an der Realität gemessen. Auch hier: Um sachgemäße Prüfung ging es offenbar nicht; sondern darum, sich in Panik vor vermeintlich schlechter Presse zu schützen und sich eilfertig dem herrschenden Meinungsklima zu unterwerfen. Das zeigt: Es ging nicht um Erkenntnis, sondern um Bekenntnis – Bekenntnis zu einer Kriegspartei, der Ukraine und der NATO. Mit Wissenschaft hat das nichts zu tun.

Wenn es um den Ruf der Kieler Universität geht, so lohnt ein Blick in die Vergangenheit. Denn der Heldenmut des Lehrkörpers bei der Verteidigung von Demokratie und Frieden hielt sich vom beginnenden 20. Jahrhundert an in engen Grenzen. Vor und während des Ersten Weltkrieges herrschten Hurra-Patriotismus und antidemokratisch-monarchistische Gesinnung. Man erklärte der Jugend den »Sinn des Opfertodes für das Vaterland«.[541] Während des Kapp-Lüttwitz-Putsches 1920 wurden an der Universität Kiel bewaffnete Freikorps gebildet, die die Weimarer Republik niederkartätschen wollten und sich Feuergefechte mit den Verteidigern der Demokratie lieferten.[542] Als 1933 die nationalsozialistische Zeitenwende anbrach, wollten auch Professoren und Studenten der Universität Kiel nicht abseitsstehen. Man zog in den Kampf gegen das Eindringen »der westlich-liberalistischen und demokratischen Ideen«, um so eine »neue Einheit aus dem Blute« zu schaffen, und bekannte am 3. Mai 1933 vor der Kieler Studentenschaft: »Die Geschichtswissenschaft nimmt ihre innerste Berechtigung nur vom Dienst an der Gegenwart« – der nationalsozialistischen, versteht sich.[543] Ab 1933 wurden liberale, sozialdemokratische oder jüdische Gelehrte vertrieben – mindestens 38 von 222, nach anderen Darstellungen sogar die Hälfte.[544]

Der inzwischen emeritierte Kieler Politikwissenschaftler Joachim Krause rechtfertigte den völkerrechtswidrigen Angriffskrieg einer von den USA geführten Koalition gegen den Irak 2003 damit, es gelte »das System der kollektiven Sicherheit gegen einen Staat zu schützen, der … es ganz bewusst darauf anlegt, dieses System zu unterlaufen …

um daraus Spielräume zu gewinnen, für die erneute Herstellung von Massenvernichtungswaffen ....[545] Nur, dass diese Massenvernichtungswaffen nie gefunden wurden und sich entsprechende Behauptungen als Lüge entpuppt haben. Dass ihm dafür die Professur entzogen worden wäre, ist mir nicht bekannt. Da sieht man, wie die CAU mit zweierlei Maß misst. Bei solcher Verlogenheit geht es nicht um den Ruf der Universität, sondern um die richtige Gesinnung. Roberto de Lapuente schreibt: »Hätte der Journalist Patrik Baab von ›Eskalationsphobie‹ der Deutschen gesprochen, dürfte er heute noch seinen Lehrauftrag bei der Uni Kiel erfüllen. Er hat allerdings Journalismus betrieben: Das ist der schlimmste Vorwurf, den man sich heute einhandeln kann.«[546] So wird Journalismus zum Delikt. Die Freiheit von Forschung und Lehre wird durch politische Korrektheit ersetzt. Damit ergreift die CAU selbst Partei im Propagandakrieg.

Vollends unseriös wird es, wenn die Universität Unbeteiligte mit hineinzieht. Sie weigerte sich, meinem US-amerikanischen Freund Prof. Robert E. Harkavy, anders als in den Jahren zuvor, ein Zimmer im Gästehaus zu vermieten, und begründet dies mit dem Hinweis, meine Klage gegen die CAU sei nicht hilfreich.[547] Was hat Robert Harkavy, ein Wissenschaftler, der dieser Uni seit 1982 verbunden ist, mit meinem Rechtsstreit zu tun? Die ausländische Presse sprach von einer Rückkehr der nationalsozialistischen »Sippenhaft«.[548] Solche Dinge gefährden den Ruf der CAU, nicht meine Recherchen im Donbass.

Harald Welzer und Richard David Precht sprechen vom »gesinnungsethischen Überschuss«: »Und die mit Macht und Vehemenz vorgetragene Moral entspringt mitnichten der festen Haltung, die man vermeintlich einnimmt, sondern man moralisiert Opportunität.«[549] Es geht darum, im Strom der herrschenden Meinung mitzuschwimmen. Den dahinterstehenden Habitus hat Pierre Bourdieu als »respektvollen Konformismus« beschrieben.[550] Respekt natürlich vor den vermeintlich Mächtigen. Beim passenden Kampagnen-Journalismus hat T-Online den Bogen raus, mit der Angst vor schlechter Presse überstürzte Reaktionen zu provozieren. Das ist die eine Seite. Die andere Seite ist die vollständige Abwesenheit von sauberem Handwerk und Zivilcourage bei den Angerufenen. Die Eilfertigkeit, mit der sie sich selbst zu Erfüllungsgehilfen der Kampagne machen, ist eigentlich zum Lachen. Man glaubt sich sicher im Schutz der Machteliten. Das ist der Opportunismus der Intellektuellen.

Mit demokratischer Öffentlichkeit hat diese Cancel Culture nichts zu tun. Denn Demokratie heißt, auch solche Positionen in der Arena der Öffentlichkeit zu Wort kommen zu lassen, die einem nicht gefallen. Doch inzwischen sind viele Akademiker und Journalisten Träger und Promoter identitätspolitischen Denkens geworden. Es zielt darauf ab, spezifische soziale Gruppen in den Mittelpunkt zu stellen und eine höhere Anerkennung dieser Gruppe durchzusetzen. Dabei werden kulturelle, ethnische, soziale oder sexuelle Merkmale benutzt. Diese Politisierung der Identität richtet sich gegen den Universalismus der Aufklärung. Es handelt sich also um eine zentrale Diskursfigur der Gegenaufklärung. Die Annahme, dass unterschiedliche Kulturen auf unterschiedlichen Wegen zur Erkenntnis gelangen und Sonderrechte für sich in Anspruch nehmen können, gilt historisch als Vorstufe des Rassendenkens und der nationalen Überlegenheit.[551] Freiheit heißt in dieser Perspektive nicht mehr, in der Debatten-Arena argumentativ zu überzeugen, sondern sich zu einer Gruppe zu bekennen, eine bestimmte Haltung aufzuzeigen: Alle, die sich dem kollektiven Prozess nicht fügen, verlieren somit ihren Geltungsanspruch. Damit sind identitätspolitische Ansätze direkt anschlussfähig an faschistische Denkfiguren. Der Historiker Götz Aly: »Auch der Nationalsozialismus war eine identitäre Bewegung!«[552]

Wenn Presseorgane statt Fakten Denunziationskampagnen präsentieren; wenn leitende Universitätsangehörige einen Angriff auf die Presse- und damit auf die Meinungs- und Informationsfreiheit starten; wenn Professoren die Freiheit von Forschung und Lehre ohne Not zerschlagen – wohlgemerkt Rechte mit Verfassungsrang –, dann darf man getrost von antidemokratischem Denken sprechen. Es verbreitet sich nicht in Zirkeln geistig Minderbemittelter. Vielmehr machen sich Intellektuelle – oder das, was davon übrig geblieben ist – Akademiker, zum Treiber des antidemokratischen Denkens. Sie werden zu politisch-ideologischen Akteuren im Prozess der Meinungslenkung und Gesinnungskontrolle und damit zum selbsternannten Zensor mit dem Ziel, den öffentlichen Debattenraum auf den staatlich gewünschten Bereich zu verengen, ja auf den Suppenteller-Horizont der eigenen Krämerseele.

Große Presseunternehmen tragen für diese Entwicklung ebenfalls Verantwortung, wie Benjamin Abelow schreibt: »Statt die Ereignisse für ihre Leser angemessen in den Zusammenhang zu stellen, posaunen sie lieber regierungsamtliche Narrative heraus. Was auch immer ihre Motive sind, die Mainstream-Medien setzten und setzen die Herrschaft der Propaganda durch, die die Öffentlichkeit fehlinformiert und von Russland nur als Affront des russischen Nationalcharakters wahrgenommen werden kann. Online-Medien machen meist dasselbe. (Es) findet in Wirklichkeit sowohl in den USA als auch in Europa eine massive Zensur abweichender Standpunkte auf vielen Ebenen der Gesellschaft statt. Obwohl es kaum möglich ist, die schrecklichen Bilder aus der Ukraine zu ertragen ohne Ekel und Wut, ist es doch ein gefährlicher Irrtum, blindem Affekt zu erliegen und sich an das dominierende westliche Narrativ zu klammern. Dies stärkt nur die übelsten Kräfte in Washington, einschließlich der Verkettung von bürokratischer Macht und geschäftlichen Interessen ... Dieses Narrativ fördert die am stärksten militaristischen und russophoben europäischen Regierungschefs sowie jene, die sich am wenigsten trauen, der fehlgeleiteten amerikanischen Politik entgegenzutreten. Dieses Narrativ vernebelt die Sinne der europäischen und amerikanischen Staatsbürger und führt nur zu Hurrapatriotismus und Kriegshysterie.«[553]

Bei Anne Morelli kann man nachlesen, wie diese Kriegshysterie durch Propaganda gefördert wird. Auch und vor allem durch jene Propaganda, die von der NATO angewandt wird: 1. Der Kreml ist schuld an allem, er hat ja schließlich ein schwächeres Nachbarland überfallen. Wir wollen eigentlich gar keinen Krieg. 2. Es handelt sich um einen »unprovozierten« Angriffskrieg: Der Gegner ist einzig und allein verantwortlich für diesen Krieg. 3. Putin ist ein Faschist, ein Schlächter. Der Feind hat die Fratze des Teufels – oder zumindest eines Bösewichts. 4. In der Ukraine wird für »westliche Werte« oder »die Freiheit« gekämpft. Die wirklichen Interessen werden mit ehrenvollen, höheren Zielen verschleiert. 5. Der Feind begeht absichtlich abscheuliche Kriegsverbrechen – wie in Butscha. Wenn unsere Leute Fehler machen, dann ist es dumm gelaufen. 6. Wir haben kaum

Verluste, aber der Feind hat enorme Verluste. Das hört man nun auf beiden Seiten, die tatsächlichen Zahlen sind geheim. 7. Wir kämpfen für eine gute Sache: Der Gegner muss verlieren lernen, wir sind moralisch im Recht. 8. Auch Dichter und Denker unterstützen unsere Sache. 9. Der Feind setzt international geächtete Waffen ein, Uranmunition, Giftgas, biologische Waffen, Streubomben. 10. Wer unsere Propaganda infrage stellt, ist ein Putin-Versteher, ein Lumpen-Pazifist, ein Unterwerfungs-Pazifist, ein rechtsoffener Querfront-Agitator, die fünfte Kolonne Moskaus.[554]

In dieses Propaganda-Narrativ bin ich hineingeraten. Denn eines darf auf gar keinen Fall passieren: dass die Wahrheit über diesen Krieg bekannt wird. Deshalb muss der Reporter vor Ort als Feigenblatt der Aggressoren und Unterstützer eines Angriffskrieges hingestellt werden. Das Ziel ist, seine Glaubwürdigkeit durch Denunziation und politische Säuberungsmaßnahmen zu untergraben. Denn auf keinen Fall dürfen die eigenen Schandtaten, die eigene Mitverantwortung, die eigenen Interessen und das Leiden der anderen in die deutschen Wohnzimmer gelangen. Dies würde den Menschen ermöglichen, was die Propaganda unterläuft: die Realitätsprobe. Statt Kriegsbesoffenheit käme dann Ernüchterung. Propaganda funktioniert dann besonders gut, wenn die Menschen selbst keine Kenntnisse haben.

Zum Propaganda-Narrativ gehört es, wesentliche historische Fakten im Zusammenhang mit diesem Krieg auszublenden oder zumindest in den Hintergrund zu drängen. Hier, ohne Anspruch auf Vollständigkeit, sind die wichtigsten: 1. Die NATO-Osterweiterung bis an die russischen Grenzen trotz anderslautender Zusagen. 2. Der Putsch auf dem Maidan und die dafür verantwortlichen Drahtzieher um Victoria Nuland. 3. Die Prahlerei des damaligen Vizepräsidenten Joe Biden darüber, wie er mit finanzieller Erpressung die ukrainische Regierung gezwungen hat, einen Staatsanwalt zu feuern, der eine Korruptionsaffäre um ein Energieunternehmen mit dem Sohn des damaligen Vizepräsidenten Hunter Biden im Vorstand ermittelt hat. 4. Die Produktionsstätten für biologische Waffen in der Ukraine. 5. Das neonazistische Asow-Bataillon und ähnliche Organisationen. 6. Die Selbstbereicherung und das geheime Auslandsvermögen von Präsident Selenskyj. 7. Menschenrechtsverletzungen in der Ukraine.

8. Selenskyjs Gesetze zur Einschränkung der Meinungsfreiheit und zum Verbot von Parteien. 9. Die Repressalien gegen die russisch-orthodoxe Kirche. 10. Die endemische Korruption in der Ukraine.[555] 11. Die Blockierung eines bereits unterschriftsreifen Friedensabkommens, das zwischen den Kriegsparteien im März in Istanbul ausgehandelt worden war – wofür es mindestens sechs Quellen gibt, zwei davon waren am Verhandlungsprozess beteiligt.[556]

Angesichts dessen beklagt Noam Chomsky den Zusammenbruch des demokratischen Debattenraums: »Vielleicht sind Teile der intellektuellen Klasse so tief in das Propagandasystem eingetaucht, dass sie die Absurdität dessen, was sie sagen, gar nicht wahrnehmen können. Wie auch immer, es ist eine drastische Erinnerung daran, dass die Arena des rationalen Diskurses genau dort kollabiert, wo Hoffnung bestehen sollte, dass sie verteidigt wird.«[557] Also in akademischen Kreisen.

Denunziationskaskaden, ausgelöst von akademischen und medialen Netzwerken, im Bunde mit Influencern auf Twitter, Facebook, Instagram usw., haben im Ergebnis ein Ziel: die wirtschaftliche Existenz der Zielpersonen zu zerschlagen. Dabei geht es also nicht um eine demokratische Diskussion, sondern um das Gegenteil: die Verhinderung demokratischer Diskurse über strukturelle Gewalt. Den Kritikern der NATO-Propaganda soll die Existenzgrundlage entzogen werden. Dabei dreht es sich nicht um Einzelfälle. Vielmehr sollen Exempel statuiert werden. Ziel ist, durch die Erzeugung von Angst vorauseilenden Gehorsam zu erzwingen. Initiiert wird dies im Kern von Staaten oder supranationalen Organisationen wie der EU, aber auch staatlich geförderten Einrichtungen. Die treibenden Kräfte sind jedoch die ökolibertären und militaristisch-konservativen akademischen Milieus.

Übergreifendes Kennzeichen all dieser Fälle ist, dass sich universitäre Entscheidungsträger im Schutze der Exekutive wähnen und deshalb mit der Arroganz der geliehenen Macht auftreten.[558] So entsteht ein Konglomerat akademischer Seelenverkäufer, die entweder transatlantischen Organisationen oder US-Stiftungen verpflichtet sind oder im vorauseilenden Gehorsam deren Narrative verbreiten. Den Akteuren selbst, so Upton Sinclair, fällt das nicht auf: »Es ist schwierig, einen Menschen von etwas zu überzeugen, wenn sein Gehalt davon abhängt, dass er es nicht versteht.«[559]

Es ist kein Zufall, dass gerade an einer Universität diejenigen aktiv meinen Rausschmiss betrieben haben, die sich transatlantischen Netzwerken wie dem German Marshall Fund verpflichtet sehen. Dies zeigt, wo die eigentlichen Drahtzieher der Zensur- und Denunziationsöffentlichkeit sitzen. Damit ist keineswegs gemeint, dass die Akteure Anweisungen aus Langley erhalten. Vielmehr belegt die Eilfertigkeit ihres Handelns, dass sie sich selbst in einer Art Bringschuld sehen, die es abzuarbeiten gilt. Denn immerhin geht es um Tagungseinladungen, Stipendien, Recherchereisen oder die Bewilligung von Forschungsprojekten. Solche Wissenschaftler nennt der frühere Ministerialdirektor in der US-Gesundheitsbehörde, David Michaels, »science-for-sale specialists«-Wissenschaftler, die für Geld zu haben sind.[560] Damit sind nicht unbedingt direkte Zahlungen gemeint. Man glaubt, dass es besser für die eigene Karriere ist, sich als Legitimations-Akquisiteur für US-amerikanische Interessen zu betätigen.

Die Verstrickungen des Kieler Ordinarius Werner Kaltefleiter in geheimdienstliche Machenschaften von BND und CIA während des Kalten Krieges hat Katia Backhaus herausgearbeitet.[561] Presseberichten zufolge erhielt die CAU in den Jahren 2005 bis 2012 2,7 Millionen Euro vom Bundesverteidigungsministerium und der NATO, von denen ein Großteil an das Kieler Institut für Sicherheitspolitik (ISPK) von Prof. Joachim Krause floss. Diese Gelder wurden hauptsächlich für ein Projekt zur Aufstandsbekämpfung in Afghanistan verwendet. Projektpartner war damals das Center for a New American Security von Victoria Nuland, das sich den Schutz US-amerikanischer Interessen zur Aufgabe gemacht hat und teils vom Rüstungskonzern Northrop Grumman bezahlt wird.[562] Krause zählt auch zum Umfeld der Integrity Initiative, einem Programm des britischen Institute for Statecraft, das der NATO und britischen Geheimdiensten nahesteht. Offiziell soll es russische Desinformation entlarven, aber eigentlich geht es um NATO-Propaganda. Dem German Cluster der Integrity-Initiative gehörten im Jahr 2019 der inzwischen verstorbene Politikwissenschaftler Hannes Adomeit, sein Freund Joachim Krause, der ehemalige MI6-Agent Harold Elletson und Marie-Luise Beck vom

Zentrum Liberale Moderne an.[563] Kritiker nennen Krause einen »NATO-Hausmeister«.[564] Kein Wunder, dass er dem deutschen Volk eine »Eskalationsphobie« im Ukraine-Krieg andichtet.[565] In solche Kriegspropaganda passen meine Recherchen natürlich nicht hinein, deshalb müssen sie sanktioniert werden.

Dann fand ich heraus, dass auch die Staatsschutz-Abteilung im Bundesinnenministerium eine Akte über mich führt – als angeblicher Wahlbeobachter. So etwas geschieht meist auf Anweisung von oben. Man darf also fragen, ob das Büro der Bundesinnenministerin solche Denunziationskampagnen orchestriert. Ebenfalls darf man fragen, ob Journalisten mit Geheimdiensten zusammenarbeiten und beispielsweise für den BND die Drecksarbeit machen, wie es die Bundesregierung in ihrer Antwort auf eine parlamentarische Anfrage im Deutschen Bundestag offen dargelegt hat.[566] Dasselbe gilt auch für Universitätsangehörige.

So entsteht wie von allein ein Zensur- und Denunziationskartell, das von US-Stiftungen und Vorfeldorganisationen der NATO gefördert wird. Allein für das Pentagon arbeiten 27 000 PR-Spezialisten mit einem Jahresbudget von fünf Milliarden Dollar. Ihr Ziel ist es, Medien mit gezielten Nachrichten, Experten für Interviews oder Footage fürs Fernsehen zu beeinflussen.[567]

Das alles geht nicht durch Zwang; es geht nur durch Zustimmung. Diese aktive Mitwirkung zeigt die Anfälligkeit der akademischen Eliten für antidemokratisches Denken. Wenn sich dieses antidemokratische Denken dann mit dem Rassegedanken verknüpft, stehen wir an der Schwelle zu faschistischen Denkfiguren. Die Politikwissenschaftlerin Florence Gaub am 12. April 2022 bei Markus Lanz: »Wir dürfen nicht vergessen, auch wenn Russen europäisch aussehen, dass es keine Europäer sind – jetzt im kulturellen Sinne –, die einen anderen Zugang zu Gewalt haben, die einen anderen Zugang zu Tod haben.«[568] Solche Sätze öffnen dem Rassismus Tür und Tor. Der Autor Serhij Schadan bezeichnet die Russen als »Horde«, »Tiere« und »Unrat«: »Brennt in der Hölle, ihr Schweine.« Das ist die Sprache des Faschismus. Dafür bekam Schadan den Friedenspreis des Deutschen Buchhandels.[569]

Der Konformismus wird zur Waffe: Im Kern geht es um Zensur und um Akte politischer Säuberung, die einer Demokratie unwürdig sind. Diese Kampagnen zielen auch darauf ab, die Existenzgrundlage der Zielpersonen zu zerstören. Allein dies dokumentiert schon ihren antidemokratischen Charakter. Der Zerschlagung der Demokratie geht die Zerschlagung der demokratischen Öffentlichkeit voraus. An dieser Transformation haben Medien und Universitäten entscheidenden Anteil, denn sie machen sich zum Träger der Gegenaufklärung und beeinflussen die Transformation des demokratischen Bewusstseins. Dies hat Folgen, die über den direkten Wirkungskreis hinausgehen. Sie tragen bei zur Vergiftung des sozialen Klimas und sägen damit an den Grundlagen der Demokratie.

Das Verwaltungsgericht Schleswig-Holstein hat in seinem Urteil vom 25. April 2023 dem Angriff der Universität Kiel auf die Pressefreiheit Grenzen gesetzt und die Aufhebung meines Lehrauftrages für rechtswidrig erklärt. Darin heißt es: »Der umfassende Schutz der Pressefreiheit beinhaltet ... alle Verhaltensweisen, die der Gewinnung, Aufbereitung und Verbreitung von Meinungen und Tatsachen für die Öffentlichkeit dienen. Trägern der Pressefreiheit steht zudem ein subjektives Abwehrrecht auch gegen mittelbare Beeinträchtigungen zu. Das Verhalten des Klägers fällt in diesen Schutzbereich, weil er während der Zeit der Referenden in der Ostukraine reiste, als Journalist für ein Buchprojekt recherchierte und – zumindest auch – als Journalist auftrat.«[570] Damit hat die Kammer die Pressefreiheit gestärkt und die freiheitlich-demokratische Grundordnung gefestigt. Denn integraler Bestandteil ist die Gesetzmäßigkeit der Verwaltung und damit das Willkürverbot im Verwaltungshandeln. Ganz nebenbei setzt das Verwaltungsgericht auch ein Zeichen richterlicher Unabhängigkeit.[571]

Kollegenschelte ist sonst nicht meine Art, aber hier ist sie angebracht. Ich fasse zusammen: 1. Ganz schlechtes Handwerk: keine Prüfung durch zweite Quelle in der realen Welt. 2. Politische Denunziation aus ökonomischem Kalkül. 3. Geschichtsvergessenheit und Ignoranz, sowohl was die eigene als auch was die Geschichte der Ukraine betrifft. 4. Konformismus: der Propaganda ungeprüft erliegen. 5. Vorauseilender Gehorsam: sich selbst zum Werkzeug der Propaganda machen. 6. Antidemokratisches Denken und Handeln. Daraus ergibt sich in der Summe gemeingefährliche Dummheit, die geeignet ist, dieses Land erneut in den Abgrund zu ziehen. Manch einer spricht hier von der Arbeitsverweigerung der Intellektuellen, aber das trifft es nicht. Es geht ums Geschäft. Kopfarbeiter verkaufen ihre Ideen an den Meistbietenden und werden dafür bezahlt, die kulturelle Hegemonie der Machteliten zu sichern und deren Herrschaft zu organisieren: »Die europäischen Intellektuellen«, so Antonio Gramsci, »sind wieder zu unmittelbaren Agenten der herrschenden Klasse geworden.«[572]

Wir sitzen im Bus vom Grenzübergang Tschonhar nach Simferopol, der Hauptstadt der Krim. Jetzt erst fällt die Anspannung ab. Ich lehne den Kopf ans Fenster und nicke ein. In Traumbildern holt mich die Angst ein, die ich im Kriegsgebiet ins Verlies am Grund der Seele gesperrt hatte. Granatbeschuss, Minen, Verhaftungen wirbeln in wirren Fetzen durcheinander und führen im Halbschlaf einen Hexensabbat auf. Erst allmählich wird mir klar, dass mich bei meiner Rückkehr ein anderer Veitstanz erwartet: der journalistischer Lohnschreiber, »einer wohlorganisierten Bande von literarischen Strauchdieben«, wie Heinrich Heine es ausgedrückt hat, »die in den böhmischen Wäldern unserer Tagespresse ihr Wesen treiben«.[573] Ein Satz von Zygmunt Bauman kommt mir in den Sinn: »Nicht sehen, nicht suchen wollen, und damit die Möglichkeiten eines anderen Zusammenlebens mit weniger Leid zu unterdrücken, ist Teil des Leids und trägt zu seiner Fortdauer bei.«[574] Noch eine Stunde bis Simferopol. Beim Schaukeln des Busses sinniere ich über das Elend der Intellektuellen.

7. Jalta: Promenade der Schlafwandler

Das alles war nur ein böser Traum. Irrlichternde Reflexe aus einem Computerspiel; für die Zurückgebliebenen Nacht ohne Morgen. Für mich beginnt ein neuer Tag. Der Trolleybus fährt durchs Gebirge auf die Südküste zu, schleicht die Serpentinen auf und ab. Es ist die längste Elektrobusstrecke der Welt, fast 100 Kilometer. So schont man die Bremsen, der Bus bremst mit dem Motor. Pinien säumen die Straße. Die Morgensonne brennt gegen die Scheiben, und wir ziehen die Vorhänge zu. Durch die Luft fliegt sandiger Staub, getrieben vom ersten Herbstwind. Perewalnoje, 752 Meter, nach dem Anstieg ein großes Kreuz. Der Traum ist ein Wissen, das niemand teilt. An der Haltestelle Kutusowka schaue ich über Lavendelfelder, an kahlen Bergrücken entlang Richtung Schwarzes Meer. Am Hang wechseln sich Laubbäume und Pinien ab, dann sehe ich riesige Weinberge, die dort wieder wachsen, wo sie Gorbatschow abholzen ließ, um den Russen das Saufen abzugewöhnen; es war zwecklos. Ich lehne den Kopf ans Fenster und schaue hinaus: Bewaldete Hänge fallen ab zur Küste, dazwischen werden neue Villen für die Reichen gebaut. Überall sehe ich Gärten mit den steilen Konturen der Zypressen, Palmen, dazwischen Magnolien, Oleander, Azalien, Mimosen, Feigen, Ölbäume und Zitronen. Wie Sándor Radó in seinem *Führer durch die Sowjetunion* von 1928 bewundere auch ich die nordischen Fichten, die dazwischen aufragen: »Die Landschaft der Krim ist in ihrem Reichtum und ihrer Mannigfaltigkeit eine der schönsten der Welt.«[575]

Neben mir schläft der Träumer; der Andere in mir. Wachen, schlafen, träumen – alles greift ineinander. Vor Aluschta steht ein großes Lenin-Porträt aus alter Zeit, ein Sturmpanzer auf einem Sockel erinnert an unsere Kriege vor unserem Krieg. Eine ältere Dame steigt zu; ihr fehlt ein Vorderzahn. Draußen an der Haltestelle bietet ein Mann auf einem Schild Ferienwohnungen an. In diesem Sommer waren so viele russische Touristen wie noch nie auf der Krim. Zwischen niedrigen Fichten sehe ich in Malyi Mayak ein Restaurant mit griechischen Fliesen an der Fassade. Links überwachsen kleine Tannen und wieder Pinien die Felsen vor dem Meer, rechts ein Busstopp mit einem griechischen Fresko unter Säulen: Pferde, Vasen, Streitwagen. Seit dem Beitritt der Krim zu Russland und dem Bau der Brücke entstehen hier neue Wohnkomplexe, Zeichen eines bescheidenen Aufschwungs. Alles hier ist anders, als es der Westen sehen möchte; das ist das Gefährliche. Auch der Krieg ist Realitätsverlust. »Je entfesselter die Vernunft der Welt wird«, schreibt Hermann Broch, »desto sichtbarer, desto wirkender wird das Irrationale.«[576] Dem Einzelnen bleibt nur das »leere und dogmatische Spiel von Konventionen«; jenes »konfliktlose Neben- und Ineinanderwirken einer dem Irrationalen verhafteten Lebendigkeit und eines Überrationalen, das in gespenstisch totem Leerlauf nur noch diesem Irrationalen dient«.

Bei Hermann Broch sind es die Schlafwandler, die in den Ersten Weltkrieg taumeln, die Augen verschließen vor dem eigenen Griff nach der Weltmacht.

Schlafwandler sind es, die heute über unser Schicksal entscheiden; mit getrübtem Urteilsvermögen, somnambulem Handeln. Sie lassen sich täuschen von ihrer eigenen Propaganda; unterschätzen den Gegner; ignorieren kulturelle Unterschiede; halten uneinsichtig an einer Politik fest, die sich gegen sie selbst richtet. »Torheit ist ein Kind der Macht«, wusste Barbara Tuchman, weil »die Macht, Befehle zu erteilen, häufig dazu führt, das Denken einzustellen«.[577] Was ich im Ukraine-Krieg vor allem sehe, ist schlechtes politisches Handwerk – auf allen Seiten. Der Krieg ist das Versagen der Politiker, das andere verrecken lässt. Chris Hedges schreibt: »Die Zuhälter des Krieges sehen die Leichen ihrer Opfer nicht.«[578] Statt verantwortlichen Handelns blanker Zynismus: Sollen die Ukrainer doch sterben für westliche Werte, während Rüstungskonzerne Rekordgewinne machen; sollen die Armen doch weniger fressen, wenn ihnen die Preise davonlaufen. Hauptsache, wir können Russland ruinieren; wir unterstützen die USA und ihr Marionettenregime in Kiew, sollen die Wähler doch denken, was sie wollen. Hier ist er: der Bankrott der politischen Klasse – und der Propaganda-Medien.

Schlafwandler eben – denn es war alles bekannt. Am 5. Dezember 2014 erschien ein Aufruf in der Wochenzeitung *Die Zeit*: »Niemand will Krieg. Aber Nordamerika, die Europäische Union und Russland treiben unausweichlich auf ihn zu, wenn sie der unheilvollen Spirale aus Drohung und Gegendrohung nicht endlich Einhalt gebieten.« Zu den Unterzeichnern zählen namhafte, ja untadelige Persönlichkeiten: Roman Herzog, Antje Vollmer, Wim Wenders, Gerhard Schröder, Hanna Schygulla, Mario Adorf, Margot Käßmann, Gabriele Krone-Schmalz, Horst Teltschik, Hans-Jochen Vogel und Eugen Ruge. Die Verfasser erinnern daran, dass die Menschen in Russland und die Weitsicht von Michail Gorbatschow die deutsche Einheit erst möglich gemacht haben. Sie fordern, Russland in die europäische Sicherheitsarchitektur einzubeziehen und nicht aus Europa hinauszudrängen. Sie mahnen, dass alle, die dies gewaltsam versucht haben, gescheitert sind, nicht zuletzt »das größenwahnsinnige Hitler-Deutschland, das 1941 mordend auszog, auch Russland zu unterwerfen«[579]. Inzwischen hören wir von Merkel und Hollande, dass der Westen nur Zeit gewinnen wollte, um die Ukraine hochzurüsten.[580] Wir sind hinter das zurückgefallen, was einmal erreicht war – durch die Torheit der Politiker und den Unverstand der Lohnschreiber. Wie tief sind wir gesunken!

Ein Autokrat im Kreml glaubte, Kiew im Handstreich nehmen zu können. Doch Putin hat sich beim Einmarsch in die Ukraine verrechnet: Er dachte wohl, wir treten ihnen die Tür ein, dann fällt das ganze Haus zusammen. Wo waren denn nun seine Kontaktleute in der Ukraine und die beiden Geheimdienste GRU und FSB? Offenbar haben sie viel Geld für falsche Information kassiert – ein Hauch von Korruption.[581] Die Russen hatten den Informationskrieg schon verloren, bevor er richtig begonnen hat.[582] Der Wiederaufbau der aufgenommenen Oblaste wird für Russland ein Milliardengrab; denn dort tobte und tobt der Krieg. Moskau wird als Pyrrhussieger vom Platz gehen, ein Land, das auf chinesische Hilfe angewiesen ist. Dies zeigt sich jetzt schon beim Transfer von Digitaltechnik. Es ist ein Zeichen politischer Torheit, den Gegner zu unterschätzen. Genau dies ist Putin passiert. Doch jene im Westen, die von einem Regimewechsel in Moskau fantasieren, sollten sich vorsehen: In Russland gibt es Kräfte, die die deutsche Frage diesmal endgültig klären wollen – mit einem präventiven Atomschlag. Dann könnten sich einige nach einem Wladimir Putin zurücksehnen.

Auch im Westen: schlechtes politisches Handwerk. Der Krieg hätte leicht vermieden werden können. Noch im Januar 2022 gab es Spielraum, mit Moskau über Sicherheitsgarantien für Russland verhandeln zu können. Jedoch wurde der Ukraine-Konflikt über Jahre absichtlich eskaliert. Die USA und die NATO suchten eine Kraftprobe, um Russland so zu schwächen, dass es keinen Krieg mehr führen kann. Das war das Ziel. Wie schon in Afghanistan wurde Russland in eine Falle gelockt.[583] Wie viel klüger waren dagegen Bidens Vorgänger: John F. Kennedy hat in der Kuba-Krise 1962 – bei maximaler Eskalation – am Rande des nuklearen Abgrunds mit Chruschtschow verhandelt. Schließlich zog die Sowjetunion ihre Atomraketen wieder aus Kuba ab. Aber das war nur ein Teil des Deals. Der geheime Teil war: Etwas später zogen auch die Vereinigten Staaten ihre Atomraketen aus der Türkei ab.[584] Richard Nixon und Henry Kissinger haben das Dreieck Washington–Moskau–Peking so geschickt gesteuert, dass über Jahre die Vereinigten Staaten ein engeres Verhältnis sowohl zu China als auch zu Russland hatten als die beiden Länder untereinander. Dies nennt man Diplomatie.[585]

Biden und seine außenpolitischen Berater, das »Trio infernal« aus Staatssekretärin Victoria Nuland, Außenminister Antony Blinken und Sicherheitsberater Jake Sullivan, verfolgen eine Politik der Eindämmung gegenüber Russland und China. Ja mehr noch: Sie wollen Peking in der Ukraine einen Denkzettel verpassen. Damit hat die Biden-Administration die bilateralen Beziehungen sowohl zu Moskau als auch zu Peking verschlechtert. Sie hat Russland und China enger zusammenrücken lassen. Dies war nicht klug, denn es hat die Vereinigten Staaten geopolitisch geschwächt. Peking wird Moskau nicht im Stich lassen, da es eine offene Nordflanke vermeiden will und Russland als wichtigen Pufferstaat sieht.[586] Im internationalen Maßstab hat sich der Westen mit seiner Politik der Kriegsverlängerung und des Wirtschaftskrieges gegen Russland isoliert. Nur 37 Staaten schlossen sich den Sanktionen gegen Russland an. Ihre Wirkung ist bestenfalls bescheiden. Der Bundesregierung liegen dazu nach eigenen Angaben keine Zahlen vor.[587] An einem Konzept festhalten, das sich als falsch herausgestellt hat: Das ist politische Torheit.

Dahinter stehen Interessen. Es geht um »Full-spectrum dominance« – Überlegenheit auf allen Ebenen. Dieses Konzept – 1992 geleakt – des damaligen stellvertretenden US-Verteidigungsministers Paul Wolfowitz geht davon aus, dass es neben den USA keine Supermacht geben dürfe und Washington mit militärischen Präventivschlägen überall auf der Welt mögliche Bedrohungen ausschalten müsse.[588] Es bildet heute das Einsatzkonzept der US-Streitkräfte: die Kontrolle der Welt zu Wasser, zu Lande, in der Luft, im Weltraum, im digitalen Bereich und im Informationskrieg. Jonathan Schell hat diese Politik weltweiter militärischer Überlegenheit als »imperialistisch« bezeichnet: »Sie markiert die klare Entscheidung für Gewalt und Zwang und gegen Kooperation und Konsens; und wenn die Vereinigten Staaten an dieser Politik festhalten, ist die Bühne bereitet für die Katastrophe.«[589] So hat Jonathan Schell bereits 2003 den Einmarsch in den Irak kritisiert. Nun stehen wir jedoch vor einer noch viel größeren Katastrophe – am Rande des atomaren Infernos. Alles war bekannt. Die Lohnschreiber hätten es wissen können. Aber sie zogen es vor, in den Krieg zu ziehen – als Propagandakompanie.

Der US-Ökonom Jeffrey Sachs sagt deshalb völlig zu Recht: »Der Krieg in der Ukraine ist der Höhepunkt eines 30 Jahre alten Projekts der US-Neokonservativen. Die Biden-Administration ist voll besetzt mit denselben Neocons, die sich starkgemacht haben für die vom Zaun gebrochenen US-amerikanischen Kriege in Serbien (1999), Afghanistan (2001), Irak (2003), Syrien (2011) und Libyen (2011), und die alles taten, den russischen Überfall auf die Ukraine zu provozieren. Die Bilanz der Neocons ist ein vollständiges Desaster. Dennoch hat sich Biden mit Neocons umgeben. In der Folge lenkt Biden die Ukraine, die Vereinigten Staaten und die Europäische Union in ein weiteres Debakel. Wenn Europa noch einen Rest Verstand besitzt, wird es sich lossagen von diesen außenpolitischen Katastrophen Amerikas.«[590] Europas Eliten haben diesen Rest Verstand nicht besessen; Jeffrey Sachs' Warnung kam zu spät.

Die Politik der US-Neocons hat sich über drei Jahrzehnte nicht geändert. Geändert hat sich, dass europäische Politiker fast ausnahmslos auf den neokonservativen Kurs eingeschwenkt sind – auch Putin. Sie alle erliegen dem Größenwahn, hegemoniale Macht lasse sich mit militärischen Mitteln sichern. Dabei hinterlassen sie eine Spur der Verwüstung, zerstören ihre eigenen Gesellschaften und delegitimieren sich im Rest der Welt. Die neokonservative Hybris hat dazu geführt, dass die Diplomatie abgedankt hat, russische Gesprächspartner dämonisiert werden und so der Weg in neue Kriege geebnet wurde. Sie werden nicht enden, nie mehr: Der Krieg ernährt den Krieg. Doch der Traum von der unipolaren Welt ist ausgeträumt – eine gefährliche Illusion.[591]

Da unten am Kai liebt sich ein älteres Ehepaar. Der Mann liegt in Badehose auf dem Bauch. Sie sitzt rittlings vor seinem Kopf auf der Mauer und massiert ihm den Rücken: »Kurortnyj Roman« – eine Romanze am Kurort. Auf dem steinigen Strand liegen Touristen und Einheimische, sie genießen die Mittagssonne. Andere kühlen sich im Meer ab. An der Kaimauer steht: »Baden verboten!« Bei strahlend blauem Himmel flanieren die letzten Besucher aus Russland in kurzen Hosen am Meer entlang. Ein Ausflugsboot hat gerade angelegt, dahinter ein Leuchtturm, weiter westlich ankern Segelboote. Drei ältere Männer sind, an die Kaimauer gelehnt, ins Gespräch vertieft. Am Vortag haben wir uns eine große Kundgebung in Simferopol zum Referendum und zur Aufnahme der vier Oblaste in die Russische Föderation angeschaut. Tausende begeben sich am Denkmal für Katharina II. vorbei in den Freizeitpark, überall Fahnen und Musik. Der Beitritt ist für die Menschen hier ein Grund zum Feiern. Der Schriftsteller Denis Simonenko erzählt: »Die meisten Krim-Bewohner haben das Referendum 2014 als Befreiung von der ukrainischen Annexion gesehen, die 23 Jahre gedauert hat. Denn im Jahr 1991 waren alle Krim-Bewohner unzufrieden darüber, dass die Krim zu einem Teil der Ukraine geworden ist. Tausende von Menschen sind mit großer Freude zum Referendum gegangen. Nur wenige Bewohner haben die Krim Richtung Ukraine verlassen. Unter meinen Bekannten waren das ein oder zwei Personen. Manche werden sagen, dass wir am Referendum teilgenommen haben, weil das Leben in Russland besser war. Aber das ist nicht der Fall. Wir haben teilgenommen, weil wir uns schon immer als Teil Russlands gefühlt haben. Nach den Ereignissen auf dem Maidan wussten wir, was hier geschehen wird. Es wurde auch direkt von der neuen ukrainischen Regierung verkündet, dass die Russen vernichtet werden sollen.«[592]

Ab Ende Mai 2014 sollte die Krim eine Operationsbasis der NATO werden. Dies war bereits mit der Putschregierung in Kiew abgesprochen. Zusätzliche Gebäude für Stäbe, Kommunikationseinrichtungen und Truppen sollten errichtet werden. Eine entsprechende Ausschreibung der US-Marine für Sewastopol wurde bereits am 5. September 2013 publiziert – lange vor dem Maidan.[593] Deshalb lagen die Pläne zur »Sicherung der Krim« (Putin) in Moskau schon in der Schublade. Das Referendum war ohne Risiko. Es war klar: Die Bevölkerung strebte nach Russland. Der Westen erkennt das Ergebnis nicht an, anders als die Volksabstimmung 1992 in Bosnien-Herzegowina. Hier zeigt sich ein doppelter Maßstab: Das Selbstbestimmungsrecht gilt dann, wenn es den eigenen Interessen dient. Dabei ging es immer um die Krim – den Versuch, aus dem Schwarzen Meer ein NATO-Meer zu machen, den Russen den Zugang zum Mittelmeer abzuschneiden und an die Gasvorkommen unter dem Meeresboden heranzukommen. Im September 2015 erklärte der frühere US-Finanzminister und ehemalige Chef der Weltbank Lawrence Summers auf dem Ukraine-Investoren-Gipfel in Kiew: »Wir sind hier nicht zur Wohltätigkeit. Die Ukraine ist ein zentraler Vorposten unserer fundamentalen militärischen Interessen.«[594] Dies steht in Deutschland in keiner Zeitung. Am Abend sitzen wir bei Kerzenschein in einer Weinstube in Simferopol. Der Ober bringt die Weinkarte. Wir fragen nach einem trockenen Krim-Wein. Er antwortet: »Wir haben hier nur trockene Weine von der Krim.« Wir entscheiden uns für einen Primitivo – eine gute Wahl.

In unserem Rücken wachsen weiße Hotels und Apartmenthäuser die Hügel der Krim hinauf, umgeben von Nadelhölzern und spärlichen Palmen. In ein paar Hundert Metern Entfernung steht eine riesige Galeere auf Stelzen im Meer. Dies ist unser Ziel. Denn dort befindet sich das Restaurant »Apelsin« über dem Blau der See. Ein Mädchen in einem karierten Hemd führt seinen Hund spazieren. Rastende auf Betonbänken unter einer mächtigen fünfarmigen Straßenlampe aus der

Stalinzeit. Mehrgeschossige Neubauten mit Ferienwohnungen stehen neben alten, prunkvoll verzierten Hotels mit Seeblick, davor sauber gestutzte Hanfpalmen. In Jalta lebt der Traum von einer friedlichen Welt fort. Die Menschen spazieren über die Promenade, als ob es keinen Krieg gäbe – ein trügerisches Idyll, an dem sie umso mehr festzuhalten scheinen, je näher der Krieg rückt. Sie schlafwandeln entlang der Kaimauer und der Steine am Meer, vor den Geschäften und Restaurants, an diesem Ort scheinbar fernab der Welt, die längst durch den Krieg zu einer gefährdeten, zerrissenen, zerborstenen Welt geworden ist, in die Hände von Politikern gefallen, die zu Warlords mutiert sind, wie im Irak, in Libyen, Syrien oder Afghanistan. »Alles, was die Vereinigten Staaten anfassen, wird zu Libyen oder Irak«, hat Putin im August 2014 gesagt.[595] Damals strebte er unter dem Druck der Friedenskräfte im Kreml noch eine Verhandlungslösung an, die eine Niederlage der Rebellen vermeidet. Doch er wurde mattgesetzt von den Falken in Washington und ihrer europäischen Gefolgschaft – mattgesetzt durch die beharrliche Weigerung der USA und der NATO, Russland in eine europäische Sicherheitsarchitektur einzubeziehen.

Die Führung in Kiew versuchte, aus der friedlichen Koexistenz, die aus dem asymmetrischen Ende des Kalten Krieges hervorging, einen neuen Kalten Krieg zu entfachen. Sie hat einen heißen bekommen und Putin zum russischen Neocon mutieren lassen. Es ist der Fluch der bösen Tat: Die völkerrechtswidrigen Angriffskriege des Westens haben Schule gemacht. Längst ist die Ordnung zerbrochen, die dort oben im Liwadija-Palast über Jalta im Februar 1945 gefunden wurde: die Gründung der Vereinten Nationen; die Aufteilung Deutschlands; die Westverschiebung Polens; die Aufteilung der Welt in Einflusssphären; Osteuropa als Sicherheitsring von Satellitenstaaten um die Sowjetunion; Italien und Griechenland als Teil der westlichen Sphäre. Die NATO-Osterweiterung hat das Kräftefeld verschoben, und Moskau setzt sich zur Wehr. Russland kämpft nun dagegen an, dass US-Atomraketen einmal im Donbass stehen werden. Washington strebt nach »Full-spectrum dominance«, doch Moskau wird nicht weichen. Ein Stellvertreterkrieg, für den die Ukrainer die Leichen liefern.

Ein Phönix im Sturzflug, eine Weltmacht im Abstieg kämpft um globale Vormachtstellung. Washington betrachtet Russland und

China als die größten Bedrohungen für die eigene Hegemonie. Denn in Eurasien leben die meisten Menschen, es gibt dort die meisten Bodenschätze und den größten wirtschaftlichen Umschlag. Aus diesem Grund darf dort keine starke Regionalmacht entstehen.[596] Insbesondere der wirtschaftliche Aufstieg Chinas wird als existenzielle Bedrohung wahrgenommen. Vor der Hinwendung zu Peking soll Russland auf die Knie gezwungen werden.[597] Das bedeutet: Das Land muss militärisch geschwächt, sein Führer gestürzt, seine Ressourcen unter Kontrolle gebracht werden, um sich dann China zuzuwenden. Die Bühne für den ersten Akt ist die Ukraine. Diese Tragödie war von langer Hand vorbereitet. »Die kriegslüsternen Oligarchen des Westens«, so Mark Whitney, »die das politische Establishment und die Medien in den USA im Würgegriff haben, und die aufstrebenden Staaten, die über offene Märkte ihre Waren und Rohstoffe weltweit verkaufen wollen, prallen aufeinander«.[598] Über viele Jahre hinweg haben europäische und US-amerikanische Firmen ihre Fertigung in Billiglohnländer ausgelagert und so ihre eigenen Arbeitnehmer um höhere Löhne betrogen. Allerdings konnten sie keine Kontrolle über die chinesischen Märkte erlangen. Jetzt wollen diese Unternehmen größere Marktanteile mit Gewalt erzwingen.

Hintergrund ist die seit 40 Jahren anhaltende Wachstumsschwäche in den entwickelten Industrieländern. Als Ursache gilt der tendenzielle Fall der Profitrate. Das bedeutet, dass sich das Verhältnis des eingesetzten Kapitals zu den erzielten Gewinnen verschlechtert. Zahlreiche Untersuchungen stimmen darin überein, dass die Profitrate zunächst seit den 1960er-Jahren stark gefallen ist, sich zwischenzeitlich immer wieder erholt hat und nach der Finanzkrise 2008 erneut eingebrochen ist. Die massiven staatlichen Hilfsmaßnahmen in der Corona-Krise konnten das Problem nicht lösen, sondern sorgten nur für eine stärkere Umverteilung von unten nach oben.[599] Außer staatlicher Intervention gibt es eine Reihe von Möglichkeiten, dem tendenziellen Fall der Profitrate entgegenzuwirken: neue Märkte erschließen; die Löhne senken; rationalisieren und effizienter produzieren; Kriege führen. Es ist offensichtlich, dass die Einbeziehung der Ukraine in den westlichen Wirtschaftskreislauf in dieser Hinsicht Chancen bietet. Dies öffnet einen Markt von 40 Millionen Menschen; ein Heer von Billigarbeitskräften sorgt in der EU für Druck auf die Löhne; die Schwarzerde-Böden können die Agrarproduktion steigern; der Krieg lässt die Umsätze der Rüstungsindustrie explodieren.[600] Das Interesse der USA und der EU an der Ukraine ist sowohl geostrategisch als auch wirtschaftlich. Dabei hat Washington klar die Führungsrolle.

Für beide Seiten ist dieser Stellvertreterkrieg existenziell. Im wirtschaftlichen Sinn hat, so Emmanuel Todd, »der Dritte Weltkrieg begonnen«. Die USA, die NATO, Japan und Australien stehen Russland und China gegenüber. Es ist der Kampf des räuberischen Neoliberalismus gegen den autokratischen Kapitalismus. Der Wirtschaftskrieg dehnt sich aus auf die gesamte Welt. Dabei ist Russland keineswegs isoliert. Drei Viertel der UN-Staaten folgen dem Westen nicht. Der Konflikt hält Überraschungen parat: Viele hatten erwartet, dass die Ukraine militärisch von Russland und die russische Wirtschaft vom Westen zerschlagen würde. Beides ist nicht eingetreten.[601] Vielmehr hat sich die Ukraine – über Jahre hochgerüstet von der NATO – als erstaunlich durchhaltefähig erwiesen. Kiew ist unter dem russischen Angriff nicht zusammengebrochen. Russland dagegen zeigt sich als wirtschaftlich resilient. Emmanuel Todd: »Der Widerstand der russischen Wirtschaft bringt das US-amerikanische imperiale System an den Rand des Abgrunds ... Wenn die russische Wirtschaft den Sanktionen auf unbestimmte Zeit widersteht und es schafft, die europäische Wirtschaft zu erschöpfen, während sie selbst, unterstützt von China, bestehen bleibt, würde die US-amerikanische Währungs- und Finanzkontrolle der Welt zusammenbrechen, und damit auch die Möglichkeit der Vereinigten Staaten, ihr riesiges Handelsdefizit umsonst zu finanzieren. Dieser Krieg ist also für die Vereinigten Staaten existenziell geworden. Genauso wenig wie Russland können sie sich aus dem Konflikt zurückziehen. Sie können nicht loslassen. Deshalb befinden wir uns jetzt in einem endlosen Krieg, in einer Konfrontation, deren Ergebnis der Zusammenbruch des einen oder des anderen sein muss.«[602]

Für die Europäer sieht Emmanuel Todd dramatische Folgen. Washington erhöht den Druck auf seine »ursprünglichen Protektorate« Japan und Europa. Deutschland und Frankreich werden zu unbedeutenden Partnern in der NATO, die Achse Washington–London–Warschau–Kiew übernimmt das Ruder.[603] Genau über diese Achse schwächt Washington nun zunehmend die Europäische Union. Getrieben wird die EU von jenen Staaten in Osteuropa, die neu dazugekommen sind und sich als Hebel der USA bewähren, die EU auseinanderzubrechen. Schon Jahre vor dem russischen Überfall hat Richard Sakwa mit Blick auf die Ukraine-Krise vor dem »Selbstmord Europas« gewarnt. Durch die Dämonisierung Putins und die Abstempelung Russlands als alleinigen Kriegsverantwortlichen hat die Europäische Union ihre eigenen Probleme externalisiert, anstatt sie zu lösen. Wer Putin als Ursache des Krieges betrachtet, übersieht, dass er vielleicht Teil der Lösung sein könnte. Europa hat sich jedoch als unfähig erwiesen, eine selbstständige und eigenverantwortliche Politik zu verfolgen. Die EU war im Kern ein Friedensprojekt. Konfrontiert mit der Herausforderung, die Wunden des Kalten Krieges zu heilen und die Grundlagen zu schaffen für ein geeintes Europa, ist sie vollständig gescheitert. Heute ist die EU nicht viel mehr als der zivile Arm der NATO. Die Europäische Union ist heruntergekommen zu einer Ansammlung von Vasallenstaaten der USA. Das Friedensprojekt ist zerstört.[604]

Zur Schwächung der EU gehört auch, wirtschaftliche Gefolgschaft zu erzwingen und den Ansatz eigenständiger Geschäftsmodelle zu zerschlagen. Dies ist der Grund für die Sprengung der Nord-Stream-Pipeline, nach den Recherchen von Seymour Hersh eine Spezialoperation der Vereinigten Staaten mit norwegischer Hilfe.[605] Von Beginn an sahen die USA und ihre antirussischen NATO-Partner in der Pipeline eine Bedrohung für die westliche Vorherrschaft. Diese Aktion wurde von US-Präsident Biden während des Besuchs von Bundeskanzler Olaf Scholz in Washington am 7. Februar 2022 angekündigt, was die Frage nach einer Komplizenschaft der Bundesregierung aufwirft. Dies käme einem Bruch des Amtseides gleich, der darauf verpflichtet, Schaden vom deutschen Volke abzuwenden. Denn der Anschlag auf die Pipeline ist nichts anderes als eine Kriegserklärung an einen Verbündeten. Damit gelang es, Deutschland von der billigen russischen Energie abzuschneiden, einen wirtschaftlichen Konkurrenten auszuschalten und die Deindustrialisierung Deutschlands einzuleiten. Gleichzeitig wurde der europäische Markt für teures und umweltschädliches US-Fracking-Gas geöffnet. Der Fracking-Gas-Boom und die Profite der Rüstungsindustrie haben eine Rezession in den USA verhindert – auf

Kosten Deutschlands.[606] Denn, so Reinhard Lauterbach, »die transatlantische Energiefalle für die BRD ist zugeschnappt«.[607] Nach der Methode »Teile und herrsche« haben die USA die Europäer gegen ihren natürlichen Handelspartner Russland ausgespielt. Moskau dagegen hat nie die Energiepartnerschaft als politisches Druckmittel missbraucht.[608] Die Sanktionen erweisen sich als Rohrkrepierer. Nun sitzt die deutsche Wirtschaft in der Klemme. Unternehmen wandern ab, wie der einstige DAX-Anführer Linde. Andere verlegen Kapazitäten in die USA, wie die BASF. Mit dem hausgemachten Verzicht auf russisches Gas und Öl ist der Niedergang der deutschen Industrie programmiert. Nicht Putin hat uns in diese Lage gebracht, sondern ausgesprochen dumme, korrupte und erpressbare deutsche Politiker. Jahrelang hat die US-Diplomatie solche neoliberalen Politiker und Beamte gefördert, die das Gefühl haben, dass ihr politisches Schicksal und ihr Privatvermögen eng mit der US-Führung verbunden sind.[609] Politiker, die von Schlafwandlern gewählt wurden, von einer Bevölkerung, die das Offensichtliche nicht sehen will: dass diese Politik nur den USA nützt, Europa aber schadet und in ein atomares Inferno führen kann. Dass diese Politiker Politik gegen das eigene Volk machen. Menschen, die angekommen sind nicht mehr nur in einer Abstiegsgesellschaft, deren Politiker die abhängig Beschäftigten und den Mittelstand sehenden Auges verarmen lassen, deren Politiker sich im Zynismus der von Washington geliehenen Macht sonnen; Menschen, die angekommen sind in einer Zerfallsgesellschaft, die von Mafiabanden beherrscht wird, im räuberischen Neoliberalismus genauso wie im autokratischen Kapitalismus; Menschen, die nicht wahrhaben wollen, wo sie gelandet sind, die einfach so weitermachen wollen, blind und somnambul in neue Kriege taumeln. Menschen, die in geschürter Kriegshysterie jenen hinterherlaufen, die an Kriegen verdienen, die sie selbst nicht kämpfen müssen. Dieser Krieg ist kein Stellvertreterkrieg allein; er ist ein Raubzug gegen die Menschen, nicht nur in der Ukraine, auch gegen die Menschen in Deutschland, die diesen Krieg noch teuer bezahlen werden.

Die Ukraine in der bisherigen Form wird es nicht mehr geben. Sie bleibt zurück als ein zerstörter und gescheiterter Staat, finanziell vollständig ruiniert und zu 100 Prozent abhängig von US-amerikanischen und internationalen Finanztransfers – Kredite, die von der Bevölkerung der Ukraine und jenen Menschen in Europa abgetragen werden müssen, die zu träge waren, gegen Waffenlieferungen auf die Straße zu gehen. Faktisch wird das Ergebnis dieses Krieges sein, dass die Ukraine geteilt wird, völlig unabhängig davon, ob die Zonengrenze entlang des Dnjepr oder noch weiter westlich verläuft. Das Szenario: Die Russen werden nicht aufgeben, denn für sie geht es um alles. In einem langen Bürgerkrieg wird die Rest-Ukraine weiter zerfallen, ihre Ressourcen – schwarze Erde, Gas, Kohle – geraten in die Hand internationaler Investoren. Wenn die US-Amerikaner merken, dass sie nichts mehr erreichen können, werden ihre Militärberater, Soldaten und Geheimdienstler das Land verlassen. In Afghanistan haben sie gezeigt, wie überraschend das geht. Sie werden den Europäern sagen: Ihr könnt jetzt aufräumen – auf eigene Kosten.

Damit haben die US-Neocons ihr Ziel erreicht. Bei allen Interventionen Washingtons, so Mike Whitney, »findet eine Art anarchische ›Mad Max‹-Matrize Verwendung. Die Absicht ist, den Nationalstaat zu zersetzen und so jedes Hindernis bei der Ausbeutung der Ressourcen zu beseitigen. Wo die USA sich einmischen, bleiben am Ende gescheiterte Staaten zurück. Alles läuft nach Plan. Das Ziel ist das Chaos. Einfach ausgedrückt: Es ist leichter, das Gewünschte zu stehlen, wenn es kein Machtzentrum mehr gibt, das Widerstand leisten kann. Am Ende haben die europäischen Staaten eine gemeinsame Grenze mit einem neuen Somalia. »Denn genau so wird die Ukraine aussehen, wenn die Vereinigten Staaten mit ihr fertig sind.«[610] In einem längeren Prozess der Kotransformation wird die Europäische Union zu einer Gruppe wirtschaftlich angeschlagener und instabiler Satrapen-Staaten, in die man leicht hineinregieren kann – wirtschaftlich, politisch, rechtlich und in Fragen der inneren Sicherheit.[611]

Deutschland wandelt sich weiter vom Sozial- zum Rüstungsstaat und entwickelt sich damit zu einem militaristischen und postdemokratischen Vasallen Washingtons, geführt von einer antidemokratischen ökolibertären Elite, die ihre eigene Bevölkerung mit Propaganda, Zensur, Digitalüberwachung und Polizei in Schach hält. Diese Elite entstammt zumeist dem gehobenen Bürgertum und akademischen Milieus.

Die Europäische Union wird entweder als ein zerstrittener Staatenbund weiterbestehen oder ganz zerfallen, nachdem es den USA gelungen ist, die Union zu spalten. Übrig bleibt ein Europa sozial degenerierter Vasallenstaaten am Rande einer Ukraine, in der fortgesetzte militärische Konflikte drohen, die auch die Nachbarstaaten langsam erschöpfen. Der Prozess der Deindustrialisierung wird zunehmend Fahrt aufnehmen, zu bislang unbekannten sozialen Verwerfungen und wahrscheinlich zu einer neuen antidemokratischen Massenbewegung führen, die den Abschied von der Demokratie beschleunigt. In ganz Europa werden die sozialen Konflikte zunehmen. Die Löhne werden sinken, die Lebenshaltungskosten steigen, Wohnungen bleiben knapp und die Obdachlosigkeit hoch, Flüchtlingsströme durchziehen den Kontinent, Schulen aus der Kaiserzeit bleiben weiter in Betrieb, das Bildungsniveau sinkt, dafür steigt die Kindersterblichkeit. Eine neue bürgerliche Herrschaftsform zieht herauf, die demokratische Rituale auf dem Müllhaufen der Geschichte entsorgt; für die Stabilisierung der Profitrate werden sie nicht mehr gebraucht. Das ist die Welt von gestern, die wieder die Welt von morgen sein wird.

Russland hat den Sanktionen erfolgreich getrotzt.[612] Dennoch geht es langfristig deutlich geschwächt aus dem Krieg hervor.[613] Der Wiederaufbau der eroberten Gebiete belastet den Staatshaushalt in Milliardenhöhe. Wirtschaftlich müssen weiter die Einnahmen aus dem Energiesektor den Staatshaushalt stabilisieren.[614] Dabei wird die Russische Föderation den Export ihrer Rohstoffe auf China und Indien konzentrieren. Bei der Digitalisierung fällt das Land weiter zurück und bleibt vor allem von China abhängig.[615] Für Peking wird Russland als nördlicher Pufferstaat und Rohstofflager nützlich sein. Damit versucht China, seine Energieimporte durch Umgehung der von den USA kontrollierten Seewege in Asien zu stabilisieren. Die Macht von Präsident Putin wird bröckeln, weil er seinen Angriffskrieg nicht im Handstreich gewinnen konnte.[616] Wenn es gut läuft für ihn, dürfte ihn der Apparat in eine kollektive Führung einbinden. Wenn es schlecht läuft, nimmt es für ihn ein gewaltsames Ende.[617] Er wird, so meine Prognose, von einer neuen Generation neoliberaler und neokonservativer Politik-Manager abgelöst, die sich aus dem Moskauer Regierungsapparat oder aus dem Kreis der Provinzgouverneure zusammensetzen. Denn in den Regionen ist der Problemdruck so hoch, dass diese Ingenieure der Macht vor allem eines wollen: Effizienz um fast jeden Preis. Die autokratische Struktur politischer Herrschaft wird fortgeführt, und das zentrale Problem, die endemische Korruption, bleibt ungelöst. Neben der Ukraine und der Europäischen Union ist Russland der dritte große Verlierer.

Gewinner dieses großen Spiels sind die USA und China. Zwischen ihnen wird sich eine neue Pattsituation ergeben. Sie führen den Kampf des räuberischen Neoliberalismus gegen den autokratischen Kapitalismus fort. Dabei wird Washington seine Angriffskriege fortsetzen – 880 Milliarden Dollar für Rüstung im Jahr, das muss sich lohnen. Doch der Niedergang der USA setzt sich fort. Der Angriff auf die Gasversorgung des wichtigsten europäischen Vasallen wird die NATO dauerhaft vergiften. So entsteht auf den Trümmern der alten bipolaren Weltordnung, des Systems von Jalta, eine neue, »multipolare« Ordnung, und damit ein Schachbrett, auf dem Russen und andere Europäer nur noch Bauern sind, die – wie zuvor die Ukrainer – geopfert werden können. Das alles aber nur, wenn inkompetente Eliten diesen Krieg nicht weiter zu einem nuklearen Armageddon eskalieren.[618]

All dies war absehbar. Es ist die Chronik einer angekündigten Katastrophe. Hat euch das niemals gequält? Wir sitzen im Restaurant Apelsin, unter uns kräuseln sich die Wellen. Wenn du plötzlich daran denkst, dass diese einfachen Freuden nichts Natürliches sind? Die Promenade von Jalta ist nur ein Trugbild. Dahinter liegt der nächste Kreis der Hölle. Dorthin ziehen die Schlafwandler – ins selbstgewählte Inferno.

Kaum haben wir das Lokal verlassen, zieht sekundenschnell ein Gewitter auf. Ein Platzregen lenkt uns von trüben Gedanken ab. Sergey und ich rennen wie die russischen Sommergäste die Promenade entlang. Wind und Regen treiben Palmzweige mit uns. Dicht gedrängt finden wir Unterschlupf vor dem Eingang eines Bekleidungsgeschäfts. Von den Bergen bis zum Horizont erscheint ein Regenbogen.

Am Tag danach steigen wir in den Zug von Simferopol nach Moskau. Nachts überqueren wir im Schlafcoupé die Brücke von Kertsch. Wenige Tage später erreicht der Lkw mit den 22 Rollen Polyethylenfolie den zentralen Bogen der Brücke. Jetzt jagen britische und ukrainische Geheimdienste per Fernzündung den Sprengstoff in die Luft. Doch die Haftladungen an den Trägern zünden nicht wie geplant. Nur eine Fahrbahn bricht zusammen. Vor Moskau schrecke ich auf. Aus dem Schlaf gerissen kehre ich zurück in den Albtraum.

Nach unserer Ankunft in Berlin morgens gegen vier stelle ich den *Führer durch die Sowjetunion* von 1928 wieder in die Vitrine. Sándor Radós Traum von einem Europa der Menschen und Völker ist ausgeträumt. Aber Träume können nicht sterben. Sie leben fort in einer anderen Zeit. Sergey und ich trinken noch ein paar doppelte Whisky. Die helfen uns auch nicht weiter. Sie rufen nur Gedanken wach an die Jahre des Friedens in Europa, die wir nie mehr wiedersehen würden.

8. Anmerkungen

Die Anmerkungen zu diesem Buch finden Sie unter: westendverlag.de/ukranine

Dank

Meine Gedanken sind bei unserem Fahrer. Sein Tod steht für all die sinnlosen Opfer auf beiden Seiten der Front. Sergey Filbert war mir nicht nur ein verlässlicher Gefährte, sondern hat auch unter Feuer die Nerven bewahrt. Geistiges Geleit bot mir Eckhard Umann; beim Übersetzen russischer Lieder bewies er selbst poetisches Talent. Bauer Miloslaw vom Fuße der Karpaten, der natürlich anders heißt, hat mir ermöglicht, das Vertrauen hervorragender Menschen zu gewinnen und einer der ihren zu werden. Sie stehen für die vielen, denen die wenigen diesen Krieg aufgebürdet haben. Die Freundinnen und Freunde hielten zu mir; das ist das Wichtigste. Etwaige Fehler sind mir allein zuzuschreiben.